소피의 세계 3

소피의 세계 3

초판	1쇄 발행	1994년 12월 31일
초판	38쇄 발행	2015년 9월 2일
개정판	1쇄 발행	2015년 12월 23일
개정판	5쇄 발행	2022년 5월 15일

지은이	요슈타인 가아더
옮긴이	장영은
감수	김상봉
펴낸이	조미현

편집주간	김현림
책임편집	박인애
일러스트	윤예지
디자인	나윤영 · 유보람

펴낸곳	(주)현암사
등록	1951년 12월 24일 제10-126호
주소	04029 서울시 마포구 동교로12안길 35
전화	02-365-5051
팩스	02-313-2729
전자우편	editor@hyeonamsa.com
홈페이지	www.hyeonamsa.com

| ISBN | 978-89-323-1765-6 04160 |
| ISBN | 978-89-323-1762-5 04160 (세트) |

소설로 읽는 철학

소피의 세계

3

요슈타인 가아더

장영은 옮김

❤ 현암사

지난 3,000년을

설명할 수 없는 이는

하루하루를 어둠 속에서

아무것도 모르는 채 살아가게 되리라.

　　　　　　　　　　　　- 괴테

차례

1부

2부

3부

3부

칸트

…… 머리 위의 별빛 찬란한 밤하늘과 내 마음속의 도덕률 ……

자정 무렵 알베르트 크나그 소령은 딸 힐데의 생일을 축하해주기 위해 집에 전화를 걸었다.

힐데의 엄마가 받았다.

"힐데야, 네 전화야."

"여보세요?"

"아빠야."

"어! 아빠, 밤 12시가 다 됐는데 웬일이세요?"

"네 생일을 축하해주고 싶어서."

"이미 하루 종일 축하해주신걸요."

"실은 네 생일이 지나고 나서 전화를 하려고 했어."

"왜요?"

"너 선물 못 받았니?"

"아, 그거요! 정말, 정말 고마워요!"

"네 반응이 궁금해서 기다릴 수가 없었어. 그래, 선물은 어땠니?"

"환상적이에요. 하루 종일 거의 아무것도 못 먹었어요!"

"밥은 먹어야지."

"정말 흥미진진해요."

"어디까지 읽었어?"

"아빠가 바다뱀으로 놀라게 해서 소피와 크녹스 선생은 집 안으로 들어갔어요."

"계몽주의구나."

"그리고 올랭프 드 구주 이야기까지요."

"그렇다면 내가 많이 틀리진 않았구나."

"틀리다니요?"

"아직 축하 인사를 못 했잖아. 대신 멜로디까지 붙여서 한 번 더 해줄게."

"침대에서 잠들 때까지 읽을 생각이에요."

"무슨 내용인지 이해하겠니?"

"전 오늘 그 어느 때보다도 많은 걸 배웠어요. 소피가 집에 와서 첫 번째 편지를 발견한 지 채 하루도 지나지 않았다는 게 믿기지 않아요."

"한 번 읽은 것으로 충분했다니, 이상하구나……."

"하지만 그 애에게 좀 미안해요."

"누구?"

"소피 말이에요."

"아……."

"소피는 가엾게도 많이 당황하고 있어요."

"하지만 소피는 단지…… 내 말은……."

"소피는 소설 속의 인물일 뿐이라는 말씀이시겠지요."

"그래, 비슷해."

"하지만 전 소피와 알베르토 크녹스가 실제로 존재한다는 생각이 들어요."

"그 점에 관해선 내가 집으로 돌아가거든 이야기하자."

"그래요."

"그리고 즐거운 하루가 되길 바라."

"뭐라고요?"

"잘 자라고."

"안녕히 주무세요!"

약 30분 후 힐데가 잠자리에 들었을 때도, 밖은 정원과 호수 너머가 보일 정도로 여전히 밝았다. 이 계절엔 날이 어두워지지 않았다.

힐데는 잠시 숲 속 작은 오두막의 벽에 걸려 있는 그림 속에서 살면 어떨까 하는 생각을 했다. 그림 안에서 바깥을 내다볼 수 있을까?

힐데는 잠들기 전에 커다란 바인더 공책을 계속 읽어 내려갔다.

소피는 힐데 아빠의 편지를 벽난로 선반 위에 놓았다.

"유엔에서 하는 일은 중요할 수도 있어."

알베르토 크녹스 선생님이 말했다.

"하지만 그가 내 이야기에 끼어드는 건 마음에 들지 않아."

"심각하게 받아들이지 않는 게 좋겠어요."

"어쨌든 지금부턴 바다뱀이나 그런 이상한 현상들은 무시하겠어. 창가에 앉아서 칸트에 관해 이야기하자."

소피는 안락의자 사이에 있는 작은 탁자에서 안경 하나를 발견했는데 안경알이 둘 다 빨간색이었다. 짙은 선글라스인가?

"2시가 다 되었어요."

소피가 말했다.

"늦어도 5시엔 집에 가 있어야 해요. 분명 엄마가 제 생일을 위해 계획하신 게 있을 거예요."

"그럼 우리에겐 3시간이 남았구나."

"자, 시작하세요."

"이마누엘 칸트는 1724년 동프로이센의 도시인 쾨니히스베르크에서 마구(馬具) 장인의 아들로 태어났는데, 여든 살에 죽을 때까지 거의 평생을 그곳에서 보냈어. 독실한 기독교 집안 사람이었지. 그래서 기독교에 대한 확신은 그의 철학에 중요한 기초가 되었어. 버클리처럼 칸트도 역시 기독교 신앙의 토대를 지키려고 했어."

"버클리에 관해선 이제 충분히 알고 있어요. 고마워요."

"그리고 칸트는 우리가 다룬 철학자 중에서 최초의 대학 교수였어. 흔히 우리가 말하는 '전문 철학자'였지."

"전문 철학자요?"

"오늘날 '철학자'란 말은 쉽게 두 가지 의미로 구분해서 쓰여. 첫 번째로 무엇보다도 철학 문제에 대해 독자적인 대답을 구하려는 사람을 뜻해. 그러나 자기 고유의 철학을 갖고 있지는 않지만 철학의 역사에 대해서 전문적인 지식을 갖춘 사람도 철학자란다."

"칸트는 그런 철학자였나요?"

"둘 다였지. 그가 다른 철학자들의 사상에 대한 전문가로서 그냥 능력 있는 교수 정도였다면 철학사에서 그렇게 중요한 자리를 차지하지 못했을 거야. 칸트는 누구보다도 철학의 전통에 해박했어. 그 점 역시 매우 중요하지. 그는 로크, 버클리, 흄 같은 경험주의자는 물론 데카르트, 스피노자 같은 합리주의자에 대해서도 조예가 깊었어."

"버클리에 대한 얘기는 이제 그만하셔도 된다니까요."

"합리주의자는 모든 인식의 기초가 사람의 의식 안에 있다고 생각했어. 그리고 경험주의자는 세계에 관한 모든 지식을 감각 경험에서 이끌어내려고 했지. 흄은 그 외에도 우리 감각 인상만으로 어떤 결론을 내리는 데에는 분명히 한계가 있다고 강조했어."

"그러면 칸트는 도대체 누구와 같은 생각이었죠?"

"칸트는 둘 다 부분적으로는 옳지만, 틀린 부분도 있다고 생각했어. 어쨌든 그들은 모두 우리가 세계에 대해서 무엇을 알 수 있는가 하는 문제에 전념했어. 그것은 데카르트 이후 모든 철학자들의 공통적인 철학 과제였지. 그들은 두 가지 가능성을 놓고 토론을 벌였어. 세계는 우리가 지각하는 그대로인가, 아니면 우리 이성이 파악하는 대로 존재하는가?"

"칸트는 어떻게 생각했죠?"

"우리가 세계를 경험할 때 감각은 물론 이성도 중요한 역할을 한다고 생각했지. 다시 말해 합리주의자는 이성을 지나치게 중요시하고 경험주의자는 편파적으로 감각 경험에 의존한다는 견해를 갖고 있었어."

"얼른 적절한 예시를 들어주세요! 아니면 모두 그냥 잡담이 되어버릴 거예요."

"칸트는 우리가 가진 모든 지식이 감각적 경험 덕분이라는 흄과 경험주의자의 생각에 동의했어. 그러나 그는 우리가 세계를 어떻게 인식하는지 결정하는 중요한 전제 조건들이 우리의 이성에 내재한다고 생각했다는 점에서는 합리주의자의 손을 잡았지. 다시 말해 세계에 대한 우리의 생각을 규정하는 특정 조건들은 우리 내면에 있다는 거야."

"그게 한 가지 예인가요?"

"간단한 연습 문제를 풀어보는 게 더 좋겠구나. 탁자 위에 있는 안경을 좀 갖다 주겠니? 그래, 그거 말이야. 그걸 한번 써보렴."

소피는 안경을 코에 걸쳤다. 사방이 온통 빨간색이다. 밝은 쪽은 밝은 빨간색으로, 어두운 쪽은 어두운 빨간색으로 보였다.

"뭐가 보이니?"

"아까와 똑같지만 모든 게 빨간색이에요."

"그건 네가 현실을 바라보는 방식을 안경알이 결정하기 때문이야. 네가 보고 있는 모든 것은 네 외부 세계의 일부분이야. 그러나 네가 모든 것을 어떻게 바라보는지는 안경알과 관련이 있어. 따라서 지금 이 순간에는 세계가 빨갛게 보이더라도, 너는 세계 자체가 빨갛다고 주장할 수는 없는 거야."

"네, 물론 그렇지만……."

"만일 네가 지금 숲을 지나거나 선장의 꼬부랑길에 있는 집에 있다면, 항상 보던 것들을 보게 될 거야. 하지만 네가 무엇을 보더라도 그건 빨간색을 띠겠지."

"제가 안경을 벗지 않는 한 그렇겠죠."

"그 안경은 네가 세계를 보는 방식을 결정하는 전제 조건이야. 마찬가지로 칸트는 우리의 모든 경험을 형성하는 조건도 우리 이성에 있다고 생각했지."

"여기서 말하는 건 어떤 조건인가요?"

"우리는 무엇을 보더라도 대상을 가장 먼저 시간과 공간 속의 현상으로 파악해. 칸트는 시간과 공간을 사람이 지닌 '두 가지 직관의 형식'이라고 했어. 이 두 가지 형식은 모든 경험에 앞서서 우리의 의식 속에 주어져 있어. 우리가 무엇을 경험하기 전에 이미 대상이 시간과 공간에서 현상으로 파악되리란 사실을 알 수 있다는 뜻이야. 그래서 우리는 이성의 안경을 벗을 수 없다고 말할 수 있지."

"그러니까 칸트의 말은 사물을 시간과 공간 속에서 파악하는 게 사람의 타고난 본성이란 얘긴가요?"

"거의 비슷해. 우리가 인도에서 자라는지 그린란드에서 자라는지에 따라 우리가 보는 것은 달라져. 그러나 어디서든 우리는 세계를 시간과 공간 속에서 체험한다고 말할 수 있지."

"하지만 시간과 공간도 우리 외부에 존재하잖아요?"

"아니야, 그리고 어쨌든 그게 결정적인 것도 아니야. 칸트는 시간과 공간이 우리의 삶 자체에 속한다고 설명했어. 무엇보다 시간과 공간은 우리 의식의 특징이지 세계의 특징은 아니란다."

"그건 아주 새로운 관점이군요."

"그러니까 사람의 의식은 외부에서 받은 감각적 인상을 적는 수동적인 '칠판'이 아니라 창조적으로 형성하는 기관이야. 의식은 스스로 세계에 대한 우리 인식을 결정해. 물병에 물을 따를 때 발생하는 현상과 비교할 수 있겠지. 물병에 부은 물이 병과 똑같은 모양이 되는 것처럼 감각적

인상 역시 우리 '직관의 형식'을 따르게 되는 거야."

"무슨 말씀이신지 알겠어요."

"칸트는 의식이 사물에 따를 뿐 아니라, 사물도 의식에 따른다고 했어. 칸트는 이것을 인식 이론에서 '코페르니쿠스적 혁명'이라고 표현했지. 지구가 태양 주위를 도는 것이지 태양이 지구 주위를 도는 것이 아니라는 코페르니쿠스의 주장과 마찬가지로, 전통적인 사고방식과는 아주 다른 새로운 생각이기 때문이야."

"합리주의자는 물론 경험주의자의 주장도 부분적으론 옳다고 한 말이 무슨 뜻인지 이제 알겠어요. 합리주의자는 경험의 의미를 많이 잊어버렸고, 경험주의자는 우리의 이성이 세계에 대한 인식을 결정한다는 사실을 인정하려 하지 않았다는 거죠."

"흄이 감각을 통해 경험할 수 없다고 여겼던 인과율도 칸트에게는 단지 이성의 구성 요소일 뿐이야."

"설명해주세요!"

"흄이 주장한 바로 우리는 습관을 바탕으로 자연의 진행 과정에서 필연적인 인과 관계를 체험한다고 했어. 흰 당구공을 움직이게 하는 원인이 검은 당구공이라는 사실을 우리가 절대 감각할 수 없다고 생각했기 때문이야. 그래서 우리는 검은 공이 늘 흰 공을 움직이게 한다는 사실을 증명할 수도 없다는 거지."

"그건 알겠어요."

"하지만 칸트는 우리가 증명할 수 없을 거라고 생각했던 것도 이성의 특징이라고 생각했어. 인과율은 언제나 완벽하게 적용돼. 왜냐하면 사람의 이성은 모든 일을 원인과 결과의 관계로 고찰하기 때문이지."

"인과율은 우리 내면이 아니라 자연에 있다는 생각이 다시 드는데요."

"칸트는 인과율이 우리 내면에 있다고 말했어. 그는 세계 '그 자체'를 우리가 확실히 알 수 없다고 했다는 점에서 흄과 생각이 같아. 우리는 세계가 '나에게' 어떤 것인지, 그리고 모든 사람에게 어떤 것인지를 알 수 있을 뿐이야. 칸트가 철학에 기여한 가장 중요한 부분은 '사물 자체'와 '우리에게 보이는 사물'을 구분한 일이야. 사물 '자체'가 어떤지는 절대로 확실히 경험할 수 없지만 그 사물이 우리에게 어떻게 '보이는'지는 알 수 있지. 대신 우리는 경험하지 않고도 사람의 이성이 사물을 어떻게 파악하는지는 말할 수 있단다."

"그래요?"

"아침에 집을 나서기 전, 너는 그날 무엇을 보고 체험할지 알 수 없어. 그러나 어떤 경우든 네가 보고 체험하는 걸 시공간적 사건으로 파악하리라는 것과 네가 체험하는 모든 것이 인과율에 따라 일어나리라는 것은 확실히 알 수 있어. 왜냐하면 네가 인과율을 의식의 한 부분으로 지니고 있기 때문이지."

"하지만 우리가 다르게 창조되었을 수도 있잖아요?"

"그래, 물론 우린 다른 감각기관을 가질 수도 있겠지. 그럼 우리는 다른 시간을 느끼고 다른 공간을 체험할 수 있을 거야. 우리는 그 밖에 주변에서 일어나는 사건들의 원인을 찾지 않게 될 수도 있지."

"예를 들면요?"

"방바닥에 누워 있는 고양이를 상상해보렴. 공 하나가 방으로 굴러 들어오면, 고양이는 어떻게 할까?"

"제가 이미 자주 봤는걸요. 고양이는 공을 쫓아가요."

"그래. 그러면 이제 고양이 대신 네가 방에 앉아 있다고 상상해보렴. 갑자기 공이 굴러오는 것을 보면 너도 곧바로 그 뒤를 쫓아가겠니?"

"전 먼저 사방을 둘러본 다음에 공이 어디서 굴러왔는지 살펴볼 거예요."

"그래, 넌 사람이니까 무조건 사건의 원인을 찾을 거야. 그래서 인과율은 너를 구성하는 일부인 것이지."

"정말 그럴까요?"

"흄은 우리가 자연법칙을 지각할 수도, 증명할 수도 없다고 주장했는데 칸트는 그것을 인정하지 않았어. 그는 우리가 실제로는 사람의 인식의 법칙에 관해서 이야기한다는 것을 보여줌으로써 자연법칙의 절대적 타당성을 증명할 수 있다고 믿었어."

"어린아이도 누가 공을 찼는지 확인하려고 할까요?"

"아마 아닐 거야. 칸트의 말로는 아이의 이성은 아직 완전히 발달하지 못했기 때문에 어떤 지각 요소도 다룰 능력이 없다는 거야. 한편으로는 우리가 직접 느껴보지 않고는 알 수 없는 외적인 관계가 있어. 그것을 인식의 요소라고 부를 수 있지. 다른 한편으론 사람 안에 자리 잡은 내적 관계들이 있어. 예를 들면 우리는 모든 것을 시공간에서의 사건으로 관찰하고, 게다가 그것을 변하지 않는 인과율에 따른 과정으로 간주해. 그것을 우리는 인식의 형식이라고 말할 수 있지."

알베르토 크녹스 선생님과 소피는 잠시 앉아 있다가 창밖을 내다보았다. 그 순간 갑자기 호수 건너편의 나무들 사이로 한 어린 소녀가 눈에 띄었다.

"저기 좀 보세요! 누구죠?"

"모르겠는걸."

그 소녀는 잠깐 모습을 보였다가 곧 사라져버렸다. 소피는 그 소녀가 빨간 모자를 쓰고 있는 것을 보았다.

"어쨌든 화제를 딴 데로 돌리지 말자."

"네, 계속하세요."

"칸트는 일반적으로 사람이 인식할 수 있는 것엔 명확한 한계가 있다고 했어. 이성이라는 안경알이 한계를 긋는다고 말할 수 있지."

"그건 왜죠?"

"칸트 이전의 철학자들에게 그야말로 '중대한' 철학 문제가 뭐였는지 알고 있지? 사람은 불멸하는 영혼을 갖고 있는가? 유일한 신이 존재하는가? 자연은 더 쪼갤 수 없이 작은 미립자로 이루어졌는가? 그리고 우주는 유한한가, 무한한가? 하는 문제들 말이야."

"알아요."

"칸트는 사람이 이 문제들에 대해 절대 확실한 답을 얻을 수 없다고 생각했어. 그렇다고 그가 이러한 문제에 전혀 관심이 없었다는 건 아니야. 오히려 정반대였지. 이 문제를 그렇게 쉽게 회피했다면 그를 철학자라 부를 수 없을 거야."

"그럼 어떻게 했죠?"

"자, 이제 조금 인내심이 필요해. 칸트는 바로 이 중대한 철학 문제에 대해서는 이성이 우리 인식 능력의 한계를 넘어서 작용한다고 생각했어. 다른 한편으로 사람의 이성이나 본성에는 근본적으로 그런 문제를 제기하는 충동이 있어. 하지만 예를 들어 우주가 유한한지 무한한지 묻는 질문은 우리 스스로가 그 안에 아주 작은 부분으로 포함되어 있는 전체에 대한 문제 제기야. 그래서 우리가 전체를 모두 인식한다는 건 불가능한 거지."

"왜 그렇죠?"

"넌 빨간 안경을 쓰고 나서 칸트가 얘기한, 세계를 통해 우리의 지식에 기여하는 두 가지 요소를 알게 됐지?"

"바로 감각 경험과 이성이에요."

"그래. 우리는 인식을 위한 재료를 우리의 감각으로 받아들이지만, 이런 재료를 인식하는 일은 우리 이성의 특징에 따르게 되어 있어. 예를 들면 한 사건의 원인을 묻는 것은 이성의 본성에 따른 거야."

"공이 왜 바닥 위를 굴러가는지 궁금해하는 것처럼요?"

"내 생각에는 그래. 하지만 세계가 어디에서 생겨났을지 자문하고 가능한 대답을 찾으려 한다면 이성은 늘 헛수고를 하게 될 거야. 이 경우 이성은 어떤 감각 재료도 '다룰' 수 없기 때문이지. 이성은 자기가 의지할 수 있는 감각적 경험을 가지지는 못해. 우리 자신이 전체의 아주 작은 부분에 지나지 않기 때문에 우리는 절대 거대한 현실 전체를 경험할 수 없어."

"어떻게 보면 우리는 바닥을 굴러가는 공의 작은 일부인 거군요. 그래서 공이 어디서 온 것인지 알 수 없고요."

"하지만 늘 공이 어디서 왔는지 묻는 것이 인간 이성의 본성이야. 그래서 묻고 또 물어서 더 이상 물을 수 없을 때까지 그 중대한 질문에 대한 대답을 찾으려고 노력하지. 그러나 우리가 꽉 물고 있을 만한 확고한 질료는 없어. 이성이 헛수고를 하고 있기 때문에 우리는 절대 확실한 대답을 얻을 수 없지."

"정확히 어떤 느낌인지 알 것 같아요. 고맙습니다!"

"세계 전체에 대한 거대한 물음에는 항상 서로 모순되면서도 똑같이 정당하기도 하고 똑같이 부당하기도 한 두 가지 대답이 있단다."

"예를 들면요?"

"세계가 시간상으로 시작을 가져야 한다는 말과 아무런 시작을 갖지 않는다는 말은 모두 일리가 있어. 이성으로는 이 두 가지 가능성 모두를 '포함하지' 않기 때문에 그중 하나를 선택할 수가 없어. 우리는 물론 세계가 항상 존재해왔다고 주장할 수 있지만 무엇이든 시작 없이 지금까지 늘 존재할 수 있을까? 그리고 반대 입장에서 세계가 어느 날 탄생된 게 분명하다고 말할 수도 있겠지. 그렇다면 세계는 아무것도 없는 무에서 생겨난 것이 틀림없어. 그렇지 않으면 어떤 상태에서 다른 상태로 전이한 것에 지나지 않을 테니까. 그런데 소피 너는 절대적 무의 상태에서 무언가가 생겨날 수 있다고 생각하니?"

"아뇨, 두 가지 모두 똑같이 불합리해요. 하나는 옳고 다른 건 틀릴 수밖에 없어요."

"너도 알다시피 데모크리토스와 유물론자는 자연이 만물의 구성 요소인 아주 작은 미립자로 이루어져 있다고 했어. 그에 반해 데카르트를 비롯한 몇몇 사람들은 방대한 현실이 점점 더 작은 부분으로 끝없이 쪼개질 수 있다고 믿었지. 그들 중 누가 옳았을까?"

"둘 다 맞는 것 같기도 하고, 둘 다 틀린 것 같기도 해요."

"많은 철학자들이 자유를 사람의 가장 중요한 특징이라고 말했지만 동시에 스토아 철학자들과 스피노자처럼 세계에서 일어나는 모든 일은 오로지 자연의 필연적인 법칙을 따른다고 말하는 철학자들도 있지. 그런데 이 점에 관해서도 칸트는 사람의 이성이 어떤 확실한 판단도 내릴 수 없다고 생각했어."

"두 주장이 모두 이성적인 동시에 비이성적이군요."

"결과적으로 우리는 이성으로 신의 실존을 증명할 수가 없어. 여기서 데카르트 같은 합리주의자들은 단순히 우리가 완전한 존재에 대한 관념을 가지고 있기 때문에 신이 존재한다는 것을 증명하려 했어. 그러나 아리스토텔레스와 토마스 아퀴나스를 비롯한 다른 철학자들은 모든 것에는 최초의 원인이 있기 때문에 신이 존재해야 한다고 생각했지."

"칸트는요?"

"그는 신의 존재에 관한 두 증명을 모두 거부했어. 이성도 경험도 신의 존재를 증명할 확실한 토대가 될 수 없다고 생각했지. 이성으로 판단하면 신은 있을 수도 없을 수도 있거든."

"하지만 처음에 말씀하시길 칸트는 기독교 신앙의 토대를 지키려고 했다면서요."

"그래. 사실 칸트는 우리의 경험과 이성이 닿지 않는 곳에 종교를 위한 자리를 남겨 두었어. 종교적 믿음이 그 자리를 채웠지."

"그래서 그는 기독교를 구했나요?"

"그렇다고 할 수 있어. 우리는 이때 칸트가 개신교도였다는 사실에 주목해야 해. 종교 개혁 이후 개신교의 특징은 믿음을 바탕으로 한다는 점이야. 오히려 가톨릭교회가 중세 초기부터 이성이 믿음의 발판일 수 있다는 확신을 가지고 있었지."

"알겠어요."

"그러나 칸트는 이런 중대한 문제를 단순히 사람의 믿음에 내맡기지 않았어. 그는 더 나아가서 사람이 불멸의 영혼을 지니며, 신이 존재하고, 사람에게 자유의지가 있다는 것을 도덕의 가능성을 위한 필수 불가결한 전제로 간주했지."

"데카르트와 거의 같군요. 처음에는 우리가 일반적으로 이해할 수 있는 것에 아주 비판적이었다가 나중에 가서는 신이나 그와 유사한 모든 것들을 뒷문으로 다시 슬쩍 들여놓는 것이군요."

"그러나 칸트는 데카르트와 반대로 이성이 아니라 믿음이 자기를 그런 생각으로 이끌었다고 분명하게 강조했어. 그는 불멸의 영혼에 대한 믿음과, 또 사람의 자유의지와 신에 대한 믿음을 '실천적 요청'이라고 표현했어."

"무슨 뜻이죠?"

"무언가를 요청한다는 건 증명할 수 없는 것을 주장한다는 말이야. 칸트에 의하면 실천적 요청이란 사람의 '실천', 즉 사람의 행동과 도덕을 위해 인정해야 하는 것을 뜻해. 이런 의미에서 신의 존재를 인정하는 것은 도덕적으로 필연적이라고 말했지."

그때 갑자기 누군가 문을 두드렸다. 소피는 자리에서 벌떡 일어섰다. 알베르토 크녹스 선생님이 미동 없이 그대로 앉아 있자 소피가 물었다.

"문 열지 말까요?"

선생님이 어깨를 움찔하면서 결국엔 자리에서 일어났다. 소피가 문을 열자 밖에는 흰 여름 원피스를 입고, 머리에 빨간 모자를 쓴 소녀가 서 있었다. 소피가 아까 본 호수 건너편의 그 소녀다. 지금은 먹을 것이 든 바구니를 들고 있었다.

"안녕, 넌 도대체 누구니?"

"빨간 모자예요. 이 모자가 안 보이세요?"

소피가 알베르토 크녹스 선생님을 올려다보자 선생님은 고개를 끄덕였다.

"얘가 뭐라고 하는지 들으셨죠?"

"전 할머니 집을 찾고 있어요. 나이가 많고 병든 할머니께 과자와 포도주를 가져다 드리려고 해요."

소녀가 말했다.

"잘못 찾아왔으니 다른 곳으로 가보렴."

선생님은 이렇게 말하면서 파리를 쫓듯이 손짓을 했다.

"하지만 전 편지도 전해야 해요."

하면서 소녀는 가방에서 작은 편지봉투를 꺼내 소피에게 건네주고 금방 다시 사라졌다.

"늑대를 조심해!"

소피가 뒤에다 대고 소리쳤다.

알베르토 크녹스 선생님은 안락의자로 다시 발길을 옮겼다. 소피도 따라가 아까처럼 마주 앉았다.

"빨간 모자가 정말 있었군요."

소피가 머리를 흔들면서 말했다.

"그런데 그 아이에게 경고하는 건 소용없는 일이야. 빨간 모자는 동화 내용처럼 할머니 집에 가서 늑대에게 잡아먹히게 될 거야. 그 아인 아무것도 알지 못하고, 그렇게 모든 일이 영원히 되풀이되겠지."

"하지만 전 빨간 모자가 할머니 집에 가다가 다른 오두막에 들른다는 말은 한 번도 들어본 적이 없어요."

"별일 아니야."

소피는 그제야 편지봉투를 살펴보았다. 위에는 '힐데에게'라고 적혀 있었다. 소피는 봉투를 뜯어 큰 소리로 읽었다.

힐데야! 만약 사람의 두뇌가 우리가 이해할 수 있을 만큼 간단하다면, 그걸 이해 못 하는 우리는 얼마나 멍청한 사람이겠니?

— 아빠가

크녹스 선생님이 고개를 끄덕였다.

"맞는 말이야. 칸트가 비슷한 말을 해줄 수 있을 것 같구나. 우리는 우리 자신이 무엇인지 이해할 수 없어. 우리는 꽃이나 곤충은 잘 이해할 수 있을지 모르지만 우리 자신에 대해서는 전혀 이해할 수 없지. 그러니 우리가 어떻게 전 우주를 이해할 수 있겠니?"

소피는 선생님이 계속 이야기하는 동안 이 특이한 문장을 여러 번 다시 읽었다.

"바다뱀이나 마법 주문 같은 것 때문에 우리의 이야기가 바뀌어서는 안 되지. 오늘 수업이 끝나기 전에 칸트의 윤리학도 설명할 거야."

"그럼 서둘러주세요. 집에 가야 하거든요."

"이성과 감각이 우리에게 실제로 무엇을 설명해줄 수 있느냐는 흄의 회의가 칸트로 하여금 삶의 가장 중요한 여러 문제를 한 번 더 철저하게 되새기게 했어. 특히 도덕의 영역에서 말이지."

"그렇지만 흄은 우리가 무엇이 윤리적으로 옳고 그른지 증명할 수는 없다고 말했어요. 왜냐하면 우리는 '존재 명제'에서 '당위 명제'를 추론해낼 수 없으니까요."

"흄은 옳고 그름을 결정하는 건 우리의 이성이나 경험이 아니라 아주 단순하게 우리의 감정이라고 생각했어. 칸트는 이러한 사유는 기초가 너무 빈약하다고 여겼고."

"그래요, 그건 저도 잘 알겠어요."

"칸트는 처음부터 옳고 그름의 차이는 단순한 감정 문제 이상이어야 한다는 생각을 강하게 하고 있었어. 그런 점에서 그는 옳고 그른 것을 구분하는 것은 사람의 이성에 달려 있다고 설명한 합리주의자들과 같은 의견이었지. 모든 사람은 무엇이 옳고 무엇이 그른지 알고 있어. 그건 배워서가 아니라, 그것이 우리의 이성에 내재되어 있기 때문이야. 칸트는 모든 사람에겐 도덕 영역에서 무엇이 옳고 무엇이 그른지 말해주는 '실천 이성'이 있다고 믿었어."

"그 이성은 선천적으로 타고나는 건가요?"

"옳고 그름을 판단하는 능력은 이성의 모든 다른 특징처럼 선천적이란다. 모든 사람은 세계에서 일어나는 사건을 인과적으로 파악하지. 그리고 마찬가지로 모든 사람은 동일한 보편적 도덕법칙(도덕률)으로 통하는 문을 알고 있어. 이런 도덕법칙은 물리적인 자연법칙과 마찬가지로 절대적 타당성을 지니고 있어. 모든 것에 원인이 있다거나 7 더하기 5는 12라든가 하는 것이 우리의 이성적 삶의 토대인 것처럼, 도덕법칙도 우리의 도덕적 삶의 기초가 되지."

"그러면 이 도덕법칙이 우리에게 무슨 말을 해주죠?"

"그건 모든 경험보다 앞서 주어진 것이기 때문에 '형식적'이야. 즉 그것은 도덕적 선택을 하게 되는 특수한 상황에 얽매이지 않아. 그건 모든 사회에, 모든 시대에 사는 모든 사람에게 적용되지. 그러니까 도덕법칙은 네가 이런 상황에선 이렇게, 저런 상황에선 저렇게 해야 한다고 말하지는 않아. 그것은 네가 모든 상황에서 어떻게 행동해야 할지를 알려주는 거야.”

“하지만 우리가 어떤 특정한 상황에서 어떻게 행동해야 할지 말해주지 않는다면 도덕법칙이 무슨 의미가 있죠?”

“칸트는 자신의 도덕법칙을 ‘정언적 명령’이라고 표현했어. 그건 도덕 법칙이 ‘정언적’이라는 것, 즉 그것이 모든 상황에 적용된다는 뜻이지. 그 밖에 그것은 ‘강제적’인 동시에 ‘명령’이고 절대 거역할 수 없는 거야.”

“음……”

“물론 칸트는 그의 정언적 명령을 여러 가지 방식으로 표현했어. 첫째로 우리는 언제나 우리가 따르는 규칙이 모든 사람에게 동시에 적용되는 보편적 법칙이기를 바랄 수 있도록 해야 한다는 거야. 칸트의 말을 그대로 옮기면 이런 거지.

‘그 준칙이 보편적 법칙이기를 네가 동시에 바랄 수 있는 그런 준칙만을 따라 행위하라.’”

“그러니까 내가 무슨 일을 할 때, 나는 다른 사람도 모두 같은 상황에서 똑같이 행동하기를 바랄 수 있어야 한다는 거죠?”

“바로 그거야. 그래야 네가 갖고 있는 도덕적 법칙과 일치하게 행동하는 거지. 칸트는 정언적 명령을 이렇게 표현했어.

‘우리는 다른 사람을 언제나 목적 자체로서 대해야 하고, 단지 다른 무엇을 위한 수단으로 대해서는 안 된다.'"

"자기의 이익을 위해 다른 사람을 '이용'해서는 안 된다는 말이군요."

"그렇지. 모든 사람은 목적 그 자체니까. 그러나 그것은 다른 사람에게뿐만 아니라 나 자신에게도 적용돼. 우리는 무엇을 성취하기 위해서 자기 자신 역시 수단으로 이용해서는 안 돼."

"'사람들이 어떤 일을 너에게 행하지 않기를 원한다면, 너도 다른 사람들에게 그 일을 행하지 말라'는 '황금률'이 떠오르네요."

"그래. 그것도 모든 윤리적 선택 가능성을 포괄하는 형식적인 원칙이야. 지금 네가 인용한 황금률은 칸트가 말한 도덕 법칙의 정신을 표현하고 있다고 할 수 있지."

"하지만 그것도 그냥 주장일 뿐이에요. 이성으로는 무엇이 윤리적으로 옳고 무엇이 그른지 증명할 수 없다고 한 흄이 맞을 수도 있어요."

"칸트는 도덕법칙을 인과율과 마찬가지로 절대적이고 보편타당하다고 생각했어. 이것도 이성으로 증명할 수는 없지만 절대적인 주장이지. 아무도 반론을 제기할 수 없을 거야."

"그런데 점점 우리가 양심에 관해 얘기하고 있다는 느낌이 드는데요. 모든 사람은 양심을 가지고 있으니까 말이에요."

"그래, 만약 칸트가 도덕법칙에 대해 서술한다면, 그건 사람의 양심에 대한 이야기일 거야. 우리는 양심이 무슨 말을 하는지는 적을 수 없지만 그 존재를 알고는 있지."

"저는 가끔 저에게 이익이 되는 일이라서 다른 사람에게 상냥하고 친절하게 대할 때가 있어요. 그렇게 인기를 얻기도 하죠."

"하지만 다른 사람과의 관계에서 그저 인기만 얻으려고 한다면 그건 네가 도덕법칙에 진심으로 동의한 게 아닌 거야. 도덕법칙을 존경하는 게 아니라, 그저 겉으로만 도덕법칙과 일치하게 행동할 뿐인 거지. 물론 그것도 도덕적인 행동이라고 표현할 수 있겠지만, 도덕적 행위는 자기 극복의 결과여야 해. 도덕법칙을 따르는 것을 의무라고 생각하면서 어떤 행동을 할 때에만 그걸 도덕적 행위라고 얘기할 수 있어. 그래서 칸트의 철학을 종종 '의무 윤리학'이라고 하지.

"적십자나 교회 자선 바자회를 위해 기금 모으는 일을 제 의무라고 생각할 수도 있는 것처럼요."

"그래, 그렇게 네가 옳다고 여기기 때문에 하는 일 말이야. 네가 모은 돈이 도중에 없어지거나 그 돈으로 먹여야 할 사람들을 아무도 먹이지 못했어도 너는 도덕법칙을 따른 거야. 너는 올바른 태도를 가지고 행동했고, 칸트에 따르면 이런 태도야말로 무엇을 도덕적으로 옳다고 할 수 있는지 결정하는 데 중요한 것이지. 행위의 결과가 중요한 게 아니야. 그래서 우리는 칸트의 윤리학을 '마음의 윤리학'이라고도 부른다."

"우리가 도덕법칙을 존중한다는 게 왜 그렇게 중요하죠? 우리가 하는 일이 다른 사람에게 유용하다는 게 더 중요하지 않은가요?"

"물론 그렇지. 칸트도 지금 네 말을 반박하지 않을 거야. 그러나 우리가 도덕법칙을 존중하는 마음에서 행동한다는 걸 스스로 알고 있을 때에만 우리는 '자유롭게' 행동하고 있는 거야."

"우리가 어떤 법칙을 따르기 때문에 자유롭게 행동하는 거라고요? 그건 좀 이상하지 않아요?"

"칸트가 사람은 자유의지를 갖고 있다고 '주장'하고 '요청'했지? 칸트는 모든 것이 인과율을 따른다고도 생각했기 때문에 그것은 중요한 논점이야. 그럼 우리는 어떻게 자유 의지를 가질 수 있을까?"

"저한테 묻지 마세요."

"여기서 칸트는 인간성을 두 부분으로 나누었어. 이 점에서 사람이 육체와 이성을 가지고 있기 때문에 이중적 존재라고 주장한 데카르트가 생각나지. 칸트는 우리가 감각적 존재로서 전적으로 변하지 않는 인과율에 내맡겨 있다고 생각했어. 우리는 무엇을 감각할지 결정할 수 없어. 감각은 피할 수 없이 주어지고 지금 우리가 원하든 원하지 않든 우리를 규정하지. 하지만 사람은 감성적인 존재이면서 이성적인 존재이기도 해."

"계속 설명해주세요!"

"우리는 감성적인 존재로서 자연의 질서에 완전히 속해 있어. 그래서 우리는 인과율의 지배도 받는 거야. 그렇게 보면 우리에겐 자유의지가 없다고 볼 수 있지. 그러나 우리는 이성적 존재로서 세계 자체에, 즉 우리가 감각하는 것과는 무관한 세계의 일부야. 우리가 자신의 '실천 이성'만 따른다면, 그래서 우리가 도덕적 선택을 할 수 있으면 그때 우리는 자유의지를 갖게 될 거야. 왜냐하면 우리 스스로 도덕법칙에 복종하는 건 우리가 따를 법칙을 우리 스스로 만드는 것이기 때문이지."

"그렇군요. 어쨌든 맞는 이야기예요. 결국 제가, 아니면 제 내면이 다른 사람에게 그렇게 나쁘게 굴면 안 된다고 말하는 거군요."

"너에게 이익이 되지 않더라도 스스로 나쁘게 굴지 않겠다고 결심하면 너는 자유로워지는 거야."

"자기의 쾌락만 추구하는 건 특별히 자유롭거나 독립적인 게 아니군요."

"사람은 모든 것의 노예가 될 수 있어. 심지어 이기주의의 노예가 될 수도 있지. 스스로 쾌락과 악덕을 극복하기 위해서도 독립성과 자유가 필요해."

"동물은 어떤가요? 동물은 쾌락과 욕구만을 따르는데 동물에겐 도덕 법칙을 지키려는 자유가 없나요?"

"없지. 우리를 사람답게 하는 것이 바로 자유야."

"이제 알겠어요."

"결론적으로 철학이 합리주의자와 경험주의자 사이의 싸움에서 벗어날 길을 칸트가 제시했다고 말할 수 있어. 그래서 칸트와 함께 철학사도 한 시대가 끝이 났지. 칸트는 1804년, 낭만주의 시대가 시작되던 무렵에 죽었어. 쾨니히스베르크에 있는 칸트의 무덤에는 잘 알려진 그의 글 한 구절이 적혀 있어.

'내가 그것에 대해 자주 그리고 깊이 생각할수록 더욱 새롭고 더 큰 감탄과 경외심으로 내 마음을 가득 채우는 것이 두 가지 있다. 그것은 내 머리 위의 별빛 찬란한 하늘과 내 마음속의 도덕률이다.'

이것이 칸트와 그의 철학을 움직인 위대한 수수께끼야."

알베르토 크녹스 선생님은 안락의자에 등을 기대고 앉아서 말했다.

"이것이 칸트에 관해 알아야 할 제일 중요한 점들이야. 이게 전부란다."

"벌써 4시 15분이에요."

"잠깐, 할 얘기가 조금 더 남았단다!"

"선생님이 수업이 끝났다고 하시기 전에는 절대 가지 않아요."

"우리가 감성적 존재로만 살면 자유로울 수 없다는 칸트의 생각에 대해 말했지."

"네."

"하지만 우리가 보편적 이성을 따르면, 독립적이고 자유로운 사람이 되는 거야. 내가 그 얘기도 했던가?"

"네, 왜 자꾸 되풀이하시는 거죠?"

선생님은 소피 쪽으로 허리를 숙이고 소피의 두 눈을 바라보며 속삭였다.

"네가 보는 것에 속지 마. 소피야!"

"무슨 말씀이세요?"

"그냥 외면해."

"무슨 말씀인지 모르겠어요."

"우리는 '내 눈으로 직접 봐야 믿을 수 있다'고 자주 말하지. 하지만 넌 네가 본 것을 그대로 믿어서는 안 돼."

"비슷한 말씀을 전에도 하셨어요."

"그래, 파르메니데스에 관해서였지."

"하지만 그래도 아직 선생님이 무슨 말씀을 하시는 건지 모르겠어요."

"저런, 아까 우리가 문턱에 앉아서 얘기를 나눌 때 갑자기 바다뱀이 물속에서 요동치는 시끄러운 소리를 냈지."

"좀 이상하지 않았어요?"

"전혀. 그런 다음 빨간 모자를 쓴 소녀가 우리 집 문을 두드렸고, '할머니 댁을 찾고 있다'고 말했어. 소피야, 정말 황당하지 않니? 하지만 이 모든 게 전부 소령의 속임수야. 바나나 껍질 안에 써 넣은 편지나 엄청난 번개나 다 똑같은 거야."

"선생님 말씀은……."

"그렇지만 내게 계획이 있어. 우리가 이성을 따르는 한 소령은 우릴 속일 수 없어. 그렇다면 우리는 어쨌든 자유로운 거야. 결국 그는 우리에게 가능한 모든 것을 '감각하게' 하겠지. 하지만 그중 어떤 것으로도 날 놀라게 하진 못해. 소령이 날아다니는 코끼리로 하늘을 뒤덮어버려도 나는 그저 씩 웃고 말 거야. 하지만 '7 더하기 5는 12'란 사실은 이 모든 코미디보다 오래 지속되는 하나의 인식이란다. 철학은 마술 주문과는 정반대야."

소피는 어안이 벙벙해져서 크녹스 선생님을 쳐다보았다.

"이제 그만 가보렴."

그리고 또 선생님이 말했다.

"다음번 낭만주의 강의 때 만나자. 그땐 헤겔과 키르케고르에 관해 듣게 될 거야. 하지만 일주일 후면 그 소령이 노르웨이에 도착하지. 그때까지 우린 그의 유치한 환상에서 벗어나야 해. 더는 알려줄 수 없지만 내가 우리 둘을 위해 대단한 계획을 짜고 있다는 점은 알아 두렴."

"그럼 전 갈게요."

"잠깐만, 우리가 가장 중요한 걸 잊은 것 같구나."

"뭘요?"

"생일 축하 노래 말이야. 힐데가 오늘 열다섯 살이 되었잖니."

"저도 그래요."

"그래, 너도 그렇지. 자, 그럼 우리 노래하자."

둘은 일어나서 함께 노래를 불렀다.

"생일 축하합니다! 생일 축하합니다! 사랑하는 힐데의 생일 축하합니다!"

시계는 4시 반을 가리키고 있었다. 소피는 호숫가로 내려가서 맞은편으로 노를 저었다. 소피는 배를 갈대밭 안으로 끌어 올려놓고 숲을 지나 달렸다.

소피가 길로 접어들었을 때, 갑자기 나무줄기 사이에서 움직이는 무언가가 보였다. 소피는 언뜻 숲을 지나 할머니한테 간 빨간 모자를 떠올렸다. 하지만 나무 사이에 있는 형체는 훨씬 작았다.

소피는 가까이 다가갔다. 그것은 인형만 한 크기였다. 갈색인데 빨간 스웨터를 입고 있었다.

소피는 그것이 곰 인형이란 걸 알아차리자, 몸이 뻣뻣이 굳었다. 곰 인형을 숲 속에서 잃어버리는 것은 그리 이상한 일은 아니다. 하지만 이 곰 인형은 생생히 살아 움직이고 있는 데다 아주 바빠 보였다.

"안녕!"

소피가 말했다.

작은 곰 인형은 뒤로 돌며 말했다.

"난 '위니 더 푸'야. 근데 속상하게 숲에서 길을 잃어버렸어. 그것만 아니었으면 오늘은 아주 멋진 날일 텐데. 근데 넌 처음 보는 아이구나."

"나도 여기는 처음이야. 그럼 너는 아직도 100만 평짜리 숲 속 집에 살겠구나."

"아니, 계산 문제는 너무 어려워. 나는 이해할 수 있는 범위가 아주 작은 곰이란 사실을 알아줘."

"네 얘기를 들은 적이 있어."

"그럼 넌 분명 이상한 나라의 앨리스구나. 크리스토퍼 로빈이 언젠가 네 이야기를 한 적이 있지. 이런 식으로 우리가 알게 될 거라고 말이야. 너는 병에 든 것을 마시고 몸이 점점 작아졌어. 그런데 또 다른 병에 든 걸 마시고는 다시 커졌지. 사람들은 자기가 입에 대는 게 뭔지 잘 생각해야 해. 언젠가 나도 너무 많이 먹어서 토끼 굴에 낀 적이 있었지."

"난 앨리스가 아니야."

"우리가 누구인지가 무슨 의미가 있겠어. 가장 중요한 것은 우리가 존재한다는 거야. 아주 현명한 부엉이가 그렇게 말했지. 그런데 아주 평범하고 날씨가 맑은 어느 날, 그 부엉이가 7 더하기 4는 12라고 말하는 바람에 이요르와 나는 아주 당황했어. 숫자 계산은 정말 어려워. 날씨를 가늠하는 게 훨씬 쉽지."

"난 소피라고 해."

"널 만나서 정말 기뻐, 소피야. 넌 이곳이 처음인 것 같네. 이제 나는 새끼 돼지를 찾으러 그만 가봐야겠어. 우리는 벅스 버니네서 열리는 성대한 가든파티에 친구들과 함께 초대받았거든."

그는 앞발 하나를 흔들며 소피에게 인사했다. 그제야 소피는 그가 다른쪽 앞발에 쪽지를 가지고 있는 걸 알아차렸다.

"가지고 있는 게 뭐니?"

소피가 물었다.

곰돌이 푸는 쪽지를 들어 보이며 말했다.

"이것 때문에 내가 길을 잃은 거야."

"하지만 그건 그냥 쪽지인데?"

"아니야, 이건 절대 '평범한 쪽지'가 아니야. 이건 '거울 속의 힐데'에게 보내는 편지야."

"아, 그럼 내가 가져가면 될 것 같아."

"하지만 넌 그 거울 속의 소녀가 아닌 것 같은데?"

"그래, 그렇지만……."

"편지는 언제나 받는 사람한테 곧장 전해야 해. 그걸 어제 또 크리스토퍼 로빈이 나에게 설명해줬지."

"하지만 난 힐데를 알아."

"그건 상관없어. 네가 누군가를 잘 안다고 해도 절대 그 사람 편지를 네가 읽어서는 안 돼."

"내 말은 내가 그 편지를 힐데에게 전해줄 수 있다는 거야."

"그렇다면야 이야기가 다르지. 자, 여기. 내가 이 편지에서 벗어나야 새끼 돼지도 찾을 수 있을 거야. 거울 속의 힐데를 발견하려면 우선 네게 거울이 있어야 하는데, 이 근처에서는 찾기가 쉽지 않을 거야."

이제 곰돌이 푸는 앞발에 쥐고 있던 쪽지를 소피에게 주고, 그 작은 발을 움직여 뛰어갔다. 그가 시야에서 사라지자 소피는 쪽지를 펴서 읽었다.

사랑하는 힐데야! 칸트가 '국제 연맹'을 조직하는 데 찬성했다는 사실을 알베르토 크녹스 선생이 소피에게 이야기하지 않았다니 정말 창피하구나. 1795년 『영원한 평화를 위하여』라는 저서에서 칸트는 세계 각국이 여러 민족의 평화적인 공존을 위해 노력할 국제 연맹을 만들어 결속해야 한다고 썼어. 이 책이 나온 지 약 125년이 지나고 제1차 세계 대전 직후 이 국제 연맹이 실제로 설립되었어. 제2차 세계 대전 후에는 국제 연합(UN)으로 바뀌었지.

칸트가 유엔 이념의 모태라고도 할 수 있지. 그가 깊게 고민한 것은 사람의 '실천 이성'이 국가들에게 계속해서 새로운 전쟁을 일으키는 '자연 상태'를 벗어나 전쟁을 방지하는 국제적 법질서를 마련하도록 강요한다는 거야. 실제로 여러 민족들이 제 기능을 하는 연맹을 설립하기까지가 오래 걸리더라도 보편적이고 지속적인 평화 보장을 위해 힘쓰는 것이 우리의 의무란다. 칸트에게 그러한 연맹의 실현은 그저 멀고 먼 목표였지. 그것이 거의 철학의 궁극적인 목표라 말할 수 있어. 나는 아직 레바논에 있단다.

— 아빠가

소피는 쪽지를 주머니에 넣고 집을 향해 걸었다. 생각해보면 숲에서 곰을 만나기 전에 크녹스 선생님은 미리 경고했었다. 그러나 소피는 곰 돌이 푸가 거울 속의 힐데를 찾아 헤매는 것을 그냥 보고 있을 수가 없었다.

낭만주의

…… 자기 내면으로 향하는 비밀 통로 ……

힐데는 커다란 바인더 공책을 무릎 위에 내려놓았다. 그리고 바닥으로 미끄러지는 공책을 그냥 내버려두었다.

벌써 방 안은 아까 힐데가 잠자리에 들었을 때보다 훨씬 밝아졌다. 힐데는 시계를 보았다. 3시가 다 되었다. 몸을 돌려 눈을 감았다. 아빠가 어째서 갑자기 빨간 모자와 아기 곰 푸를 등장시켰는지 생각하다가 잠이 들었다.

힐데는 다음 날 아침 11시까지 잠을 잤다. 밤새 계속 꿈을 꾸었던 것 같은데 무슨 꿈이었는지는 떠오르지 않았다.

힐데는 아래층으로 내려가서 아침을 차렸다. 엄마는 파란색 작업복을 입고 있었다. 엄마는 창고에서 배를 좀 손보겠다고 했다. 배를 물에 띄우지는 않아도 아빠가 레바논에서 돌아오면 항해를 견딜 수 있도록 정비를 해놔야 한다.

"도와줄래?"

"읽을 게 있어서요. 차와 아침 식사를 갖다 드릴까요?"

"아침 식사라고 했니?"

어이없다는 듯 엄마가 되물었다. 힐데는 식사를 마치고 방으로 올라가 이불을 덮고 다시 무릎 위에 편하게 바인더 공책을 펼쳤다.

소피가 울타리를 지나 안으로 들어가자 에덴동산 같은 큰 정원이 곧 나타났다.

어제 몰아친 폭풍우 때문에 나뭇가지와 잎들이 사방으로 떨어져 있는 게 보였다. 폭풍우와 떨어진 나뭇가지, 다른 한편으론 빨간 모자와 곰돌이 푸를 만난 일 사이에 어떤 연관성이 있어 보였다.

소피는 그네에 쌓여 있는 전나무 잎과 가지를 치웠다. 지금은 비가 오지 않아서 그네의 방석도 잘 정리되어 있었다. 소피는 집 안으로 들어갔다. 엄마도 방금 돌아오신 것 같았다. 엄마는 레모네이드 병을 냉장고 안에 넣었다. 식탁 위에는 계란 과자와 작은 바움쿠헨(원통처럼 생긴 케이크)이 있었다.

"집에 손님이 오세요?"

자기 생일을 잊고 있던 소피가 물었다.

"토요일에 가든파티를 할 거지만 오늘도 간단하게 파티를 하려고."

"왜요?"

"요룬과 그 애 부모님을 초대했어."

소피는 어깨를 움찔했다.

"그러세요."

7시 반쯤 손님들이 도착했다. 엄마는 요룬의 부모님과 왕래가 거의 없었기 때문에 분위기가 약간 어색했다.

소피와 요룬은 가든파티 초대장을 쓰려고 소피의 방으로 올라갔다. 알베르토 크녹스 선생님도 초대하려면 '철학 가든파티'를 여는 것이 좋겠다고 생각했다. 요룬도 반대하지 않았다. 어쨌든 소피의 생일 파티고, 요즘은 그런 '테마 파티'가 인기 있기 때문이다.

둘은 두 시간도 넘게 초대장 문안을 적으며 서로 깔깔거렸다.

친애하는 ＿＿＿＿＿＿ 님께

귀하를 성 세례 요한 축일의 전날 밤인 6월 23일 토요일 19시 클뢰베르베이엔 3번지에서 열리는 철학 가든파티에 초대합니다. 저녁 내내 함께 얘기를 나누며 인생의 신비를 밝히기를 바랍니다. 따뜻한 외투와 철학적 수수께끼를 해결하는 데 도움이 될 총명한 생각을 지참해주세요. 숲은 화재 위험이 크기 때문에 불을 피울 수 없지만, 환상의 불꽃은 마음껏 태울 수 있습니다. 초대받은 손님 중에 진짜 철학자가 최소한 한 분 이상 계십니다. 그래서 이번 파티는 비공개 모임입니다. (취재 사절!)

사랑의 인사를 전하며

— 파티 위원 요룬 잉에브릭트센과 소피 아문센 드림

초대장을 쓰고 나서 소피와 요룬은 이제 어느 정도 편하게 담소를 나누게 된 부모님들에게 내려갔다. 소피는 엄마에게 만년필로 예쁘게 쓴 초대장을 내밀며 말했다.

"18장 복사해주세요."

소피는 그전에도 엄마의 사무실에서 복사를 해달라는 부탁을 자주 했었다.

엄마는 초대장을 훑어보고는 세무 공무원인 잉에브릭트센 씨에게 그것을 건넸다.

"보세요. 소피는 완전히 이성을 잃었어요."

"그래도 분명히 재미는 있어 보여요."

요룬의 아빠가 초대장을 자기 아내에게 넘겨주면서 말했다.

"난 할 말이 없구나!"

요룬의 엄마가 말했다.

"우리가 와도 되겠니, 소피야?"

"그럼 복사를 20장 해주세요."

소피가 말했다.

"그렇게까지 할 필요는 없을 것 같은데."

요룬이 말했다.

소피는 그날 밤 잠자리에 들기 전에 오랫동안 창밖을 바라보았다. 언젠가 어둠 속에서 알베르토 크녹스 선생님의 그림자를 보았을 때가 언뜻 떠올랐다. 한 달이 훨씬 지난 일이다. 그때도 늦은 밤이었지만 지금은 달이 밝은 여름밤이다.

화요일 아침에야 알베르토 크녹스 선생님에게 연락이 왔다. 엄마가 출근하시자마자 전화가 왔다.

"소피 아문센입니다."

"알베르토 크녹스야."

"그럴 것 같았어요."

"늦어서 미안하구나. 하지만 계획을 세우느라 바빴어. 그 소령이 너에게 완전히 집중하고 있을 때에만 방해받지 않고 편히 일할 수 있어서."

"이상한 일이군요."

"알다시피 그래야 잘 숨을 수가 있거든. 세계 최고의 첩보 기관도 첩보 요원이 단 한 명밖에 없으면 한계가 있는 법이지……. 네 엽서 받았어."

"초대장 말씀이에요?"

"정말 자신 있니?"

"당연하죠."

"그런 파티에서는 무슨 일이 일어날지 알 수 없어."

"오실 거죠?"

"물론 가야지. 그런데 그날 다른 일도 있어. 같은 날 힐데의 아빠가 레바논에서 돌아온다는 거 알고 있었니?"

"아뇨, 전혀요."

"그가 비에르켈리로 돌아오는 바로 그날, 네가 철학 가든파티를 열게 된 것은 절대 우연이 아니야."

"정말 그 생각은 미처 못 했어요."

"하지만 그는 알았을 거야. 그래, 그건 나중에 다시 얘기하자. 오늘 오전에 소령의 오두막에 올 수 있니?"

"화단에서 잡초를 좀 뽑아야 해요."

"그러면 2시엔 올 수 있겠지?"

"네, 그때 봬요."

소피가 도착했을 때 이번에도 알베르토 크녹스 선생님은 문턱에 앉아 있었다.

"여기 앉아."

선생님이 말했다. 그리고 곧장 이야기의 본론으로 들어갔다.

"지금까지 우리는 르네상스, 바로크, 계몽주의에 관해 얘기했어. 오늘은 유럽의 마지막 위대한 문화적 시대라 할 수 있는 낭만주의에 대해 이야기할 거야. 길었던 이야기의 끝에 가까워지고 있어."

"낭만주의가 그렇게 오래 계속되었나요?"

"낭만주의는 18세기 말부터 19세기 중반까지 이어졌어. 1850년 이후에는 문학, 철학, 예술, 과학, 음악 전반을 통틀어 지칭할 수 있는 시대를 얘기한다는 것은 불가능한 일이 되어버렸지."

"낭만주의가 그렇게 포괄적인 시대였어요?"

"그래, 이미 말한 것처럼 유럽의 마지막 시대였어. 낭만주의는 독일에서 시작됐어. 더 자세히 말하면, 이성을 편파적으로 찬양하는 계몽주의에 대한 반발로 일어났지. 칸트와 그의 냉철한 이성 철학에 짓눌렸던 독일의 젊은이들이 그제야 안도의 한숨을 쉬었단다."

"그러면 이성의 자리는 무엇으로 대체되었나요?"

"새로 생긴 말들은 '감정', '환상', '체험', '동경' 등이었어. 몇몇 계몽주의 사상가들, 그 가운데 특히 루소가 감정의 중요성을 언급했고 일방적인 이성 중시를 비판했어. 그러나 이제 그런 저류(底流)가 독일 문화생활의 주류가 되었지."

"칸트의 인기는 오래가지 못했나요?"

"글쎄. 많은 낭만주의자들은 스스로 칸트의 후계자라고 생각했지. 물론 칸트는 우리가 알 수 있는 것에는 한계가 있다고 설명했어. 다른 한편으론 자아가 인식에 얼마나 중요하게 기여하는지 보여주었고. 그리고 이제 낭만주의에서는 개인이 존재에 관한 개별적인 해석을 위해, 말하자면 자율 통행권을 얻게 되었지. 낭만주의자들은 거리낌 없이 자아를 찬양했어. 그래서 낭만주의적 인격을 대표하는 이들이 바로 예술 분야의 천재였지."

"그 시대에는 천재들이 많았나요?"

"몇 명 있었지. 예를 들면 베토벤 같은. 그의 음악에서 우리는 자신의 고유 감정과 동경을 표현해낸 베토벤이란 개인을 만날 수 있어. 베토벤은 '자유로운 예술가'였어. 신의 영광을 위해 엄격한 규칙에 따라 작품들을 작곡한 바흐와 헨델 같은 바로크의 거장들과는 아주 달랐지."

"전 베토벤의 〈월광 소나타〉와 〈운명 교향곡〉밖에 몰라요."

"하지만 〈월광 소나타〉가 얼마나 낭만적인지, 〈운명 교향곡〉에서 베토벤이 자기의 마음을 얼마나 극적으로 표현하고 있는지 느꼈을 거야."

"르네상스의 인문주의자들도 개인주의자였다고 하셨죠."

"그래, 르네상스와 낭만주의는 유사한 점이 많아. 그중 하나는 인간의 의식에서 예술이 갖는 의미를 강조한 거야. 이 점에서도 칸트는 낭만주의의 기초를 닦은 셈이지. 그는 미학에서 우리가 아름다운 것에, 예를 들어 예술 작품에 사로잡히면 어떤 변화가 일어나는지를 연구했어. 우리가 사심 없이 어떤 예술 작품을 가능한 한 집중적으로 '체험'하려고 하면 우리는 '알 수 있는' 것의 한계, 즉 우리 이성의 한계를 초월하게 되지."

"예술가는 철학자가 표현할 수 없는 것을 전달할 수 있다는 건가요?"

"칸트와 낭만주의자들은 그렇게 생각했어. 칸트에 따르면 예술가는 자신의 인식 능력을 자유롭게 가지고 노는 사람이야. 독일의 작가 프리드리히 실러는 칸트의 사상을 계속 발전시켜서 예술가의 활동은 일종의 놀이이고, 놀이를 즐기는 사람만이 자유롭다고 했어. 왜냐하면 그 사람은 자기 스스로 법칙을 만들기 때문이야. 이제 낭만주의자들은 오로지 예술만이 우리를 '말로 표현할 수 없는 것'에 더욱 가까이 가게 해준다고 믿었어. 여기서 몇몇 낭만주의자는 최종적인 결론으로 예술가를 신과 비교했지."

"신이 세계를 창조한 것처럼 예술가는 자기 자신의 현실을 창조하니까요."

"예술가는 일종의 세계를 창조하는 상상력을 지니고 있어. 예술적 무아지경에서 꿈과 현실의 경계가 사라지는 것을 체험할 수 있는 거야. 낭만주의 시대의 젊은 천재 중에서 시인 노발리스는 '세계는 꿈이 되고 꿈은 세계가 된다'고 말했지. 그는 중세를 배경으로 「하인리히 폰 오프터딩겐」이라는 소설을 썼어. 1801년 노발리스가 죽을 때까지 이 소설을 완성하지 못했지만 낭만주의 소설로서 큰 의미가 있는 작품이야. 이 소설을 읽으면, 언젠가 꿈에서 본 '파란 꽃'을 찾아 나서는 젊은 하인리히를 만날 수 있어. 그와 똑같은 생각을 영국의 낭만주의자 콜리지는 이렇게 표현했지.

'당신이 잠을 자면 어떻게 될까? 그리고 자면서 꿈을 꾸면 어떻게 될까? 또 꿈속에서 천국에 올라가 신기하고 아름다운 꽃을 꺾으면 어떻게 될까? 그리고 잠에서 깨어날 때 손에 그 꽃을 쥐고 있으면 어떻게 될까? 아, 그러면 어떻게 될까?'"

"아름다워요."

"이렇게 멀고 도달할 수 없는 것에 대한 동경은 낭만주의자들의 전형이야. 그들은 이미 사라져버린 시대, 예를 들어 중세를 동경했어. 계몽주의 시대에는 암흑기로 여겨졌던 중세를 낭만주의자들은 활발히 재평가했지. 그리고 멀리 동떨어진 문화, 즉 신비한 종교가 있는 동양을 그리워했어. 또 밤, '여명', 오래된 폐허, 초자연적인 것에 애착을 느꼈지. 낭만주의자들은 어두움, 섬뜩함, 신비스러움처럼 우리가 인생에서 어두운 면이라고 부르는 것에 몰두했어."

"듣고 보니 아주 흥미로운 시대군요. 이런 낭만주의자들은 어떤 사람이었어요?"

"낭만주의는 무엇보다도 도시적인 현상이었어. 19세기 전반부에 유럽의 많은 지역, 특히 독일에서 도시 문화가 전성기를 맞았어. 전형적인 '낭만주의자'는 젊은 청년들, 종종 공부에는 별로 뜻이 없는 대학생들이었지. 그들은 눈에 띄게 반시민적인 성향을 띠었고, 평범한 일반인, 예를 들면 경찰이나 자기들의 셋방 주인을 '속물'이나 '적'이라고 불렀어."

"그럼 전 낭만주의자에겐 방을 세주지 않을 거예요."

"1800년경 낭만주의자 첫 세대는 아주 젊었어. 그렇게 보면 낭만주의 운동을 유럽 최초의 청년 혁명이라고 해도 될 거야. 낭만주의 운동은 심지어 150년 후의 히피 문화와도 아주 비슷하지."

"꽃과 장발, 그리고 서투른 기타 실력과 무위도식이요?"

"그래. 게으름은 천재의 이상이고, 나태함은 낭만주의의 첫째 덕목이었어. 인생을 체험하거나 꿈이나 공상에 잠기는 것이 낭만주의자의 의무였달까. 일상적인 일들은 고리타분한 속물들이 돌봐야 한다는 거였지."

"노르웨이에도 낭만주의자가 있었나요?"

"베르겔란과 벨하벤이 낭만주의자였어. 베르겔란은 계몽주의 시대의 여러 이상을 대표하는 사람이기도 했지만, 그의 일생은 낭만주의의 전형을 보여주었어. 그는 자유분방한 생활을 하고 사랑에 빠지기도 했지. 이 점도 낭만주의의 전형적인 특징이야. 베르겔란이 사랑의 시를 헌사한 스텔라는 노발리스의 '파란 꽃'처럼 그와는 너무 멀리 떨어져 있던, 이룰 수 없는 여인이었어. 참고로 노발리스 자신은 겨우 열네 살짜리 소녀와 약혼을 했는데 그 소녀는 열다섯 번째 생일이 지난 지 꼭 나흘 만에 세상을 떠났어. 하지만 노발리스는 그 소녀를 평생 사랑했단다."

"그 소녀가 정말 열다섯 번째 생일이 지난 뒤에 죽었나요?"

"그래……."

"오늘이 제가 열다섯 살이 된 지 나흘째 되는 날이에요."

"아, 그렇구나……."

"소녀의 이름이 뭐죠?"

"소피란다."

"지금 뭐라고 하셨어요?"

"음. 그러니까……."

"절 불안하게 하시는군요! 우연의 일치겠죠?"

"글쎄, 모르겠구나. 하지만 그 소녀의 이름은 소피였어."

"계속 말씀하세요."

"노발리스 자신은 겨우 스물아홉 살에 죽었지. 그는 '요절'한 시인들 중 하나였어. 많은 낭만주의자들이 결핵으로 생명을 잃었고, 또 몇몇 사람은 자살을 하기도 했지……."

"세상에!"

"이들은 대부분 나이가 들고 나서는 더 이상 낭만주의자가 아니었어.

서른 살 정도가 되면 낭만주의자 생활을 청산하는 게 일반적인 추세였지. 일부는 나중에 아예 보수적인 시민이 되기도 했단다."

"적의 진영으로 넘어갔군요."

"그래, 그런 셈이지. 아까 낭만적 연애에 관해 말했지? 이룰 수 없는 사랑 얘기를 담은 위대한 책은 1774년에 발간된 괴테의 편지 소설 『젊은 베르테르의 고뇌』야. 그 소설은 젊은 베르테르가 사랑하는 여자를 얻을 수 없어서 권총 자살하는 것으로 끝나지……."

"그건 좀 지나치지 않은가요?"

"어쨌든 소설이 발간된 이후 일시적으로 곳곳에서 자살하는 사람들이 급격히 증가했어. 그래서 덴마크와 노르웨이에선 오랫동안 이 책의 출판을 금지하기도 했단다. 낭만주의자라는 사실이 아주 위험한 건 아니었어. 다만 지나치게 강한 감정이 문제였지."

"선생님이 '낭만주의자'라고 하실 때, 전 커다란 풍경화를 생각했어요. 신비로운 숲과 야생의 자연이 제 눈앞에 펼쳐지는 느낌이 드는……. 흔히 안개가 끼어 있는 그런 풍경 말이에요."

"실제로 자연에 대한 동경과 철저한 자연 신비주의는 낭만주의의 가장 중요한 특징이야. 이미 말한 것처럼 낭만주의는 도시 현상이었어. 시골에서는 그런 현상이 생기지 않은 게 당연하지. 루소의 '자연으로 돌아가라'라는 말도 낭만주의 시대에 와서야 실질적인 영향력을 갖게 되었어. 특히 낭만주의는 계몽주의 시대의 기계적인 세계상에 대한 반동으로 생겨났기 때문에, 낭만주의를 가리켜 옛날 총체적 사유의 르네상스가 다시 도래했다고 주장하기도 해."

"그 부분을 설명해주세요."

"이건 특히 자연을 다시 총체적으로 관찰하게 되었다는 뜻이야. 이때 낭만주의자들은 스피노자 철학에 의존했고, 야코프 뵈메와 조르다노 브루노 같은 르네상스 철학자들과 플로티노스의 사상도 받아들였지. 그들은 모두 자연에서 신적 '자아'를 체험한 사람들이야."

"그들은 범신론자들이군요……."

"데카르트와 흄은 자아와 '연장된' 사물을 명확히 구분했어. 칸트 역시 인식하는 자아와 '자연 자체'를 명확히 분리했고. 그런데 낭만주의자들은 이제 자연을 유일한 큰 '자아'라고 부르게 되었지. 그들은 '세계영혼' 혹은 '세계정신' 같은 표현도 썼어."

"알겠어요."

"가장 중요한 낭만주의 철학자는 1775년부터 1854년까지 살았던 프리드리히 빌헬름 셸링이야. 그는 '정신'과 '물질'의 분리를 극복하려 했어. 그에 따르면 전체 자연, 즉 사람의 영혼은 물론 물리적 현실도 유일신이나 '세계정신'의 표현이야."

"그런 내용이라면 스피노자가 생각나는데요."

"셸링은 '자연은 볼 수 있는 정신이고, 정신은 볼 수 없는 자연'이라고 말했어. 우리는 곳곳에서 자연의 질서를 잡고 구조를 이루게 하는 정신을 감지하기 때문이라는 거지. 그는 물질을 일종의 정지 상태에 있는 지성으로 간주했으니까."

"더 자세히 설명해주세요."

"셸링은 자연 속에서 세계정신을 보았지만, 사람의 의식 속에서도 보았어. 그렇게 자연과 사람의 의식은 동일하다는 것을 표현한 거지."

"그렇군요."

"이 세계정신은 자연에서는 물론 자신의 마음에서도 찾을 수 있어. 그래서 노발리스는 우리 내면으로 향하는 '비밀 통로'가 있다고 했지. 그는 사람이 전 우주를 자기 안에 갖고 있기 때문에 자기 내면에서 세계의 비밀을 가장 잘 체험할 수 있다고 생각했어."

"아주 멋진 생각이에요."

"많은 낭만주의자들은 철학과 자연 연구 그리고 시문학이 보다 고차원적으로 통일되기를 지향했어. 자연이 죽은 기계가 아니고 살아 있는 세계정신이라면 연구실에 앉아 영감을 받아 시를 쓰든, 꽃의 생활과 암석의 합성을 연구하든, 정신과 물질은 단지 동전의 양면일 뿐이라는 거지."

"좀 더 설명해주시면, 당장 전 낭만주의자가 될 것 같아요."

"노르웨이의 자연과학자 헨리크 스테펜스는 거처를 독일로 옮겼기 때문에 베르겔란은 그를 가리켜 '바람에 날려간 노르웨이의 월계수 잎'이라고 불렀지. 1801년 독일 낭만주의에 관한 강연을 하기 위해 코펜하겐에 온 스테펜스는 낭만주의 운동의 특징을 이렇게 얘기했어.

'자연 상태로 있는 물질을 통과하려는 끊임없는 시도에 지친 우리는 다른 길을 선택했고, 무한한 존재를 만나기 위해 서둘렀다. 우리는 우리의 내면으로 들어가 새로운 세계를 창조했다.'"

"선생님은 어떻게 그걸 다 외우시죠?"

"별거 아니야, 소피야."

"계속 얘기해주세요."

"셸링은 돌에서 사람의 의식에 이르기까지 그 발전 과정을 자연에서 보았어. 또 생명이 없는 자연에서 복잡한 삶의 형태까지 점차적인 변화 과정을 얘기했고. 이런 낭만주의 자연관의 특징은 대체로 자연을 하나의 유기체로, 즉 시간이 흐름에 따라 그 안에 있는 가능성을 발전시키는 하나의 통일체로 본 거야. 자연은 잎을 내고 꽃을 피우는 한 송이 꽃과도 같아. 혹은 자기의 시를 쓰는 시인과도 같지."

"그 말은 약간 아리스토텔레스를 생각나게 하지 않나요?"

"맞아. 낭만주의 철학은 아리스토텔레스는 물론 신플라톤학파의 특징도 보이지. 아리스토텔레스는 기계론적 유물론자와는 달리 자연의 발달 과정에 대해 유기적 자연관을 갖고 있었거든."

"알겠어요."

"이때 새로운 역사관에서도 비슷한 생각을 찾아볼 수 있어. 요한 고트프리트 폰 헤르더(1744년~1803년)란 역사 철학자는 낭만주의자들에게 큰 영향을 미쳤어. 헤르더도 역사의 흐름을 정해진 목표에 따른 진행 과정의 결과로 보았어. 그래서 그의 역사관을 '동적'이라고 표현하지. 계몽주의 철학자는 흔히 '정적'인 역사관을 대표하고. 그들은 시대의 흐름에 따라 다소 일반적이거나 보편적인 이성만이 살아남았다고 생각했어. 계몽주의 철학자와는 반대로 헤르더는 각 시대가 완전히 고유한 가치를 지니며 각 민족은 아주 특별한 본래의 성향, 즉 고유한 '민족혼'을 가진다고 설명했어. 문제는 '우리가 다른 시대와 문화를 이해할 수 있는지, 만약 그럴 수 있다면 어떻게 이해할 수 있느냐' 하는 것이지."

"맞아요. 다른 사람을 이해하려면 그 사람의 처지에서 생각해봐야 하는 것처럼 다른 문화를 이해하기 위해서는 그 문화의 배경을 생각해야겠지요."

"오늘날은 그게 당연한 일이지만, 낭만주의 시대에는 새로운 인식이었어. 낭만주의는 각 민족이 갖고 있는 고유한 동질성을 강하게 했단다. 노르웨이에서 1814년에 민족 독립 전쟁이 일어난 것도 우연이 아니었지."

"그렇군요."

"낭만주의가 이렇게 많은 영역에서 새로운 방향을 설정했기 때문에 보통 낭만주의는 두 가지 양상으로 구분해. 하나는 낭만주의를 보편적 낭만주의로 이해하는 시각이야. 이 경우 우리는 자연, 세계영혼, 예술적 천재에 몰두한 낭만주의자를 떠올리게 되지. 낭만주의에서 이 보편적 낭만주의의 양상이 시기적으로 먼저 나타났고, 특히 독일의 예나에서 1800년을 전후해 전성기를 맞았어."

"그럼 낭만주의의 다른 양상은요?"

"그건 민족적 낭만주의라고 해. 약간 나중에 등장한 이 낭만주의의 중심지는 하이델베르크였어. 민족적 낭만주의자들은 특히 민족의 역사와 언어, 그리고 '민중' 문화 일반에 관심을 쏟았어. 민족을 자연이나 역사처럼 그 속에 있는 가능성을 발전시키는 하나의 유기체로 간주했기 때문이야.

낭만주의의 이 두 가지 모습을 하나로 묶는 연결 고리는 바로 '유기체'라는 표제어였어. 낭만주의자들은 식물은 물론 민족, 심지어 문학 작품까지도 살아 있는 유기체로 간주했어. 그래서 두 양상 사이엔 어떤 명확한 경계가 없었지. 세계정신은 자연과 예술이 존재하는 것처럼 민족과 민중 문화에도 내재한다고 생각했어."

"알겠어요."

"헤르더는 독일 여러 지역의 민요를 모아 민요집을 펴내면서 '노래 속에 담긴 민중의 목소리'라는 뜻깊은 제목을 붙였지. 그는 민중 문학을 '민중의 모국어'라고 표현하기도 했어. 다른 몇몇 작가들은 하이델베르크에서 민요와 민중 동화(전래 동화)를 수집하기 시작했어. 그림 형제의 동화에 대해 들어본 적이 있을 거야."

"물론이죠. 「백설공주」, 「빨간 모자」, 「신데렐라」, 「헨젤과 그레텔」 같은 이야기들……."

"그 밖에도 아주 많아. 노르웨이에서는 아스비에른센과 모에가 '민중시'를 수집하려고 온 나라를 여행했어. 그건 맛있고 몸에 좋다고 알려진 열매를 수확하는 일과 비슷했어. 그리고 이미 열매가 나무에서 떨어지고 있었기 때문에 다급한 일이었지. 란스타는 민요를, 그리고 이바르 오센은 노르웨이어를 수집했어. 고대의 신화와 신에 관한 시가들도 19세기 중반에 새로 발견됐어. 전 유럽의 작곡가들도 이제 민요를 모티프로 사용했지. 그들은 그런 식으로 창작 음악과 민속 음악을 잇는 다리를 놓으려 한 거야."

"창작 음악요?"

"창작 음악이란 개인이, 예를 들면 베토벤 같은 사람이 작곡한 음악을 말해. 민속 음악은 개인이 만든 것이 아니라 한 민족이 공동으로 만든 것이고. 그래서 우리는 민요가 언제 생겼는지 정확히 알 수 없지. 같은 방법으로 전래 동화와 창작 동화도 구분할 수 있어."

"창작 동화는 어떤 것이죠?"

"한스 크리스티안 안데르센 같은 작가가 상상해서 쓴 글을 말하지. '동화'라는 장르는 낭만주의자들의 대단한 열정 덕분에 발전했어. 독일의 대가들 중 한 사람으로 E.T.A. 호프만이 있지."

"『호프만의 이야기』를 들은 적이 있어요."

"바로크 시대의 예술 형태가 거의 연극과 비슷했던 것처럼, 동화는 낭만주의자들의 문학적 이상이었지. 특히 동화는 작가 자신의 창작력을 발휘할 수 있는 가능성을 주었어."

"작가는 허구의 세계 속에서 신의 역할을 할 수 있었죠."

"그래. 이제 내용을 좀 간추려봐야겠구나."

"어서 해주세요."

"낭만주의 철학자들은 '세계영혼'이라는 걸 다소 꿈같은 상황에서 이 세상의 사물을 창조하는 '자아'로 파악했어. 철학자 요한 고틀리프 피히테는 자연은 고차원적인 무의식의 상상력에서 유래한다고 설명했어. 셸링은 단도직입적으로 세계는 '신 안에' 있다고 말했고. 신은 세계의 어떤 부분을 의식하지만, 자연에는 신 안의 무의식적인 부분을 드러내는 면들도 있다고 생각했지. 신도 '어두운 면'을 가지고 있으니까."

"그런 생각은 놀라우면서도 흥미로워요. 버클리가 한 말이 생각나네요."

"작가와 작품 사이의 관계도 대충 비슷하게 파악할 수 있어. 동화는 작가에게 세계를 창조하는 상상력을 발휘할 기회를 주었어. 그리고 창조 행위는 늘 의식적으로 일어나는 것이 아니야. 작가는 자기가 쓰고 있는 이야기가 자기 안의 능력에서 나온다는 느낌을 받게 돼. 거의 최면 상태에서 글을 쓰는 거지."

"예?"

"하지만 작가는 갑자기 그 환상을 깨부술 수도 있어. 즉 작가가 독자를 위해 짤막한 반어적 코멘트를 적어 이야기에 끼어들 수 있지. 그러면 독자는 이건 역시 동화라는 사실을 금방 상기하게 되는 거야."

"그렇군요."

"작가는 이런 식으로 자기 자신의 존재도 동화적이라는 걸 독자에게 환기시킬 수 있어. 이렇게 환상을 깨는 형식을 낭만적 아이러니라고 해. 예를 들어 노르웨이의 작가 헨리크 입센은 그의 희곡 「페르 귄트」에서 등장인물 중 한 사람의 입을 통하여 '연극에서는 막이 내릴 무렵이 아니면 사람이 죽지 않는다'고 했지."

"이런 대사는 좀 웃겨요. 그건 모든 것이 그저 환상이라는 얘기니까요."

"이런 말은 너무 역설적이라서 그만 이 장을 마무리해야겠구나."

"장을 마무리한다니 무슨 말씀이시죠?"

"아, 아무것도 아니야. 아까 노발리스의 애인이 너처럼 소피라는 이름이었고, 열다섯 살 생일을 맞은 지 나흘 만에 죽었다고 했지."

"제가 그 얘기에 무서워하는 걸 선생님도 이해하실 거예요."

순간 크녹스 선생님의 표정이 굳어졌다.

"네가 노발리스의 애인과 같은 운명일지도 모른다고 두려워할 필요 없어."

"어째서요?"

"왜냐면 아직 이야기의 여러 장이 남아 있으니까."

"지금 무슨 말씀을 하시는 거예요?"

"소피와 알베르토의 이야기를 읽는 독자는 모두 이 이야기가 아직 여러 장 녀 남아 있다는 걸 알고 있다는 거야. 우리 얘긴 이제 겨우 낭만주의까지밖에 안 왔잖니?"

"선생님 말씀 때문에 머리가 어지러워요."

"실제로 소령이 힐데의 머리를 어지럽게 하고 있지. 정말 비열한 짓 아니니? 자, 단락 끝!"

알베르토 크녹스 선생님은 한 소년이 숲에서 달려 나오는 바람에 말을 끝맺지 못했다. 그 소년은 아라비아풍의 옷을 입고 터번을 두르고 손에는 석유램프를 들고 있었다.

소피는 크녹스 선생님의 팔을 잡고 물었다.

"누구죠?"

그런데 소년이 직접 대답했다.

"전 알라딘이고 레바논에서 왔어요."

선생님은 소년을 자세히 살펴보았다.

"그런데 램프 안엔 뭐가 들었니?"

소년이 램프를 문지르자 짙은 연기가 솟아나왔다. 짙은 연기 속에서 웬 남자의 모습이 점점 크게 나타났다. 그는 알베르토 크녹스 선생님처럼 검은 수염에 파란 베레모를 쓰고 있었다. 남자는 램프 위의 허공에 둥둥 떠서 말했다.

"내 말 들리니, 힐데야? 새로운 축하 인사를 하기에는 너무 늦게 온 모양이구나. 이제 비에르켈리와 노르웨이 남부가 내겐 거의 한 편의 동화처럼 느껴져. 곧 우리는 그곳에서 만나게 될 거야."

그러고는 남자의 형상이 다시 연기 속으로 사라져버렸다. 모든 연기도 램프 안으로 빨려 들어갔다. 소년은 램프를 겨드랑이에 끼고 다시 숲으로 뛰어가더니 곧 모습을 감췄다.

"이건…… 이건 정말 믿을 수 없는 일이에요."

"별일 아니야."

"그 유령이 힐데의 아빠처럼 말했어요."

"분명 그의 유령이야……."

"하지만……."

"너와 나, 그리고 우리 주변에서 일어나는 일이 모두 소령의 의식 깊은 곳에서 진행되고 있어. 지금은 4월 28일 토요일 늦은 밤이야. 아직 깨어 있는 소령 주위의 모든 유엔 병사들은 잠들어 있을 거야. 소령에게도 졸음이 쏟아지기 시작하지만, 힐데의 열다섯 번째 생일에 선물할 책의 글을 다 써놔야 해서 소령은 일을 계속할 수밖에 없어. 이 불쌍한 남자는 쉬지도 못하는구나."

"전 포기할게요!"

"단락 끝!"

소피와 알베르토 크녹스 선생님은 말없이 작은 호수를 바라보았다. 크녹스 선생님은 화석처럼 자리에 앉아 있었다. 잠시 후 소피는 용기를 내어 선생님의 어깨를 건드려 보았다.

"선생님! 말하는 법을 잊어버리셨어요?"

"그래, 소령이 직접 끼어들었어. 마지막 단락들은 철자 하나까지도 그가 충동질한 거야. 정말 뻔뻔하군! 하지만 자기 비밀도 흘리고 말았지. 완전히 본색을 드러낸 거야. 이제 힐데의 아빠가 힐데에게 생일 선물로 보내는 책 속에 우리가 살고 있다는 걸 알게 되었어. 아까 내 얘기 들었지? 진짜 내가 말한 것은 아니지만."

"그런 거라면 저는 책 속에서 빠져나와 제 길을 가볼 거예요."

"그게 바로 나의 비밀 계획이야. 하지만 그 전에 우리는 힐데와 이야기를 나누어야 해. 힐데는 우리가 하는 말을 모두 읽을 거야. 그리고 우리가 일단 여기서 도망치면 힐데와 다시 접촉하기가 훨씬 어려워져."

"선생님! 도대체 우리가 무슨 얘기를 하고 있는 거죠?"

"소령이 이제 금방 타자기에 엎드려 잠이 들 것 같구나. 아직 열심히 타자를 치고 있긴 해도……."

"이상한 생각이군요."

"그는 지금 나중에 크게 후회할 글을 쓰고 있는 중이지. 그리고 소령에겐 수정액이 없거든. 그건 내 계획의 중요한 부분이야. 알베르트 크나그 소령에게 수정액을 가져다주는 사람에게 은총을!"

"저한테선 수정테이프 한 줄도 못 얻을 거예요!"

"난 이제 바로 소령의 이 가엾은 딸이 자기 아빠에게 반항하도록 부추길 거야. 힐데는 소령의 바보 같은 그림자 놀이를 창피하게 여기게 될 거야. 소령이 여기에 있다면 우리가 얼마나 화났는지 직접 느끼게 해줄 텐데."

"하지만 그는 여기에 없죠."

"소령의 정신과 영혼은 여기에 있어. 하지만 그의 몸은 분명 레바논에 있지. 어쨌든 우리 주변의 사건은 모두 소령의 '자아'란다."

"하지만 소령은 그 모든 것 이상이에요."

"우리가 단지 소령의 영혼 속에 있는 그림자이기 때문이야. 그리고 그림자가 자기 주인을 공격하기란 쉬운 일이 아니지. 그러기 위해선 용기와 주도면밀한 생각이 필요해. 그래도 우리에겐 힐데를 움직일 가능성이 있어. 천사만이 신에게 반기를 들 수 있지."

"소령이 집에 오자마자 힐데가 그를 화나게 하도록 할 수 있을 거예요. 아빠에게 뻔뻔한 사람이라고 말하거나 그의 배를 고장 나게 할 수도 있어요. 아니면 최소한 가로등이라도 깨뜨릴 거예요."

알베르토 크녹스 선생님은 고개를 끄덕이더니 말을 이었다.

"그리고 힐데가 아빠에게서 도망칠 수도 있지. 그건 우리보다 그 애에게 더 쉬울 수 있어. 힐데가 소령의 집을 떠나서 다시는 그곳에 모습을 나타내지 않을 수도 있고. 그런 일은 우리를 희생시켜서 세계 창조의 상상력을 발휘하고 있는 소령이 마땅히 받아야 할 벌이야."

"머릿속에 선명하게 그려져요. 소령은 온 세상을 여행하며 힐데를 찾겠죠. 하지만 저와 선생님을 우습게 만든 아빠와는 함께 살고 싶지 않아서 힐데는 흔적 없이 사라져 버릴 거예요."

"그래, 소령이 우스워지겠지. 그가 우리를 생일 기념 놀이로 이용하려 했으니 말이야. 이제 그는 조심해야 할 거야. 힐데도 그래야 하고."

"그건 무슨 말씀이시죠?"

"불편한 데는 없니?"

"램프의 요정이 또 나타나지만 않으면 괜찮아요."

"우리가 체험한 모든 일이 다른 사람의 의식 속에서 일어난다는 걸 상상해봐. 우리가 바로 그 다른 사람의 의식인 거야. 그러니까 우리에게는 본래 영혼이 없고, 우리의 영혼은 다른 사람의 영혼인 거지. 지금까지 우린 믿을 수 있는 철학 기반 위에 있었어. 아마 버클리와 셸링은 귀가 번쩍 트일 거야."

"예?"

"그러면 이 영혼이 바로 힐데 묄레르 크나그 아빠의 엉혼이리고 상상할 수 있어. 그는 레바논에 있으면서 자기 딸의 열다섯 번째 생일을 위해 철학책을 쓰고 있지. 힐데가 6월 15일에 눈을 뜨면 침실 탁자 위에 놓인 책을 발견할 거야. 그리고 힐데와 다른 사람들이 우리에 관해 읽을 수 있게 되지. 이 '선물'이 다른 사람들과 공유되는 것은 예정된 일이야."

"저도 알고 있어요."

"그리고 지금 내가 말하는 것을 힐데의 아빠가 레바논에서 구상한 것처럼 힐데가 읽게 될 거야. 그가 레바논에 있으면서…… 내가 너에게 그가 레바논에 있다고…… 얘기하는 것을 상상하고 있다고 얘기했었지."

갑자기 소피는 머리가 핑 돌았다. 소피는 버클리와 낭만주의자들에 대해 들은 이야기를 떠올리려고 애썼다. 크녹스 선생님은 계속 말을 이었다.

"하지만 지나친 상상은 금물이야. 무엇보다도 웃으면 안 돼. 그런 웃음은 아주 빨리 그들의 목을 막히게 할 수 있기 때문이지."

"누구를 말씀하시는 거예요?"

"힐데와 힐데 아빠를 두고 하는 말이야. 지금 그 사람들 얘기를 하고 있지 않았니?"

"그런데 왜 그들이 지나친 상상을 하면 안 되죠?"

"그들도 단지 의식일 뿐이라는 것도 아주 불가능한 생각은 아니기 때문이지."

"그게 어떻게 가능하죠?"

"버클리와 낭만주의자들에게 가능했다면 그들에게도 가능한 일이야. 어쩌면 소령도 힐데와 소령 자신을 다루고 있는 책 속의 환영일지도 모르지. 물론 그들 삶의 작은 부분인 우리도 그런 책 속의 환영일 테고."

"그럼 상황이 더 나빠지잖아요. 그럼 우리는 환영의 환영인 거예요?"

"전혀 다른 작가가 어딘가에서 딸에게 줄 책을 쓰고 있는 유엔군 소령 알베르트 크나그에 관해 책을 쓰고 있다고 생각할 수도 있지. 그리고 소령이 쓰는 책은 클뢰베르베이엔 3번지에 사는 소피 아문센에게 갑자기 평범한 철학 강의를 하기 시작하는 알베르토 크녹스에 관한 이야기를 다루고 있다고 말이야."

"그렇게 생각하세요?"

"내 말은 그저 그것도 가능하다는 거야. 우리에게 이 작가는 숨겨진 신과 같아. 그가 우리의 신이기 때문에 우리가 하는 말과 행동이 모두 그에게서 비롯된 것이지만 우리는 절대 그에 관해 알 수는 없어. 우린 가장 안쪽 상자 속에 들어 있는 거야."

소피와 알베르토 크녹스 선생님은 오랫동안 말없이 앉아 있었다. 소피가 결국 침묵을 깼다.

"하지만 레바논에 있는 힐데 아빠의 이야기를, 힐데 아빠가 우리에 관해 적은 것과 똑같이 생각한 작가가 정말 있다면……."

"그러면?"

"그러면 그도 지나친 상상을 하면 안 된다고 생각할 수 있잖아요."

"무슨 얘기니?"

"그러니까 그 작가가 어딘가에 앉아서 머릿속으로 힐데와 저에 대해 깊이 생각하고 있다고 해도 그 작가 역시 더 높은 차원의 의식 속에 있다고 생각할 수도 있잖아요?"

크녹스 선생님이 고개를 끄덕였다.

"그렇고말고. 있을 수 있는 일이야. 그럼 그가 그런 가능성을 암시하기 위해서 우리가 이 철학 대화를 이끌도록 할 수 있겠지. 그렇게 그 자신도 어쩔 수 없는 환영이고, 힐데와 소피의 생활을 다루고 있는 이 책은 실제 철학 교과서라는 사실을 강조하는 거야."

"교과서라고요?"

"왜냐하면 우리가 나눈 모든 얘기들, 모든 대화는……."

"예?"

"실은 독백이란다."

"전 지금 모든 것이 의식과 정신 속에서 한데 녹아내리는 느낌이에요. 아직 철학자가 한두 명 남아 있어서 다행이에요. 탈레스와 엠페도클레스, 그리고 데모크리토스와 함께 시작한 철학을 여기서 그만둘 순 없잖아요?"

"물론 그럴 순 없지. 헤겔에 대해 이야기할게. 헤겔은 낭만주의가 모든 것을 정신 속에서 지워버린 이후, 철학을 구하려고 한 최초의 철학자야."

"기대돼요."

"또 유령이나 환영 때문에 이야기가 중단되지 않도록 안으로 들어가자."

"안 그래도 약간 추웠어요."

"단락 끝!"

헤겔

…… 이성적인 것은 현실적인 것이다 ……

바인더 공책이 바닥에 떨어지면서 탁 소리가 났다. 힐데는 침대에 누운 채로 천장을 바라보았다. 현기증이 나는 것 같았다. 힐데의 아빠는 뜻대로 힐데의 머리를 어지럽혔다. 악당 같으니라고! 도대체 어떻게 그럴 수가 있지!

소피는 힐데와 직접 얘기를 나누려 했다. 그렇게 힐데가 아빠에게 반기를 들도록 부추겼다. 그리고 실제로 힐데가 그런 생각을 품도록 하는 데 성공했다. 어떤 계획을 꾸미도록…….

소피와 알베르토 크녹스 선생은 힐데 아빠를 털끝만큼도 해치지 못한다. 그건 분명한 일이다. 그렇지만 힐데는 할 수 있다. 그리고 소피도 힐데를 움직일 수 있다.

아빠의 그림자 놀이가 지나쳤다는 점에선 힐데도 소피와 크녹스 선생님과 생각이 같았다. 아빠가 소피와 크녹스 선생님을 만들어내긴 했어도, 자기의 힘을 행사하는 데에는 그 한계가 있는 법이다.

불쌍한 소피, 불쌍한 알베르토 크녹스 선생님! 그들은 힐데 아빠의 환상에 저항할 능력이 없다. 영화 스크린이 영사 기사에게 저항할 능력이 없는 것처럼.

물론 힐데는 아빠가 집에 오시면 단단히 따질 것이다. 힐데는 교활한 장난의 스케치가 더욱 또렷해지는 걸 계속 지켜봐 왔다.

힐데는 창문으로 가서 만 쪽을 내다보았다. 시계는 거의 2시를 가리키고 있었다. 힐데는 창문을 열고 배를 넣어둔 창고를 향해 소리를 질렀다.

"엄마!"

곧 힐데의 엄마가 나왔다.

"한 시간 있다가 샌드위치 갖다드릴게요. 괜찮죠?"

"그러렴."

"헤겔에 관한 글을 빨리 읽어야 하거든요."

알베르토 크녹스 선생님과 소피는 작은 호수가 보이는 창문 앞 그네에 앉았다.

"게오르크 빌헬름 프리드리히 헤겔은 낭만주의가 낳은 진정한 철학자였어."

크녹스 선생님은 이렇게 이야기를 시작했다.

"헤겔은 독일 정신의 발전과 함께했다고 말할 수 있어. 그는 1770년 슈투트가르트에서 태어나 열여덟 살에 튀빙겐에서 신학 공부를 시작했어. 1799년부터는 낭만주의 운동의 폭발적인 전성기를 체험한 예나에서 셸링과 공동 연구를 진행했지. 거기서 대학 강사로 있다가, 독일 민족 낭만주의의 중심지였던 하이델베르크 대학교에 교수로 초빙되었어. 그러다가 1818년 베를린 대학교의 교수가 되었는데, 바로 이즈음 이 도시가 유럽의 정신적인 중심지로 부상하기 시작했단다. 그는 1831년 11월에 콜레라로 세상을 떠났지만 당시 독일의 거의 모든 대학에 '헤겔주의'의 추종자들이 있었단다."

"많은 것을 가진 사람이었군요."

"그래, 그건 그의 철학에도 적용되지. 헤겔은 낭만주의자들의 거의 모든 사상들을 자신의 철학에 접목해 발전시켰어. 셸링 철학을 날카롭게 비판한 것을 예로 들 수 있지."

"어떻게 비판했는데요?"

"셸링과 다른 낭만주의자들은 존재의 가장 깊은 근원을 세계정신이라고 생각했어. 헤겔도 '세계정신'이라는 개념을 사용했지만, 그는 새로운 의미를 부여했지. 헤겔이 세계정신이나 '세계이성'이라고 말한 것은 인간이 표현하는 모든 것을 뜻해. 왜냐하면 인간에게만 정신이 있기 때문이지. 이런 의미에서 헤겔은 역사를 관통하는 세계정신을 말할 수 있었어. 우리는 헤겔이 사람의 삶, 생각 그리고 문화에 대해 말하고 있다는 걸 기억해야 해."

"그러면 그 정신은 덜 유령 같을 거예요. 정신은 더 이상 돌과 나무 속에 잠들어 있는 지성이 아니군요."

"칸트가 언급한 '사물 자체'에 관해서도 알고 있지? 칸트는 사람이 가장 내밀한 자연의 비밀을 분명하게 인식할 수 있다는 사실에 반박하긴 했지만, 일종의 도달할 수 없는 진리가 있다고 강조했어. 그리고 이 진리는 철저하게 주관적이라고 생각했지. 사람의 이성을 초월하거나 그 외부에는 진리가 있을 수 없다고 했어. 모든 인식은 사람의 인식이라고 생각한 거야."

"헤겔은 철학을 어느 정도는 지상으로 되찾아온 건가요?"

"그래, 아마 그렇게 말할 수 있겠구나. 지금은 몇 가지 중요한 요점을 언급하는 것으로 만족해야겠지만 헤겔의 철학은 아주 다양하고 세밀하단다. 헤겔이 독창적인 철학을 발전시켰다고 말하기는 어렵지만 우리가 헤겔의 철학으로 묘사하려는 것은 무엇보다도 역사의 과정을 파악하는 방법이야. 그래서 역사의 과정을 언급하지 않고는 헤겔에 관해 거의 얘기할 수 없지. 헤겔의 철학은 원래 존재의 가장 내면적인 본성에 관해서는 아무것도 가르쳐주지 않지만 '효과적으로 생각하는 법'을 가르쳐준단다."

"그것은 아마 아주 중요한 일일 거예요."

"헤겔 이전의 모든 철학 체계는 인간이 세계에 대해 알고 있는 것에 관한 불변의 기준을 세우려고 했어. 그것은 데카르트와 스피노자, 흄과 칸트에게도 해당되지. 그들은 모두 인간 인식의 기초가 무엇인지 연구하려 했어. 그러나 그들은 인간이 세계를 알기 위해서 필요한, 시간을 초월한 전제들에 관해서만 얘기했지."

"그것이 철학자의 의무가 아닌가요?"

"헤겔은 그렇게 시간을 초월하는 전제는 발견할 수 없다고 여겼어. 그는 인간 인식의 기초는 세대에 따라 달라진다고 생각했지. 그래서 헤겔은 '영원한 진리'란 존재하지 않으며 시간을 초월하는 이성도 없다고 봤어. 철학적 사유의 유일하고 확고한 출발점은 역사 그 자체라는 거야."

"무슨 말인지 모르겠어요. 설명이 필요해요. 역사는 끊임없이 변하는

데 어떻게 그게 확고한 출발점이 될 수 있죠?"

"강도 끊임없이 변해. 그렇다고 그 강에 대해 전혀 말할 수 없는 건 아니잖니. 네가 계곡에서 강의 어느 부분이 '가장 진정한' 강이냐고 물어볼 수는 없지만."

"그럴 순 없지요. 강은 어디서나 똑같은 강이니까요."

"헤겔에겐 철학이 강의 흐름 같은 것이었어. 강의 특정한 지점에서 이는 가장 작은 물결도 강 상류에서 소용돌이가 일거나 물이 흘러내려 생기는 것이지. 그러나 또 중요한 사실은 네가 관찰하고 있는 강의 그 지점에 어떤 종류의 돌과 굴곡이 있느냐는 거야."

"알겠어요."

"사유나 이성의 역사도 강의 흐름과 같아. 그것은 네 이전 세대 사람들의 모든 생각과 네가 살고 있는 시대의 삶의 조건이나 너의 생각을 결정짓는 모든 사상을 포함하고 있어. 그러니까 너는 어떤 특정한 사상이 영원히 옳다고 주장해서는 안 돼. 하지만 어떤 사상이 네가 발 딛고 서 있는 그곳에선 옳을 수도 있지."

"물론 이 말이 모든 것이 다 틀리다거나 혹은 모두 옳다는 뜻은 아니지요?"

"그렇지. 무엇이든 역사적인 맥락에서 옳거나 틀릴 수 있어. 네가 1990년에 노예 제도에 찬성하는 논쟁을 벌인다면 기껏해야 조롱거리밖에 안 될 거야. 하지만 2,500년 전이었다면 전혀 웃을 일이 아니었겠지. 물론 그 당시에도 진보적인 사람들은 노예 제도를 폐지해야 한다고 목소리를 높이기도 했지만 말이야. 더 가까운 예를 들 수도 있어. 고작 100년 전까지만 해도 경작지를 만들기 위해 광대한 산림 지역을 태워버리는 것은 비정상적인 행동이 아니었어. 그러나 오늘날에는 엄청나게 비이성적인 행동이지. 우리는 지금 그런 가치들을 평가하는 데 이전과는 아주 다르고 더 나은 전제 조건들이 있어."

"이제 이해하겠어요."

"헤겔은 이성도 동적인, 하나의 진행 과정이라고 말했어. 그리고 '진리'는 진행 과정과 전혀 다르지 않아. 즉 무엇이 가장 참되고 가장 이성적인지 판단할 수 있는 기준은 역사적 과정뿐인 거야."

"예를 들면요?"

"고대나 중세, 르네상스나 계몽주의의 여러 가지 사상들 중에서 몇몇을 골라 이것은 옳고 저것은 그르다고 말할 수 없을 거야. 그러니 플라톤이 틀렸다거나 아리스토텔레스가 옳았다고 말할 수도 없지. 또 칸트나 셸링의 생각이 옳은 반면, 흄의 생각은 틀렸다고도 할 수 없어. 그것은 비(非)역사적인 사유 방식이야."

"듣기 좋은 말은 아니네요."

"헤겔은 어떤 철학이나 사상도 그 역사적 맥락에서 떼어서 생각할 수 없다고 했어. 하지만 지금 난 새로운 논점을 얘기하려고 해. 사람에겐 계속해서 새로운 생각이 떠오르기 때문에 이성은 '진보적'이지. 이 말은 사람의 인식은 계속해서 진보하고, 이와 함께 인류도 '앞으로' 나아간다는 거야."

"그렇게 보면 칸트의 철학이 플라톤의 철학보다 더 옳을지도 모르잖아요?"

"그렇지. '세계정신'은 플라톤과 칸트 사이에도 계속 발전해왔으니까. 다시 강물의 비유로 되돌아가서, 그사이 2,000여 년의 시간이 흐르면서 지금은 강물이 훨씬 불어났다고 할 수 있지. 칸트 역시 자신의 '진리'가 강가에 움직이지 않는 돌처럼 확고하게 자리 잡고 있으리라 생각하지 않았어. 그의 사상 역시 인류의 지혜가 낳은 마지막 결론은 아니고, 다음 세대 사람들이 그의 사상을 있는 힘을 다해 비판할 테니까 똑같은 일이 계속 되풀이되겠지."

"하지만 말씀하시는 그 강은……."

"응?"

"어디로 흘러가는 거죠?"

"헤겔은 세계정신이 점점 더 커지는 자신의 의식을 향해 움직인다고 설명했어. 바다에 가까워질수록 강의 너비가 점점 더 넓어지는 것처럼 말이야. 헤겔에 따르면 역사는 세계정신이 서서히 자기 자신에 대한 의식에 눈뜨는 내용이야. 세계는 언제나 존재해왔지만 세계정신은 인류 문화와 발전에 따라 그 본질을 점점 더 확실하게 의식하게 되었지."

"헤겔은 어떻게 그걸 확신할 수 있었죠?"

"그는 세계정신은 그냥 예언이 아니라 증명할 수 있는 사실이라고 생각했어. 역사를 연구하는 사람이라면 인류가 점점 커지는 자기 인식과 자기 발전을 향해 움직이고 있음을 똑똑히 알게 된다고 생각했지. 역사는 점점 더 나은 합리성과 자유를 향해 발전하고 있음을 분명히 보여주고 있어. 물론 가끔 종잡을 수 없는 방향으로 흐르긴 하지만, 전체적으로 봤을 때는 쉬지 않고 앞을 향해 나아가고 있다는 거야. 그래서 헤겔이 보는 역사에는 뚜렷한 목표가 있지."

"그러니까 우리는 계속해서 발전하고 있는 거군요. 멋진 생각이에요, 그럼 아직 희망이 있네요."

"헤겔에게 역사란 한 줄로 길게 이어진 사상의 사슬이란다. 물론 고리들이 아무렇게나 이어져 있는 것이 아니라 일정한 규칙에 따라 연결되어 있다고 했지. 역사를 깊이 연구해본 사람이라면 새로운 사상은 대부분 이전에 형성된 다른 사상을 토대로 생겨난다는 것을 알 수 있어. 하지만 새로운 사상이 대두되면, 또 필연적으로 새로운 사상이 다시 이에 대립하게 되지. 이런 식으로 상반되는 두 가지 사유 방식이 생겨나고, 그 사이에 긴장이 감돌아. 이러한 긴장은 앞의 두 사상에서 각각 최선의 것을 보존하려는 제3의 사상으로 지양(止揚)되는데, 헤겔은 그것을 변증법적 발전이라고 했어."

"어떤 예가 있나요?"

"너도 알다시피 소크라테스 이전의 철학자들은 원질과 변화의 문제를 놓고 토론했어."

"대체로 그랬어요."

"그리고 엘레아학파 철학자들은 변화는 불가능하다고 설명했어. 그래서 그들이 자신들의 감각을 받아들이면서도 모든 변화를 부인했지. 여기서 엘레아학파는 하나의 주장을 내세웠는데, 헤겔은 그런 주장을 정립(定立)이라고 불렀어."

"그래서요?"

"그러나 한 가지 주장이 나올 때마다 맞서는 주장이 등장하는데 헤겔은 그것을 부정이라고 했어. 엘레아학파 철학에 대한 부정은 '모든 것은 흐른다'고 설명한 헤라클레이토스의 철학이야. 이제 아주 상반되는 두 사유 방식 사이에 긴장이 생긴 거야. 그러나 이 긴장은 엠페도클레스가 두 가지 주장에서 옳고 그른 부분들을 가려내 강조함으로써 '해소'되었어."

"이제 차츰 이해가 돼요⋯⋯."

"엘레아학파 철학자들의 주장에서 근본적으로 아무것도 변하지 않는 다는 점은 옳지만, 우리가 감각을 신뢰할 수 없다고 한 말은 틀렸어. 헤라클레이토스가 우리의 감각을 신뢰할 수 있다고 한 생각은 맞지만 '모든 것이 흐른다'는 말은 옳지 않았고."

"원소는 한 가지만 있는 게 아니니까요. 원소들의 조합 방식은 변하더라도 원소 그 자체는 변하지 않죠."

"맞아. 상반되는 두 주장 사이에서 중재하는 엠페도클레스의 주장을 헤겔은 부정의 부정이라고 표현했지."

"맙소사!"

"그는 이 인식의 세 단계를 정립, 반정립, 종합이라고 했어. 데카르트의 합리주의를 정립이라고 할 경우, 흄의 경험주의를 반정립으로 내세울 수 있어. 이렇게 서로 다른 두 사유 방식 사이의 긴장이나 대립은 칸트의 종합으로 지양되었고, 칸트는 합리주의자들과 경험주의자들의 생각이 모두 부분적으로는 옳지만, 둘 다 중요한 문제에서 오류를 범하고 있음을 지적했어. 그렇지만 역사는 칸트에서 끝나지 않아. 칸트의 종합은 새로이 정, 반, 합으로 나뉘는 '3단계의 생각의 사슬'을 위한 출발점이 되었어. 종합은 또다시 정립이 되고, 반정립이 그 뒤를 따르기 때문이지."

"하지만 너무 이론적이에요."

"그래. 좀 이론적이긴 하지만 그는 역사를 결코 무리하게 어떤 도식에 꿰맞추려고 하지는 않았어. 그는 이런 변증법적 모범을 역사 자체에서 찾을 수 있다고 믿었어. 이성의 발전 법칙 혹은 역사를 관통하는 '세계정신'의 집행 법칙을 발견했다고 확신했지."

"알겠어요."

"그렇다고 헤겔의 변증법이 역사에만 적용되는 것은 아니란다. 토론이나 논쟁을 벌이는 자리에서도 우리는 변증법적으로 사고할 수 있어. 한 사유 방식에서 오류를 찾아내는 것을 헤겔은 '부정적 사유'라고 했어. 그러나 우리는 한 사유 방식의 오류를 인식하고 나서도 그 사유 방식의 좋은 점을 인정할 수 있지."

"예를 들어주세요!"

"사회주의자와 보수주의자가 어떤 사회 문제 해결을 위해 한 자리에 앉으면 금세 두 사유 방식의 대립으로 긴장이 감돌지만, 그것이 한쪽은 옳고 다른 쪽은 틀렸다는 뜻은 아니야. 둘 다 정도의 차이는 있지만 옳은 생각과 틀린 생각을 갖고 있지. 그들이 현명하다면, 토론을 진행하는 동안 그때그때 양쪽이 말하는 가장 좋은 논변을 놓치지 않을 거야."

"그랬으면 좋겠어요."

"우리가 한창 토론을 벌이는 중이라면 무엇이 가장 이성적인지 확정하기란 쉽지 않을 거야. 그래서 근본적으로 역사만이 무엇이 옳고 무엇이 그른지를 보여주지. 헤겔은 오직 이성적인 것만이 생명력을 갖는다고 생각했어."

"계속 살아남는 것이 옳다는 의미인가요?"

"거꾸로 표현하는 것도 가능해. 옳은 것은 살아남는다."

"더 구체적이고 간단한 예는 없나요?"

"150년 전, 많은 사람들이 여성의 평등권을 위해 싸웠단다. 그에 맞서 완강하게 반대 투쟁을 벌인 사람들도 많았지. 오늘날 이 양측의 논증을 살펴보면 어느 쪽이 더 이성적이었는지 파악하기란 어려운 일이 아니야. 시간이 지날수록 더 현명해진다는 것을 잊으면 안 돼. 결국 평등권에 찬성한 사람들이 옳았다고 밝혀졌지. 많은 사람들은 그들의 할아버지가 이 주제에 대해 어떤 의견을 냈는지 알게 된다면 틀림없이 부끄러워질 거야."

"그래요. 상상이 가요. 헤겔은 어떻게 생각했나요?"

"평등권에 대해서?"

"네. 아니면 얘기하지 않는 편이 더 나은가요?"

"한번 직접 들어보겠니?"

"네, 좋아요."

"헤겔은 '남성과 여성의 차이는 동물과 식물의 차이'라고 했어. 그는 '동물은 남성의 성격에 더 가깝고, 식물은 여성의 성격에 더 가깝다. 식물의 발전은 조용하며, 식물의 존재 원리는 모호한 감정적 단일성이기 때문이다. 여성이 정부의 우두머리일 경우 국가는 위험에 빠진다. 여성은 보편적인 요청에 따라 행동하지 않고 즉흥적인 성향과 생각에 따라 행동하기 때문이다. 여성 교육은 지식의 습득보다는 말하자면 관념적 분위기나 삶을 통해 이루어진다는 걸 사람들은 모르고 있다. 반면 남성적 성격은 심사숙고와 기술적인 노력을 통해 형성된다'고 했지."

"고마워요, 충분해요. 그런 인용문이라면 더 이상 안 들어도 알겠어요."

"하지만 이 인용문은 '이성적인' 것에 대한 우리의 관념이 계속 변하고 있다는 것을 보여주는 좋은 예시지. 이 예시가 헤겔 역시 그 시대 사람임을 보여주잖아? 바로 우리처럼 말이야. 우리가 지금 '당연하다'고 여기는 많은 것들 중에도 역사의 시험을 통과하지 못하는 것이 있을 거야."

"그런 예가 있나요?"

"아니, 없단다."

"왜요?"

"있다면 이미 변화가 진행 중인 것에 관해서만 얘기할 수 있을 테니까. 예를 들면 자동차를 타고 다니는 건 자연을 파괴하기 때문에 언젠가는 엄청나게 어리석은 짓으로 간주될 거라는 예를 들 수는 없겠지. 이미 많은 사람들이 그런 생각을 하고 있으니까 그것은 좋은 예가 아니야. 그러나 역사는 지금까지 우리가 모두 당연하다고 여기는 것 중 많은 것들이 시험을 통과하지 못할 거라는 사실을 보여줄 거야."

"알겠어요."

"그리고 또 주의해야 할 것이 있어. 헤겔 시대의 많은 남자들이 여성의 열등함에 대해 그런 터무니없는 발언을 했던 것은 오히려 여성운동을 더 북돋워주는 역할을 하게 됐어."

"어떻게요?"

"헤겔식으로 말하자면 남자들은 하나의 정립을 내놓았어. 여성이 열등하다고 주장해야 할 필요가 있었던 이유는 여성들이 이미 자기 권리를 인식하기 시작했기 때문이었어. 모두 같은 의견이라면 결론을 말할 필요가 없지. 그러나 여성이 점점 더 심하게 차별을 당할수록 반정립이나 부정도 점점 강해졌어."

"이해할 것 같아요."

"그러니까 활동적인 적은 어떤 이념이 생겨날 수 있게 하는 최고의 동지라고 말할 수 있어. 활동적일수록 더 좋은 거야. 그러면 부정의 부정이 더 강해질 테니까. '물레방아에 물 붓기' 식의 속담이 괜히 있는 게 아니란다."

"바로 지금 제 물레방아가 마구 돌아가는 느낌이 들었어요."

"흔히 두 개념 사이에 온전히 논리적이거나 철학적으로 변증법적인 긴장이 존재해."

"예를 들면요?"

"내가 '존재'라는 개념을 생각할 때는 어쩔 수 없이 상반된 개념인 '무 (無)'를 생각하게 돼. 현존하는 것이 영원히 존재할 수는 없다는 것을 생각하지 않고서는 존재하는 것에 관해 생각할 수가 없어. '존재'와 '무' 사이의 긴장은 '생성'이라는 개념으로 융합하지. 무엇이 생성된다는 것은 말하자면 그것이 존재하면서도 존재하지 않는 것을 뜻하기 때문이야."

"알겠어요."

"그래서 헤겔의 이성은 동적인 이성이야. 현실 자체가 대립으로 표현되기 때문에 현실 묘사도 모순적일 수밖에 없지. 예를 들어볼게. 덴마크의 핵물리학자 닐스 보어는 자기 집 대문 위에 편자를 걸어두었어."

"그러면 행운을 가져온대요."

"하지만 그건 미신일 뿐이고 닐스 보어는 실제로 미신과는 거리가 멀었어. 한번은 친구가 찾아와서 '넌 그런 걸 믿지 않잖아!' 하자, 닐스 보어는 '안 믿지. 하지만 그게 효과가 있다고 들었네' 하고 대답했지."

"좀 더 설명해주세요."

"그 대답은 상당히 변증법적인 것이야. 많은 사람들이 그것을 모순이라고까지 할 거야. 닐스 보어뿐 아니라 노르웨이의 시인 빈예도 변증법적 세계관으로 유명해. 그는 두 종류의 진리에 대해 말했는데 그중 피상적인 진리는 그 반대가 이론의 여지 없이 틀리지만, 심층의 진리는 그 반대가 진리 그 자체와 마찬가지로 옳다고 말했어."

"어떤 진리들이 그럴 수 있죠?"

"인생은 짧다는 말을 예로 들면……."

"그건 저도 같은 생각이에요."

"하지만 난 다른 경우에는 두 팔을 활짝 펴고 인생은 길다고 말할 수 있지."

"맞아요. 그것도 어쨌든 진리죠."

"끝으로 변증법적 긴장이 어떻게 갑작스런 변화를 초래하는 자연 발생적 행위를 일으킬 수 있는지에 대한 예를 하나 더 들어볼게."

"어서 말씀해주세요!"

"늘 '네, 엄마', '물론이죠, 엄마', '예, 당장 할게요, 엄마!'라는 말만 하는 소녀를 상상해보렴."

"등골이 오싹해지는데요."

"어느 날 소녀의 엄마는 자기 딸이 늘 그렇게 순종적인 것에 화가 나서 신경질적으로 소리쳤어. '제발 그렇게 고분고분하게 굴지 마!' 그러자 아이는 또 '네, 엄마!' 하고 대답했지."

"그럼 전 한 방 먹이고 말 거예요."

"그래, 그렇겠지? 하지만 소녀가 그 대신 '천만에요, 그래도 전 앞으로 말을 잘 들을 거예요' 하고 대답한다면 넌 어쩌겠니?"

"그렇게 대답하는 건 드문 일일 거예요. 그렇더라도 전 아마 한 방 먹이겠죠."

"다시 말해 이 상황은 더 이상 진전이 없어. 변증법적 긴장에 어떤 변화가 와야 할 정도로 날카로워진 거지."

"뺨 때리는 걸 말씀하시는 거예요?"

"마지막으로 헤겔 철학의 특징을 하나 더 얘기할게."

"듣고 있어요."

"너도 알다시피 우리는 낭만주의자들을 개인주의자라고 해."

"내면을 향하는 비밀 통로가 있었죠."

"바로 그런 개인주의는 헤겔의 철학에서 그 '부정'과 마주치게 돼. 말하자면 헤겔은 자기가 '객관적인 힘'이라고 부르는 것에 큰 중점을 두었어. 그것은 가족과 국가를 뜻하지. 어쩌면 헤겔이 개인주의를 완전히 도외시하지는 않았다고 말할 수 있을지도 모르겠구나. 그러나 그는 그것을 사회의 유기적인 일부분이라고만 생각했어. 헤겔에게는 이성이나 세계정신이 무엇보다도 인간들의 상호작용 속에서 분명해지는 것으로 보였거든."

"좀 더 확실히 설명해주세요!"

"이성은 특히 언어에서 나타나. 그리고 우리는 태어나면서 한 언어에 소속되지. 노르웨이어는 한센 씨가 없더라도 전혀 변하지 않지만 한센 씨는 노르웨이어가 없으면 생활할 수가 없어. 개개인이 언어를 만드는 것이 아니라 언어가 개개인을 만드는 거야."

"맞아. 그래서 이런 말씀을 하실 수 있고요."

"개인이 태어나면서 언어에 소속되듯이 역사적 주변세계에도 소속된단다. 어느 누구도 이 주변 세계에서 '자유로울' 수 없어. 그래서 국가에서 자기 자신을 찾지 못한 사람은 비역사적인 사람이야. 너도 알다시피 이런 생각은 아테네의 위대한 철학자들에게도 중요했어. 시민 없는 국가와 마찬가지로 국가 없는 시민도 상상할 수 없지."

"물론이죠."

"헤겔에게 국가는 개개의 시민 '이상'이야. 심지어 모든 시민을 모아놓은 것 이상의 존재지. 헤겔은 사회를 떠나는 것은 불가능하다고 여겼어. 자기가 살고 있는 사회를 경멸하고 오히려 '혼자 존재하려는' 사람은 헤겔의 눈에 바보처럼 보였지."

"저는 잘 모르겠네요."

"헤겔에게 개인 자체는 없고 세계정신이 있었어."

"세계정신은 스스로 존재하나요?"

"헤겔은 세계정신이 세 단계를 거쳐 스스로에게 되돌아가는 것을 보여주려 했어. 세계정신이 세 단계를 거친다는 건 자기 자신을 의식하게 된다는 걸 뜻해."

"설명해주세요."

"우선 세계정신은 개인에게서 자기 자신을 의식하게 돼. 그걸 헤겔은 주관적 정신이라고 했어. 세계정신은 가족, 사회, 국가에서 더 높은 단계의 의식에 다다르는데, 이것을 헤겔은 객관적 정신이라 했지. 이건 인간들의 상호작용에서 나타나는 이성이기 때문이야. 그러나 아직 세 번째 단계가 남아 있어."

"궁금해요."

"세계정신은 절대정신에서 자기 인식의 최고 형태에 도달해. 그리고 이런 절대정신은 예술, 종교, 철학이야. 그중에서도 철학이 이성의 최고 형태란다. 세계정신은 철학을 통해서 역사 속에서 자신의 역할을 성찰할 수 있기 때문이지. 그러니까 세계정신은 철학 안에서 비로소 자기 자신과 만나는 거야. 그렇게 보면 철학을 세계정신의 거울이라고 할 수 있겠지."

"너무 신비로워서 찬찬히 이해해야겠어요. 마지막으로 하신 말씀이 특히 마음에 들어요."

"철학을 세계정신의 거울이라고 했지."

"멋져요. 그게 청동 거울과 무슨 관계가 있다고 생각하세요?"

"그래, 네가 이미 물어봤었지."

"무슨 말씀이세요?"

"힐데 아빠가 계속 그 청동 거울을 언급하는 것을 보면 특별한 의미가 있는 것 같아."

"그럼 선생님도 그 거울에 어떤 의미가 있다고 생각하세요?"

"아니, 아니야. 난 그저 그 거울이 힐데와 힐데 아빠에게 별로 특별한 의미가 없다면 그렇게 자주 언급되지는 않을 거라는 말을 한 거야. 그게 어떤 의미가 있는지는 힐데만이 알려줄 수 있어."

"지금 그게 낭만적 반어인가요?"

"가망 없는 질문이구나, 소피야."

"왜요?"

"우리는 반어적일 수 없단다. 우리는 그러한 반어로 저항할 수 없는 희생양일 뿐이야. 어떤 아이가 종이에 뭔가를 그리고 있는데 그 그림이 뭘 묘사하고 있는지 종이에게 물어볼 수는 없는 거지."

"추워졌어요."

키르케고르

힐데는 시계를 보았다. 벌써 4시가 지났다. 바인더 공책을 책상 위에 놓고 부엌으로 뛰어 내려갔다. 엄마가 기다리시기 전에 샌드위치를 창고로 갖다드려야 한다. 뛰어가다가 청동 거울을 힐끗 쳐다보았다.

서둘러 찻물을 올리고 샌드위치를 몇 개 만들었다.

힐데는 아빠를 골탕 먹일 생각이었다. 자신이 점점 더 소피, 크녹스 선생님과 공모자가 된 것처럼 여겨졌다. 아빠는 이미 코펜하겐을 출발했을 것이다······.

힐데는 쟁반을 가득 채워 들고 창고로 갔다.

"간식 드세요!"

엄마는 커다란 사포를 손에 들고 있었다. 사포질로 생긴 먼지를 뒤집어써서 잿빛이 된 머리카락을 이마에서 쓸어 올렸다.

"이걸로 점심은 건너뛰자."

두 사람은 선창에 걸터앉아 간식을 먹었다.

"아빠는 언제 오세요?"

잠시 후 힐데가 물었다.

"토요일에 오신단다. 너도 알고 있잖니?"

"하지만 토요일 언제요? 코펜하겐에서 비행기를 갈아탄다고 하시지 않았어요?"

"그랬지……."

엄마는 고기 스프레드와 오이가 든 빵을 씹었다.

"……5시쯤 코펜하겐에 도착하실 거야. 거기서 크리스티안산행 비행기가 8시 15분에 있다니까, 내 생각엔 9시 반쯤에 도착하시겠구나."

"그럼 코펜하겐에 한두 시간 머무시겠군요."

"그렇겠지. 그런데 왜 그러니?"

"아…… 그냥 아빠의 일정을 알고 싶어서요."

잠시 생각하고 나서 힐데가 다시 물었다.

"최근에 안네와 올레 숙모 얘기 들으신 적 있어요?"

"응. 가끔 전화가 와. 7월에 여기로 휴가를 오실 거야."

"더 일찍은 아니고요?"

"응, 그렇진 않을 것 같아."

"그럼 이번 주엔 코펜하겐에 있겠군요……."

"힐데야, 대체 무슨 일이니?"

"아무 일도 아니에요. 무슨 얘기든 해야 할 것 같아서요."

"하지만 지금 넌 두 번이나 코펜하겐 얘기를 꺼냈잖아."

"그랬나요?"

"아빠가 거기서 내려 비행기를 갈아타신다는 얘기를 했는데……."

"그런데 그때 갑자기 안네와 올레 숙모 생각이 났어요."

식사를 마치고 힐데는 접시와 잔을 쟁반에 올려놓았다.

"전 계속 읽을 게 있어요, 엄마……."

"그래, 물론 그래야겠지……."

아주 미묘한 질책이 담긴 대답이다. 하지만 힐데와 엄마는 아빠가 돌아올 때까지 배 손질을 끝내야 한다는 얘기만 했다.

"아빠가 도착하시기 전에 책을 다 읽겠다고 약속했어요."

"그게 좋은 건지 모르겠네. 네 아빠가 자주 멀리 떠나 계신 게 문제야. 하지만 집에서 일어나는 일을 그 먼 곳에서 감독하려고 하는 건……."

"아빠가 아직도 모든 일을 감독하고 계신다는 걸 엄마도 아신다면 아빠가 그걸 얼마나 즐기시는지도 이해하실 거예요."

그러고 나서 힐데는 자기 방으로 올라가 바인더 공책을 계속 읽었다.

소피는 갑자기 누군가 문 두드리는 소리를 들었다. 크녹스 선생님이 소피를 엄하게 쳐다보았다.

"신경 쓰지 말자꾸나."

그런데 문을 두드리는 소리가 더 커졌다.

"헤겔의 철학에 아주 분노한 덴마크의 어느 철학자 얘기를 해줄게."

그러나 이제 문이 덜컹거릴 정도로 심하게 소리가 났다.

"분명 소령이 또 어떤 가상의 인물을 보내서 우리가 자기한테 속는지 보려는 걸 거야. 그건 돈 드는 일이 아니니까."

"하지만 누가 왔는지 문을 열어 보지 않으면, 소령이 아예 집을 다 부쉬버릴 수도 있잖아요."

"네 말이 맞을지도 모르겠다. 그럼 문을 열어보자."

그들은 문 쪽으로 갔다. 문을 두드리는 소리가 너무 컸기 때문에 소피는 거인을 예상했다. 그러나 바깥에는 꽃무늬 원피스를 입은 금발의 긴 머리 소녀가 서 있었다. 손에는 작은 병 두 개를 들고 있었는데 하나는 빨간색이었고, 다른 하나는 파란색이었다.

"안녕, 넌 누구니?"

소피가 말했다.

"전 앨리스예요."

하고는 무릎을 굽혀 인사했다.

"그런 것 같았어."

크녹스 선생님이 고개를 끄덕이며 말했다.

"이상한 나라의 앨리스구나."

"하지만 어떻게 여길 찾았을까요?"

앨리스가 직접 대답했다.

"이상한 나라에는 국경이 없어요. 그건 이상한 나라가 유엔처럼 어느 곳에나 있다는 뜻이에요. 그러니까 이상한 나라는 유엔의 명예회원국이 되어야 해요. 저흰 모든 위원회에 대표를 보낼 거예요."

"소령의 짓이군!"

하고 선생님이 이죽거렸다.

"그런데 무슨일로 왔니?"

소피가 물었다.

"이 철학 병을 전해주라고 해서요."

소녀는 소피에게 작은 병 두 개를 건네주었다. 둘 다 광이 나는 유리로 만들어졌는데 하나에는 빨간색 액체가, 또 하나에는 파란색 액체가 담겨 있다. 빨간 병에는 '날 마셔!', 파란 병에는 '나도 마셔!'라고 적혀 있었다.

그때 하얀 토끼가 오두막을 지나 뛰어갔다. 토끼는 두 다리로 똑바로 서서 걸었으며 조끼와 재킷을 입고 있었다. 오두막 앞에서 토끼는 조끼 주머니에서 회중시계를 꺼내더니 말했다.

"아니, 아, 아니, 지금 내가 너무 늦게 왔구먼."

그러고 나서 토끼는 다시 뛰어갔다. 앨리스가 그 뒤를 따라가기 시작했다. 숲 속으로 뛰어들어 가기 전 앨리스는 또 한 번 무릎을 굽혀 인사를 하고 말했다.

"저는 이제 '원래 얘기'로 돌아갈게요."

"고양이 다이나와 여왕님께 인사 전해줘!"

소피가 뒤에 대고 소리쳤다.

앨리스는 곧 사라졌다. 선생님과 소피는 계단에 그대로 서서 병을 살펴보았다.

'날 마셔!'와 '나도 마셔!'

"제가 그럴 용기가 있는지 모르겠어요. 독약일지도 모르잖아요."

선생님은 어깨를 으쓱거렸다.

"이 병들은 소령이 보낸 거야. 그리고 소령이 보내는 것은 모두 의식일 뿐이지. 그건 생각의 주스 같은 걸 거야."

소피는 빨간 병의 마개를 빼고 병을 조심스럽게 입에 갖다 댔다. 달면서 이상한 맛이었다. 동시에 소피를 둘러싼 온 세상에 이상한 일이 일어났다. 먼저 호수, 숲, 오두막의 영상들이 하나로 겹쳐지는 것 같았다. 그러고 나서 소피는 다른 어떤 사람이 보였는데, 그 사람은 소피 자신이었다. 소피가 마지막으로 크녹스 선생님께 눈을 돌렸을 때 그가 소피 자신으로 변하는 것 같았다.

"이상해요. 갑자기 제가 보는 것 전부가 이어져 있는 것 같아요. 모든 것이 하나의 의식이라는 느낌이 들어요."

선생님이 고개를 끄덕였다. 그러나 소피 자신이 스스로 고개를 끄덕이는 느낌이 들었다.

"그건 범신론이나 합일 철학이란다. 낭만주의자들의 세계정신이지. 그들은 모든 것을 하나의 커다란 '자아'로 체험했어. 헤겔도 그랬고. 한편으론 각각의 개체를 완전히 무시하지 않으면서, 다른 한편으론 모든 것을 하나의 세계이성의 표현으로 파악했지."

"다른 병에 든 것도 마셔도 될까요?"

"여기 있구나."

소피는 파란 병의 마개를 뽑고 크게 한 모금 들이켰다. 이번 주스는 빨간 것보다 약간 더 신선하고 새콤한 맛이었다. 이번에도 소피 주변에 갑작스런 변화가 생겼다. 1초 만에 빨간 음료수의 효과가 사라졌다. 그리고 모든 것이 다시 제자리로 돌아왔다. 크녹스 선생님은 다시 크녹스 선생님이 되었고, 숲 속의 나무는 다시 숲 속의 나무가 되었고, 호수는 다시 작은 연못처럼 보였다. 하지만 그것도 잠시, 곧 소피가 보는 모든 것이 흩어져버렸다. 숲은 더 이상 숲이 아니었고, 가장 작은 나무조차 갑자기 세계 그 자체로 보였고, 가장 작은 나뭇가지도 동화에서 많이 등장할 만한 모험처럼 여겨졌다. 작은 호수는 끝이 없는 바다로 보였다. 그것이 그렇게 깊거나 커서가 아니라 수백만 개의 반짝거리는 세세한 부분들과 우아한 파도 때문이었다. 소피는 앞으로 평생 이 호수만 보게 되더라도 언제까지나 깊은 신비로 느껴질 것 같다는 생각이 들었다.

소피는 고개를 들어 나무 꼭대기를 보았다. 거기서 작은 참새 세 마리가 즐겁게 놀고 있었다. 참새들은 소피가 빨간 병에 든 액체를 마셨을 때도 나무에 앉아 있었지만 소피는 전혀 보지 못했다. 빨간 병은 모든 대립과 개별적 차이들을 없애버렸다.

이제 소피는 서 있던 계단에서 내려와 풀밭에 무릎을 꿇고 앉았다. 거기서도 소피는 새로운 세계를 발견했다. 마치 바닷속 깊이 잠수해서 바다 밑바닥에서 처음으로 눈을 뜬 것 같았다. 풀과 짚 덤불 사이에 생물체가 우글거렸다. 소피는 이끼 사이를 가볍고 활기차게 기어 다니는 거미, 풀줄기를 이리저리 휘젓고 다니는 진딧물, 공동 작업을 하고 있는 작은 개미 떼를 보았다. 그러나 개미들은 각기 자기 방식대로 다리를 쳐들었다.

소피가 다시 일어서서 여전히 문지방에 서 있는 선생님을 보았을 때 아주 이상한 일어났다. 갑자기 선생님이 아주 특이한 존재로 보였다. 그는 다른 행성에서 온 사람이나 소피가 방금 체험한 것과는 다른, 동화에 등장하는 인물처럼 보였다. 동시에 소피 자신도 완전히 새로운 방식으로 유일하고 특별한 사람인 것 같은 체험을 했다. 소피는 단순히 인간이나 열다섯 살짜리일 뿐 아니라 소피 아문센이고 유일한 특성을 지닌 사람이었다!

"어떻게 보이니?"

선생님이 물었다.

"선생님이 이상한 새로 보여요."

"정말?"

"전 다른 사람이 된다는 게 어떤 건지 전혀 모르겠어요. 세상에 완전히 같은 두 사람은 없잖아요."

"숲은?"

"이젠 상관없어요. 신기한 동화에나 나오는 완전한 우주 같아요."

"나도 그렇게 생각했어. 파란 병은 개인주의야. 낭만주의의 합일 철학에 대한 쇠렌 키르케고르의 반응이었지. 그리고 동화작가 안데르센이 키르케고르와 동시대 사람이었던 것은 우연이 아니야. 그는 자연의 무한함에 대해서도 예리한 시각을 지녔어. 라이프니츠는 이미 100년 전에 그러한 시각을 갖고 있었고, 스피노자의 합일 철학에 대해 그가 보인 반응은 헤겔에 대한 키르케고르의 반응과 똑같았지."

"알겠어요. 그런데 웃음을 참기 힘들 정도로 지금 선생님이 이상해 보여요."

"이해해. 그러면 빨간 병을 다시 조금만 마셔봐. 그리고 여기 계단에 앉자꾸나. 오늘 네가 집에 가기 전까지 키르케고르에 대해 얘기해야 할 게 있어."

두 사람은 자리에 앉았고 소피는 빨간 병에 든 것을 한 모금 마셨다. 이제 사물들이 다시 합쳐졌지만 너무 마셔서 소피는 다시 모든 것에 개별적인 차이가 없다는 느낌을 가졌다. 소피는 재빨리 파란 병의 목에 혀를 댔다. 그러자 세상이 어느 정도 앨리스가 병 두 개를 가져오기 전 상태로 돌아갔다. 그때 소피가 물었다.

"하지만 뭐가 진리죠? 어느 색 병이 실제 세상을 경험하게 해준 건가요?"

"둘 다란다, 소피야. 낭만주의자들이 틀렸다고 말할 수는 없어. 하지만 그들은 약간 편파적이었을 거야."

"파란 병은 어떤 거죠?"

"내 생각엔 키르케고르가 그 병을 아주 많이 마신 것 같아. 어쨌든 그는 개체의 의미에 대해 극히 날카로운 시각을 가지고 있었어. 하지만 우리는 '우리 시대의 사람'일 뿐만 아니라, 각자 단 한 번 살다 가는 유일무이한 개체지."

"그건 얼핏 보기에 헤겔이 관심을 가졌던 점 같은데요?"

"아니야. 그는 오히려 역사상의 굵직한 선들을 문제 삼았어. 그리고 바로 그런 점에 키르케고르는 분노했지. 키르케고르는 낭만주의자들의 합일 철학과 헤겔의 역사주의가 삶에 대한 책임을 빼앗았다고 생각했거든. 키르케고르에게 헤겔과 낭만주의자들은 똑같은 나무로 조각된 것이었지."

"왜 화를 냈는지 이해해요."

"쇠렌 키르케고르는 1813년 코펜하겐에서 태어났고 아버지에게 아주 엄격한 교육을 받았어. 그리고 종교적인 우울증도 물려받았지."

"좋은 이야기는 아니네요."

"그렇지. 그런 우울증 때문에 키르케고르는 어쩔 수 없이 약혼을 취소해야겠다는 생각을 했지만 코펜하겐의 시민 계급에겐 용납되지 않았지. 그래서 그는 배척당하고 조롱받는 사람이 되었어. 그리고 시간이 흐르면서 자기 자신도 사정없이 물어뜯는 사람이 되었단다. 그런 현상은 점점 심해져서 나중에 입센이 '민중의 적'이라고 부르기까지 했지."

"모두 파혼 때문이었나요?"

"아니, 그것 때문만은 아니었단다. 특히 말년에는 전 유럽 문화에 대해 점점 더 신랄한 비판자가 되어서, 전 유럽이 파산해가고 있다고 생각했어. 유럽인이 열정과 참여 없는 시대를 살고 있다고 생각했고, 교회의 미온적이고 해이한 태도를 꾸짖었어. 이른바 '일요일 기독교'에 대한 그의 비판은 무자비할 정도였지."

"오늘 우린 오히려 '견진성사 기독교'에 대해 얘기하잖아요. 대부분의 사람들은 그저 선물 때문에 견진성사를 받지요."

"그래, 네 말이 맞아. 키르케고르에겐 기독교가 양자택일을 강요할 정도로 압도적이고 이성에 반하는 것이었어. '약간'이나 '어느 정도' 기독교인이라고 하는 것은 불가능하다고 생각했는데 그건 신은 부활절 당일에 부활하셨거나 아니거나 둘 중 하나이기 때문이라는 거야. 기독교에서 얘기하는 대로 신이 정말 죽은 자 가운데서 부활했다면, 신이 정말 우리를 위하여 죽었다면, 그건 틀림없이 우리의 전 생애를 특징지을 정도로 엄청난 것이라고 생각했지."

"알겠어요."

"키르케고르는 그 시대의 교회와 대부분의 기독교인이 종교적인 문제에 대해 학교 선생님 같은 입장이었다고 이해했어. 키르케고르로서는 생각할 수 없는 것이었지. 그에게 종교와 이성은 불과 물 같은 것이었어. 키르케고르는 기독교를 '진리'로 간주하는 것만으로 충분하지 않다고 생각했어. 기독교 신앙은 예수의 발자국을 밟는 것을 의미하니까."

"그게 헤겔과는 무슨 관계가 있나요?"

"아, 우리가 순서를 거꾸로 시작한 모양이구나."

"그럼 되돌아가서 처음부터 다시 시작하는 게 좋겠어요."

"키르케고르는 열일곱 살에 신학 공부를 시작했어. 그 후로 철학에 점점 더 많은 관심을 가지게 되었지. 스물여덟 살에 「소크라테스와의 관계에서 본 반어의 개념」이라는 논문으로 박사 학위를 받았어. 그 논문에서 그는 낭만주의자들의 책임감 없는 환상 유희와 낭만적 반어에 대한 도덕적 책임을 물었어. 그는 낭만적 반어와 '소크라테스식 반어'를 대조했어. 소크라테스도 반어라는 문체를 사용했지만 그건 단지 청중이 좀 더 진지한 삶을 추구하도록 교육하기 위해서였어. 키르케고르에게 소크라테스는 낭만주의자들과는 반대로 실존적인 사상가였어. 즉 자기의 실존 자체를 철학적 성찰에 포함시켰던 거야. 키르케고르는 유희를 즐기는 낭만주의자들은 그렇지 않다고 비판했지."

"아하."

"파혼 후 키르케고르는 1841년 베를린으로 가서 다른 사람들 중에서도 셸링의 강의를 들었어."

"거기서 헤겔과 만났나요?"

"아니. 헤겔은 이미 10년 전에 죽었어. 하지만 그의 정신은 베를린과 유럽의 광범위한 지역을 여전히 지배하고 있었고, 그의 '체계'는 그 당시 생각해볼 만한 모든 의문에 대한 일종의 총체적 해석으로 이용되었어. 키르케고르는 극단적인 반대 입장에서, 헤겔 철학이 전념한 '객관적 진리'가 개별 인간의 실존에는 전혀 중요하지 않다고 설명했어."

"그렇다면 대체 어떤 진리가 중요하다는 거죠?"

"키르케고르에게는 유일한 진리를 추구하는 것보다 더 중요한 것은 개인의 삶에 중요한 진리들을 추구하는 것이었어. '자신에 관한 진리'를 발견하는 일이 중요하다고 생각했지. 그래서 개체 혹은 개인을 '체계'와 대립시켰어. 키르케고르는 헤겔이 자신도 그저 인간일 뿐이라는 사실을 잊었다고 생각했어. 그는 공상의 나라에서 사는 헤겔 같은 교수 부류의 인간을 비꼬아서, 이 사람은 존재 자체를 설명하다가 정신이 없어져서 자기 이름이 무엇인지, 그리고 자기가 사람이라는 것조차 잊어버린다고 야유했지."

"그러면 키르케고르는 인간을 어떻게 생각했나요?"

"그건 간단하게 대답할 수가 없어. 키르케고르는 인간의 본성이나 인간의 '본질'을 보편타당하게 서술하는 데는 전혀 관심이 없었어. 중요한 것은 개인의 실존이었지. 그리고 사람은 자기 자신의 실존을 책상에 앉아서 체험할 수 없어. 우리가 행동할 때, 그리고 특히 중요한 선택을 할 때 우리 자신의 실존으로 행동하는 거야. 부처에 관한 이야기가 키르케고르의 생각을 설명해줄 수 있을 거야."

"부처요?"

"응. 부처의 철학도 인간의 실존을 출발점으로 삼고 있기 때문이지. 어떤 수도승은 부처가 중요한 질문들에 불명확한 대답을 한다고 생각했단다. 예를 들면 세계란 무엇인가 혹은 인간이란 무엇인가 하는 질문에 말이야. 부처는 독화살에 상처를 입은 사람을 예로 들어 대답했어. 그 사람은 한 번도 순수하게 이론적인 관심에서 화살의 재료가 무엇인지, 어떤 독을 바른 것인지, 어떤 각도에서 자기가 화살을 맞았는지 궁금해하지 않을 거야."

"누군가 화살을 뽑고 상처를 치료해주길 바라겠지요."

"맞아. 그게 그에겐 실존적으로 중요할 거야. 부처와 키르케고르 모두 그들이 짧은 시간 동안만 존재한다는 것을 강하게 인지했어. 이미 말했듯이, 그럴 때 책상 앞에 앉아 세계정신에 대해 사색하기만 할 수는 없지."

"알겠어요."

"또한 키르케고르는 진리가 '주관적'이라고 말했어. 그렇다고 우리가 무엇을 믿고 무슨 생각을 하든 상관없다는 것은 아니야. 다만 정말 중요한 진리는 개인적이라고 생각한 거야. 그런 진리만이 '나를 위한 진리'라는 것이지."

"그런 주관적인 진리에 대한 예를 들어주실 수 있나요?"

"예를 들어 기독교가 진리인가 하는 아주 중요한 문제가 있어. 키르케고르에 따르면 이것은 이론적이거나 학술적인 문제가 아니야. 자기의 실존을 자각하는 사람에게 그것은 삶과 죽음의 문제지. 그런 문제에 대해서는 단순히 사람들이 토론하기를 좋아해서 토론하는 것이 아니야. 우리가 가장 큰 열정을 갖고 접근하는 것이지."

"이해해요."

"네가 만약 물에 빠진다면, 네가 익사를 할지 안 할지에 대한 문제에는 아무런 이론적 관심을 갖지 않을 거야. 그럴 때 물속에 악어가 있는지 없는지는 흥미의 대상이 아니야. 사느냐 죽느냐가 문제지."

"예, 물론이죠!"

"그러니까 유일신이 존재하느냐 하는 철학 문제와 이런 문제에 대한 개인의 관계를 구분해야 해. 개인은 이런 문제와 전적으로 혼자서 마주하고 있어. 그 밖에 이런 문제들엔 오로지 신앙을 통해서만 가까이 갈 수 있단다. 우리의 이성으로 파악할 수 있는 사물들은 키르케고르에겐 중요하지 않았어."

"아뇨, 그건 설명을 들어야겠어요."

"8 더하기 4는 12지? 그건 누구나 확실히 알 수 있어. 이건 데카르트 이후 모든 철학자들이 이야기해온 이성적 진리에 대한 예란다. 하지만 우리가 그걸 저녁 기도에 포함시키겠니? 마지막 죽는 순간에 그 문제를 고민할까? 아니야. 그건 '객관적'이고 '보편적'인 진리인 거야. 그래서 그런 진리들은 개인의 실존에는 전혀 상관이 없지."

"신앙은 어떻죠?"

"네가 어떤 사람에게 잘못을 저질렀을 때 그 사람이 널 용서했는지 넌 알 수 없지만, 바로 그렇기 때문에 그것이 네게는 실존적으로 중요해. 그건 네가 활발히 관계를 맺고 있는 문제인 거야. 또 너는 어떤 사람이 너를 좋아하는지도 알 수 없어. 그저 믿거나 희망할 수 있을 뿐이지. 그럼에도 그것이 너에게는 삼각형의 내각의 합이 180도라는 논쟁할 여지가 없는 사실보다 더 중요해. 사람들이 첫 키스를 할 때 인과율이나 칸트의 직관의 형식을 생각하지 않는 것처럼 말이야."

"그렇죠. 그런 생각을 한다면 미친 걸 거예요."

"신앙은 특히 종교 문제를 다룰 때 중요해. 키르케고르는 이렇게 말했어. '내가 하느님을 객관적으로 파악할 수 있다면 나는 하느님을 믿지 않는다. 하지만 그럴 수 없기 때문에 나는 믿어야 한다. 그리고 내가 이 신앙을 지키려면 내가 객관적인 불확실성 속에서 '7만 길의 물' 위에 있다는 것을 잊지 않으면서도 믿음을 갖도록 늘 유의해야 한다.'"

"좀 어렵게 표현했네요."

"일찍이 많은 사람들이 신의 존재를 증명하려 하거나 또는 이성으로 파악하려고 시도했어. 그러나 그렇게 신을 증명하거나 이성의 논증을 찾아내면 신앙 자체를, 그리고 동시에 종교적인 간절함을 잃게 돼. 기독교가 진리인지가 중요한 게 아니라 그것이 나에게 진리인지가 중요하기 때문이지. 중세에는 이런 생각을 '크레도 퀴아 압수르둠(Credo quia absurdum)'이라는 관용어로 표현했어."

"아, 뭐라고요?"

"'불합리하기 때문에 나는 믿는다'라는 뜻이지. 기독교가 이성에 호소했더라면 그건 신앙의 문제가 아니었을 거야."

"이제 알겠어요."

"지금까지 키르케고르가 '실존', '주관적 진리', '신앙'을 어떻게 이해했는지 알아봤어. 그가 이 세 개념을 그렇게 이해하도록 한 것은 전통적인 철학, 특히 헤겔에 대한 비판이었어. 하지만 그 안엔 전체적인 문명 비판도 있지. 키르케고르는 현대의 도시 사회에서 인간은 '대중'이 되거나 '공공성'을 갖는다고 생각했고, 군중의 첫 번째 특징은 책임감 없이 말하는 수많은 무의미한 '수다'라고 생각했어. 오늘날에는 아마 '부화뇌동'이라는 말을 사용할 거야. 그건 누구든 열정적인 태도를 가지지 않고 모든 사람이 동일한 것을 '생각'하고 '대변'한다는 뜻이지."

"키르케고르가 요룬의 부모님과 몇 번이나 싸우게 될지 궁금하네요."

"어쨌든 그는 동시대인들에게는 그리 관대하지 않았어. 그의 필치는 신랄했고 감정을 상하게 할 정도로 반어적이었어. 예를 들면 그는 '다수는 진리가 아니다' 혹은 '진리는 언제나 소수에 있다'라고 썼어. 그는 인간의 대부분이 존재를 너무 가지고 놀듯이 대한다고 생각했어."

"바비 인형 모으는 일도 나쁘지만 스스로가 바비 인형인 것은 훨씬 더 나쁜 일이군요……."

"그것이 우리를 키르케고르의 인생 항로 3단계론으로 이끌어준단다."

"무슨 말씀이세요?"

"키르케고르는 서로 다른 세 가지의 상이한 실존 가능성이 있다고 생각했지. 스스로 '단계'라는 말은 사용하면서 이 가능성들을 '미적 단계', '윤리적 단계', '종교적 단계'라고 불렀어. 그가 '단계'라는 말을 선택한 것엔 사람들이 두 가지 하위 단계 중 한 단계에서 살다가 갑자기 더 높은 단계로 '비약'할 수 있다는 것을 보여주려는 뜻이 담겨 있어. 그러나 많은 사람들이 한 단계에서 평생을 보낸단다."

"지금 전 다음에 어떤 설명이 나올지 추측해보는 중이에요. 그리고 제가 어떤 단계에 있는지도 궁금해요."

"미적 단계에 살고 있는 사람은 그 순간을 살고 늘 향락을 추구하지. 좋은 것은 아름답고 멋지고 편한 것이야. 그렇게 볼 때 그런 사람은 완전히 감각의 세계에 사는 거지. 탐미주의자는 자기 자신의 쾌락과 기분의 노예야. 오늘날 사람들이 말하듯이 지루하거나 선정적이지 않은 모든 것은 부정적이라고 여겼어."

"그렇군요, 고마워요. 그런 태도를 알 것 같아요."

"전형적인 낭만주의자들 역시 탐미주의자란다. 감각적인 향락만이 문제가 되는 건 아니기 때문이야. 현실 또는 자기가 종사하는 예술이나 철학에 대해 유희적인 태도를 지닌 사람도 미적 단계에 살고 있는 거야. 우리는 근심과 괴로움에 대해서조차 미적으로 '관찰'하는 태도를 취하기도 해. 그럴 때 우리를 지배하는 것은 공허함이지. 입센은 「페르 귄트」에서 전형적인 탐미주의자의 모습을 그렸어."

"키르케고르의 생각을 이해하겠어요."

"누군가 떠오르는 사람이 있니?"

"그다지요. 그런데 소령 생각이 조금 나기도 해요."

"그래, 어쩌면 그것도 저급한 낭만적 반어의 한 예라고 할 수도 있지만 넌 입을 씻어내야 해!"

"뭐라고 하셨어요?"

"뭐, 그러니까 네 책임이 아니라고."

"계속 설명해주세요."

"미적 단계에 사는 사람은 불안과 공허한 감정에 빠지기 쉽지만 그가 그런 감정을 체험한다는 건 그래도 희망이 있는 거란다. 키르케고르에게 이 불안은 긍정적인 것이었어. 그것은 누군가가 '실존적 상황'에 있다는 표시란다. 탐미주의자는 그때 더 높은 단계로 비약해야 할지 스스로 결정할 수 있어. 그런 일은 일어날 수도 있고 일어나지 않을 수도 있지. 실제로 비약하지 못하고 거의 비약할 뻔한 것은 아무 소용이 없어. 양자택일이 있을 뿐이야. 아무도 너를 위해 비약해줄 수 없단다. 너 스스로 결정하고 스스로 비약해야 해."

"술이나 약을 끊으려고 하는 것과 비슷한 것 같아요."

"그래, 어쩌면. 키르케고르가 이러한 결정에 대해 말할 때는 어느 정도 소크라테스를 떠올린 거야. 소크라테스는 모든 참된 통찰이 내면에서 비롯된다고 설명했지. 한 인간이 미적 인생관에서 윤리적이거나 종교적 인생관으로 비약하려는 선택 역시 내면에서 우러나와야 하는 거야. 바로 그것을 입센은 「페르 귄트」에서 표현했지. 내면의 필요과 절망에서 생겨나는 실존적 선택을 탁월하게 묘사한 작품으로는 러시아의 작가 도스토옙스키의 소설이 있어. 제목은 『죄와 벌』인데, 우리가 철학에 대해 모두 다루고 나면, 넌 그 소설을 꼭 읽어야 해."

"봐서요. 그러니까 키르케고르는 진지한 사람은 지금까지와 다른 인생관을 선택한다고 생각했군요"

"아마 윤리적 단계를 선택하겠지. 이 단계는 진지함과 꾸준히 도덕적인 기준에 따라 결정하는 것이 특징이야. 우리에게 도덕의 법칙에 따라 살아야 한다고 요구한 칸트처럼 인간의 마음에 가장 주의를 기울였어. 사람들이 무엇을 옳거나 그르다고 여기는지는 본질적으로 중요하지 않아. 중요한 것은 옳거나 그른 것에 대한 스스로의 태도를 결정하는 일이야. 탐미주의자들은 무엇이 재미있고 무엇이 지루한지에만 관심이 있지."

"그렇게 살면 조금은 지나치게 진지해질 수도 있잖아요?"

"물론 그럴 거야. 하지만 키르케고르는 윤리적 단계로도 만족하지 못했어. 그는 의무를 행하는 인간도 언젠가 한 번은 항상 의무를 의식하고 질서를 지키는 것에 싫증이 날 거라고 생각했어. 이미 오래전에 어른이 된 많은 사람들이 그런 싫증과 권태의 단계를 체험하지. 그리고 이제 어쩌면 상당수의 사람들이 미적 단계의 놀이에 열중하는 삶으로 되돌아가게 될 거야. 하지만 어떤 사람들은 바로 다음 단계인 종교적 단계로 새로운 비약을 하지. 그들은 신앙의 '7만 길 물'속으로 정말 대단한 비약을 감행하는 거야. 그들은 미적 향락과 이성의 명령보다 신앙을 선택했어. 그리고 키르케고르가 표현한 것처럼 '살아 계신 하느님의 손에 떨어지는 것'은 엄청난 일이지만, 인간은 그때 비로소 자기의 삶과 화해할 수 있다는 거야."

"그러니까 기독교를 통해서 말이죠?"

"그래. 키르케고르에게는 종교적 단계가 기독교를 의미한단다. 그럼에도 불구하고 그는 자신의 철학으로 많은 비기독교인 사상가들에게 영향을 미쳤어. 우리가 사는 세기에 이른바 '실존철학'이 생겼는데 그것은 키르케고르에게서 강한 영향을 받은 것이란다."

그때 소피가 시계를 보았다.

"7시가 다 되었어요. 이제 집에 가야 해요. 엄마가 걱정하실 거예요."

소피는 철학 선생님에게 인사하고 호수와 조각배가 있는 곳으로 달려 내려갔다.

마르크스

······ 하나의 유령이 유럽을 배회하고 있다 ······

힐데는 침대에서 일어나 호수 쪽을 향해 나 있는 창가로 걸어갔다. 힐데는 이번 토요일을 소피의 열다섯 번째 생일에 관해 읽는 것으로 시작했다. 그 전날은 힐데의 생일이었다. 힐데가 그때까진 소피의 생일에 대해 다 읽었으리라고 계산했다면 아빠는 힐데를 과대평가한 것이다. 힐데는 어제야 읽기 시작했으니까. 게다가 생일 축하 인사도 겨우 한 번 받았을 뿐이다. 바로 크녹스 선생과 소피가 생일 축하 노래를 불렀을 때 힐데는 그것이 오히려 더 슬펐다.

그리고 소피는 힐데의 아빠가 레바논에서 돌아오는 날 '철학 가든파티'를 열 것이다. 힐데는 그날 자신은 물론 아빠도 제대로 예측할 수 없는 일이 일어나리라 확신했다.

그러나 어쨌든 한 가지는 확실하다. 힐데의 아빠는 비에르켈리로 돌아오시기 전에 작은 벌을 받아야만 했다. 힐데는 그것이 소피와 크녹스 선생님을 위해 자신이 할 수 있는 최소한의 일이라고 생각했다. 그들이 힐데에게 도움을 청했기 때문에…….

힐데의 엄마는 아직 창고에 있었다. 힐데는 살금살금 1층으로 내려가 전화기로 다가갔다. 코펜하겐에 사는 안네 숙모의 전화번호를 찾아 전화를 걸었다.

"안네 크밤스달입니다."

"안녕하세요, 숙모. 힐데예요."

"아유, 반가워라! 릴레산에선 어떻게 지내니?"

"아주 잘 지내요, 여름방학이기도 하고요. 이제 한 주만 더 지나면 아빠가 레바논에서 돌아오세요."

"정말 좋겠구나. 그치, 힐데야?"

"물론 아주 기뻐요. 그런데 그래서 전화를 드린 건데요……."

"그래?"

"제 생각엔 아빠가 23일 오후 5시쯤에 코펜하겐에 도착하실 거예요. 그때 댁에 계시나요?"

"그럴 거야."

"그럼 제 부탁을 좀 들어주세요."

"물론이지."

"그런데 그게 좀 이상한 부탁이라, 괜찮으실지 모르겠어요."

"궁금해지는구나."

힐데는 바인더 공책, 크녹스 선생, 소피, 그리고 다른 일에 대해 거의 모두 이야기했다. 안네 숙모가 자꾸 웃음을 터뜨리는 바람에 힐데는 얘기를 여러 번 다시 해야만 했다. 그들이 통화를 끝냈을 때 힐데의 계획은 이미 진행되기 시작했다.

힐데는 집에서도 준비할 일이 있었다. 별로 급한 일은 아니지만.

힐데는 오후와 저녁 시간을 엄마와 함께 보내고 저녁에는 크리스티안산으로 가서 제대로 축하하지 못한 생일 파티 대신 영화를 보았다. 비행장으로 가는 갈림길을 지날 때 힐데가 아침부터 계속 생각해온 커다란 퍼즐에 몇 개의 조각을 더 맞출 수 있었다.

그날 저녁 힐데는 늦게 잠자리에 들어서야 바인더 공책을 다시 펼칠 수 있었다.

8시가 다 되어서야 소피는 동굴에서 기어나왔다. 엄마는 입구 앞에 있는 화단을 정리하고 있었다.

"대체 어디서 나오는 거니?"

"울타리를 지나서요."

"울타리를 지나서?"

"반대쪽에 길이 있는 거 모르세요?"

"도대체 어디 숨어 있었니? 말도 없이 식사 때 오지도 않고."

"죄송해요. 날씨가 너무 좋아서 산책을 오래 했어요."

그제야 엄마가 일어나서 소피를 쳐다보았다.

"너 그새 또 철학 선생님을 만난 건 아니겠지?"

"만났어요, 벌써. 선생님은 산책하기를 좋아하신다니까요."

"가든파티에 오신다던?"

"네, 꼭 오신대요. 아주 좋아하셨어요."

"나도 그래. 매일 날짜를 세고 있지."

"요룬의 부모님도 초대해서 기뻐요. 그러지 않았으면 좀 마음 아팠을 거예요."

"그래……. 어쨌든 그 선생님과 어른들끼리 얘기를 좀 나눠봐야겠어."

"제 방에서 하셔도 돼요. 크녹스 선생님이 엄마 마음에 꼭 들 거예요."

"그게 다가 아니란다. 너에게 오는 편지 말이야."

"아……."

"소인에 '유엔 평화 유지군'이라고 되어 있잖니."

"그건 선생님의 동생한테서 오는 거예요."

"이제 사실대로 말해보렴."

빠르게 머리를 굴리자 곧 적당한 대답이 떠올랐다. 자비심이 많은 신이 소피에게 영감을 준 것 같았다.

"제가 희귀한 우편 소인을 모은다고 선생님에게 얘기했거든요. 선생님 동생이 얼마나 좋은 사람인지 아시겠죠?"

이 대답으로 소피는 엄마를 눈에 띄게 안심시켰다.

"냉장고 안에 먹을 게 있을 거야."

엄마가 금세 온화해진 목소리로 말씀하셨다.

"편지는 어디 있어요?"

"냉장고 위에."

소피는 부엌으로 달려갔다. 편지에는 1990년 6월 15일 자 소인이 찍혀 있었다. 소피가 봉투를 뜯자 손에 아주 작은 쪽지가 떨어졌다.

우리에게 영원한 창조란 도대체 무엇인가!

창조된 것이 다시 무로 되돌아가는 것일 뿐!

이 질문에 소피는 뭐라고 대답해야 할지 알 수 없었다. 식사 전에 소피는 쪽지를 지난 몇 주 동안 모은 주인 없는 물건들과 함께 옷장 안에 넣어두었다. 왜 내가 이런 질문을 받게 되었는지 곧 알게 되겠지.

다음 날 오전에 요룬이 찾아왔다. 소피와 요룬은 배드민턴을 치고 나서 다시 철학 가든파티 계획을 짰다. 분위기가 어색할 경우를 대비해 사람들을 놀라게 해줄 몇 가지도 필요했다.

소피의 엄마가 직장에서 돌아왔을 때에도 소피와 요룬은 가든파티 얘기를 하고 있었다. 엄마는 계속해서 똑같은 말을 했다.

"어떤 것도 아끼지 않을 거야."

그것은 반어적인 의미가 아니었다.

엄마는 이번 철학 가든파티가 지난 몇 주 동안 철학 집중 과정을 밟은 소피가 현실로 되돌아오는 데 꼭 필요하다고 확신하는 듯했다.

마침내 소피와 요룬은 생일 케이크와 나무에 걸 조명에서부터 청소년용 철학책이 상품으로 걸린 철학 퀴즈까지 모든 것에 합의했다. 만약에 그런 책이 있다면 말이다. 소피는 그 점에 대해선 확신할 수 없었다.

성 세례 요한 축일 전야제 이틀 전인 6월 21일 목요일에 선생님이 다시 전화를 걸었다.

"소피입니다."

"알베르토 크녹스야."

"잘 지내세요?"

"아주 좋아. 출구를 발견한 것 같아."

"어디에서 벗어나는 길인가요?"

"너도 알잖니. 이미 우리가 너무 오랫동안 살아온 정신적인 감금 상태에서 벗어나는 거지."

"아, 그거요……."

"하지만 모든 일을 시작할 때가 되어야 계획에 대해 얘기할 수 있을 거야."

"너무 늦지 않나요? 저와 관련된 일은 저도 알아야 하잖아요?"

"아니, 순진하긴. 언제 어디서든 우리 얘기가 새고 있다는 걸 알아야 해. 그러니까 가장 이성적인 행동은 입을 다물고 있는 거야……."

"상황이 그렇게 나쁜가요?"

"물론이지. 우리가 서로 얘기를 나누지 않는 사이에 가장 중요한 일이 일어날 거야."

"아……."

"우린 거짓된 현실 속, 긴 이야기의 뒤편에서 살고 있단다. 그 문장들의 철자 하나하나를 모두 소령이 싸구려 휴대용 타자기로 적는 거야. 그래서 써놓은 내용 중에 소령의 시야를 벗어날 수 있는 건 아무것도 없어."

"없지요, 그건 알아요. 그러면 우린 소령의 눈을 어떻게 피하죠?"

"쉿!"

"뭐라고요?"

"행간에서도 뭔가가 진행되고 있어. 그리고 바로 거기에서 내가 아는 모든 방법을 동원해 빠져나갈 거야."

"그렇군요."

"우린 오늘하고 내일도 만나야 돼. 그리고 나서 토요일에 계획을 시작할 거야. 지금 올 수 있겠니?"

"갈게요."

소피는 새와 물고기에게 먹이를 주고, 거북이 고빈다에게는 샐러드 잎을 준 다음 셰레칸을 위해서 고양이 사료 한 캔을 땄다. 소피는 나가면서 고양이 사료 그릇을 계단에 놓았다. 그리고 울타리를 빠져나가 반대편 길로 나왔다. 한 블록을 걷고 있을 때 갑자기 덤불 한가운데서 커다란 책상을 발견했다. 책상에는 나이 든 남자가 앉아 있었다. 무언가 계산하고 있는 것 같았다. 소피는 가서 이름을 물어보았다.

"스크루지다."

이렇게 대답하고 그는 다시 고개를 숙여 자기 서류를 보았다.

"전 소피라고 해요. 혹시 상인이신가요?"

그는 고개를 끄덕였다.

"게다가 큰 부자지. 한 푼도 낭비해서는 안 돼. 그러니까 난 회계에 집중해야 해."

"예민하시군요!"

소피는 그에게 인사를 하고 다시 걸어가다가 큰 나무 아래에 혼자 앉아 있는 소녀를 발견했다. 소녀는 누더기를 걸치고 있었는데 창백하고 아파 보였다. 소피가 지나갈 때 소녀는 작은 가방에 손을 넣어 성냥갑 하나를 끄집어 높이 들었다.

"성냥을 사실래요?"

소녀가 물었다.

소피는 주머니를 뒤져 돈을 찾아보았다. 1크로네가 있었다.

"얼마예요?"

"1크로네요."

소피는 소녀에게 동전을 건네주고 곧 성냥 한 갑을 받아 들었다.

"당신은 100년이 넘는 시간 동안에 처음으로 내 물건을 사준 사람이에요. 나는 굶어 죽기도 하고 때로는 추위에 얼어 죽기도 했지요."

소피는 그 소녀가 숲 한가운데서 성냥을 하나도 팔지 못하는 건 전혀 이상한 일이 아닐 거라고 생각했다. 그러다 곧 좀 전의 부자 상인을 떠올렸다. 그는 그렇게 많은 돈을 가지고 있으니 성냥팔이 소녀가 굶어 죽지는 않을 것이다.

"날 따라와!"

소피는 소녀의 손을 잡고 부자에게 데려갔다.

"이 아이가 더 나은 삶을 살 수 있게 잘 돌봐주세요."

남자는 서류에서 눈을 떼고 설명했다.

"그러려면 돈이 들어. 그리고 이미 얘기했지만 돈은 한 푼도 낭비해서는 안 돼."

"하지만 당신은 그렇게 부자면서 이 소녀는 이렇게 가난하다는 건 불공평한 일이에요."

소피가 몰아세우듯 말했다.

"바보 같은 소리! 정의란 동등한 사람들 사이에서만 존재하는 거야."

"무슨 뜻이죠?"

"난 노력해서 출세한 사람이야. 노력에는 대가가 따르니까. 사람들은 그걸 진보라고 하지."

"그렇기도 하겠네요!"

"당신이 절 도와주지 않으면 전 죽을 거예요."

가엾은 소녀가 말했다.

상인은 서류에서 눈을 떼고 올려다보더니 펜을 책상에 내던졌다.

"넌 내 회계 장부에 낄 자리가 없어. 그러니까 극빈자 숙소에나 가봐!"

"절 도와주지 않으면 숲에 불을 지를 거예요."

가엾은 소녀가 선언했다.

그제야 책상에 앉아 있던 남자가 일어났지만, 소녀는 이미 성냥에 불을 붙였다. 바짝 마른 덤불에 성냥불을 대자 순식간에 타올랐다.

부자가 양팔을 마구 흔들었다.

"사람 살려! 불이야!"

소녀는 장난기 섞인 미소를 지으며 그를 쳐다보았다.

"당신은 제가 공산주의자인 걸 몰랐을 거예요."

그 순간 소녀와 상인, 책상이 사라져버렸다. 메마른 풀이 점점 더 활활 타오르는 동안 소피는 혼자 거기 서 있었다. 소피는 겨우 불꽃을 피할 수 있었다.

다행이야! 소피는 검게 탄 덤불을 바라보았다. 손에는 성냥 한 갑이 들려 있었다.

그렇다면 소피 자신이 불을 지른 건 아닐까?

소피는 선생님을 오두막 앞에서 만나, 오면서 겪은 일을 이야기했다.

"스크루지는 찰스 디킨스의 『크리스마스 캐럴』에 나오는 탐욕스런 자본가야. 성냥팔이 소녀가 한스 크리스티안 안데르센의 동화에 나온 건 너도 알고 있겠지."

"하지만 하필이면 이 숲에서 그들을 만난 게 이상하지 않아요?"

"왜 아니겠니. 그 숲은 평범한 숲이 아니란다. 우린 이제 카를 마르크스에 관해 이야기를 나눌 거니까, 네가 지난 세기 중반의 거대한 계급적 대립의 한 예를 보게 된 건 잘된 일이야. 들어가자. 안에 있으면 소령의 방해를 조금이라도 덜 받을 거야."

다시 그들은 호수 쪽으로 나 있는 창문 앞 테이블에 앉았다. 소피는 파란 병에 든 음료를 마셨을 때 그 작은 호수가 어떻게 보였는지 아직도 생생하게 기억했다. 지금 그 빨간 병과 파란 병은 벽난로 선반 위에 있고 책상 위에는 어떤 그리스 신전을 본뜬 조그만 모형이 놓여 있었다.

"이게 뭐죠?"

"모든 일에는 순서가 있어, 애야."

그러고 나서 크녹스 선생님은 마르크스에 대해 얘기하기 시작했다.

"키르케고르가 1841년 베를린에 와서 셸링의 강의를 들었을 때 카를 마르크스 옆에 앉았을지도 몰라. 키르케고르는 소크라테스에 관해 석사 논문을 썼고, 같은 시기에 마르크스는 데모크리토스와 에피쿠로스에 관한, 즉 고대의 유물론에 관한 박사 논문을 썼어. 그러면서 둘 다 자신들의 철학 진로를 결정했지."

"키르케고르는 실존철학자가, 그리고 마르크스는 유물론자가 되기로요?"

"마르크스는 '역사적 유물론자'였어. 그 얘기로 돌아가보자."

"계속하세요."

"키르케고르와 마르크스는 둘 다 헤겔 철학에서 출발했어. 둘 다 헤겔의 사고방식에서 큰 영향을 받았지만 헤겔이 주장한 세계정신의 관념, 즉 우리가 헤겔의 관념론이라고 부르는 것과는 거리가 있었지."

"그들에게는 너무 막연했겠죠."

"맞아. 일반적으로 거대한 철학 체계의 시대는 헤겔과 함께 끝났다고 말해. 헤겔 이후 철학은 완전히 새로운 방향으로 나아갔어. 거대한 사변적인 체계 대신 이제 이른바 '실존철학'이 등장하지. '행동철학'이라고도 말할 수 있을 거야. 마르크스는 '지금까지 철학자들은 단지 세계를 해석하는 데 그쳤다. 그러나 문제는 세계를 변화시키는 것이다'라고 말하면서 활동을 시작했고 이 말이 철학사에서 중요한 전환점이 되었어."

"스크루지와 성냥팔이 소녀 덕분에 마르크스의 생각을 별 어려움 없이 이해하겠어요."

"말하자면 마르크스는 실천적·정치적 목표를 가지고 있었어. 그 밖에도 그가 철학자이기만 한 것은 아니었어. 그는 역사가이면서 사회학자였고 경제학자였단다."

"그 모든 영역에서 선구적인 사람이었나요?"

"어쨌든 다른 어떤 철학자도 실천철학에서는 마르크스를 능가하지 못했어. 한편으로 우리는 그 이후 '마르크스주의'라고 하는 모든 것을 마르크스 본인의 생각과 동일시하지 않도록 주의해야 해. 마르크스는 자신이 1845년에 '마르크스주의자'가 되었다고 하지만, 마르크스주의자가 아닌 시기도 있었거든."

"예수는 기독교인이었나요?"

"그것도 토론해볼 수 있지."

"하시던 말씀을 계속해주세요."

"처음부터 그의 친구이자 동료였던 프리드리히 엥겔스가 나중에 마르크스주의로 불리게 된 사상에 기여했어. 20세기에는 레닌, 스탈린, 마오쩌둥 등 많은 정치가들이 마르크스주의를 계속 발전시키자고 요구했지. 동구권 국가들에서는 레닌 이후부터 '마르크스 레닌주의'라는 표현을 썼어."

"이제 마르크스 이야기에 집중하는 게 좋겠어요. 그가 '역사적 유물론자'라고 하셨죠?"

"마르크스는 고대의 원자론자나 17~18세기의 기계론적 유물론자 같은 철학적 유물론자는 아니었어. 그러나 그는 한 사회에서는 무엇보다도 물질적인 삶의 조건이 우리의 생각과 의식을 결정한다고 생각했지. 그에 따르면 이러한 유물론적 관계는 역사 발전에 결정적인 작용을 했어."

"세계정신을 이야기한 헤겔과는 아주 다르군요."

"헤겔은 역사가 갑작스러운 변화로 인해 사라지는 대립물들 사이의 긴장에서 발전하는데, 이때 대립물들과 함께 갈등도 사라진다고 했어. 마르크스는 이러한 생각에 동의하면서도, 헤겔이 모든 것을 거꾸로 본다고 생각했단다."

"평생 동안은 아니겠지요?"

"헤겔은 역사를 발전시키는 원동력을 '세계정신'이나 '세계이성'이라고 했는데, 마르크스는 이런 관점이 진리를 혼란스럽게 만든다고 생각했어. 마르크스는 물질적 삶의 조건의 변화가 역사에 결정적으로 작용한다는 것을 증명하려 했어. 한 사회의 정신적인 상황이 물질적 변화를 일으키는 것이 아니라, 반대로 물질적인 상황이 정신적인 상황을 결정한다고 생각한 거야. 마르크스는 특히 한 사회의 경제적인 힘이 다른 모든 분야에 변화를 일으킴에 따라 역사는 발전한다고 강조했지."

"그런 예가 있나요?"

"고대의 철학과 학문은 그 목적이 순수하게 이론적이었어. 아무도 자신들의 이론적 지식이 어떤 분야에서 실천적인 개선 효과가 있는지 관심을 갖지 않았지."

"그래요?"

"그것은 그들이 살던 사회 조직과 관련이 있어. 고대 사회에선 생활과 생필품 생산을 노예 노동에 의존했기 때문에 시민들은 물건을 실용적으로 고안하여 개선할 필요가 별로 없었지. 이것은 한 사회의 물질적인 상황이 그 사회의 사상에 미치는 영향의 예로 볼 수 있어."

"알겠어요."

"마르크스는 한 사회의 물질적·경제적·사회적 상황을 그 사회의 하부구조라고 하고, 생각하는 방식, 정치 제도, 법률, 종교, 도덕, 예술, 철학, 과학을 상부구조라고 불렀어."

"하부구조와 상부구조요."

"저 그리스 신전 모형을 갖다 주겠니?"

"여기요."

"이건 아크로폴리스 위에 있는 고대의 파르테논 신전을 축소한 모형이야. 너도 이걸 실제로 보았지."

"비디오에서요."

"보다시피 이 신전의 지붕은 정말 우아하고 화려해. 아마 이 지붕과 지붕의 전면이 제일 먼저 눈에 띌 거야. 바로 그것을 상부구조라고 할 수 있어. 그렇지만 지붕은 공중에 떠 있을 수 없지."

"기둥들이 받쳐줘야 해요."

"모든 구조물은 튼튼한 기초, 즉 전체 구조를 지탱해주는 토대인 하부구조가 필요해. 마르크스에 따르면 물질적 상황이 한 사회의 사상과 이념에 존재하는 모든 것을 '지탱'해주지. 다시 말해, 한 사회의 상부구조는 그 사회의 물질적 하부구조의 반영인 거야."

"플라톤의 이데아론이 그 당시 유행했던 요업 기술과 아테네에서의 포도 재배의 반영일 뿐이라는 말씀이신가요?"

"아니, 그렇게 간단히 반복되는 얘기가 아니야. 그래서 마르크스도 표현상 그 부분에 유의했어. 한 사회의 하부구조와 상부구조는 당연히 서로 영향을 미치게 돼. 마르크스가 그것을 부정했으면 '기계론적 유물론자'가 되었을 거야. 하지만 그는 하부구조와 상부구조 사이에 상호작용, 즉 갈등이 있다고 생각했기 때문에 '변증법적 유물론자'라고 불렸어. 헤겔이 변증법적 발전을 어떻게 이해했는지 기억나지? 그 밖에도 플라톤이 도자기공이나 포도 농장의 노예로 일한 적이 없다는 것도 알 수 있을 거야."

"알아요. 신전에 대해 더 하실 말씀이 있나요?"

"그래, 아직 남아 있어. 신전의 하부구조를 자세히 살펴보고 내게 설명할 수 있겠니?"

"기둥들이 세 개의 층 또는 세 개의 계단으로 이루어진 하나의 토대 위에 서 있어요."

"마찬가지로 우리도 사회의 하부구조를 세 단계로 구분할 수 있어. 맨밑에 마르크스가 한 사회의 자연적인 생산 조건이라고 부른 것이 있어. 말하자면 그것을 한 사회가 이용할 수 있는 자연 상태, 각종 식물, 원료, 지하자원 등으로 이해했지. 그것들이 한 사회의 근본적인 하부구조를 형성하고, 이러한 하부구조가 그 사회에서 어떤 생산이 가능한지 명확한 경계를 정해주지. 이것을 통해 대체로 어떤 장소에 어떤 사회와 어떤 문화가 존재할 수 있는지에 대해서도 분명한 경계가 지어져.”

“사하라 사막에선 청어를 못 잡고 핀란드에서는 대추야자를 재배할 수 없는 것처럼요.”

“잘 알아들었구나. 유목 문화의 사람들은 북노르웨이의 어민들과는 생각하는 방식이 아주 다를 수밖에 없지. 그다음 단계는 한 사회의 생산력이야. 마르크스는 이 단계에 인간의 노동력은 물론 생산수단인 도구, 연장, 기계도 포함시켰어.”

“예전에는 물고기를 잡으러 노 젓는 배를 타고 나갔지만 요즈음은 거대한 트롤 어선으로 잡으니까요.”

“지금 네가 하부구조의 세 번째 단계를 이미 언급한 셈이야. 이 단계에서 좀 더 복잡해지긴 해. 이제는 한 사회에서 누가 생산수단을 소유하고, 노동은 어떻게 조직되는지, 즉 소유 관계와 노동 분배에 대해 다루기 때문이지. 마르크스는 이것을 한 사회의 생산 관계라고 불렀어. 그것이 세 번째 단계야.”

“알겠어요.”

“마르크스는 한 사회의 생산 양식이 그 사회에 정치적·이데올로기적 관계를 결정한다고 주장했어. 오늘날 우리가 봉건사회에 살던 사람들과 다른 생각을 하고, 도덕관이 좀 다르다는 것은 우연이 아닌 거지.”

“마르크스는 모든 시대에 적용되는 자연법을 믿지 않았던 거군요.”

“맞아. 마르크스는 무엇이 도덕적으로 옳은가 하는 질문에 대한 답은 사회의 하부구조가 결정한다고 생각했어. 실제로 옛날 농경사회에서 부모가 자녀의 배우자를 결정했던 것도 이유가 있었어. 결국 누가 농장을 상속하느냐도 문제였던 거야. 현대의 대도시에서는 사회적 관계가 다르기 때문에 인생의 반려자도 다른 방식으로 찾게 되었어. 우리는 미래의 배우자를 파티나 클럽에서 알게 될 수도 있고, 충분히 사랑한다면 일단 먼저 한 집에서 살아볼 수도 있겠지."

"부모님이 제 남편감을 찾아주시는 건 마음에 들지 않을 거예요."

"그렇겠지. 너는 이 시대 사람이니까. 마르크스는 그 외에 무엇이 옳고 그른지 결정하는 것은 대개 그 사회의 지배계급임을 강조하고 있어. 모든 역사가 계급 투쟁의 역사라고 생각했기 때문이지. 즉 생산수단을 누가 소유하느냐에 관한 대결의 역사라고 생각했어."

"인간의 생각과 이념도 역사 발전에 기여하고 있지 않은가요?"

"그렇기도 하고 그렇지 않기도 해. 마르크스는 한 사회의 상부구조 사이의 관계는 그 하부구조에 반작용한다고 확신했지만 상부구조의 독자적인 역사는 인정하지 않았어. 그의 견해로는 고대의 노예 사회에서 오늘날 산업사회에 이르기까지 역사 발전을 추동해온 것은 하부구조의 변화라는 거야."

"네, 그건 벌써 말씀하셨어요."

"마르크스는 역사의 모든 단계에서 지배계급과 피지배계급 사이에 갈등이 존재한다고 생각했어. 고대 노예제 사회에는 자유민과 노예 사이에 갈등이 있었고, 중세의 봉건사회에는 봉건 군주와 농노 사이에, 그 후에는 귀족과 시민 간에 갈등이 있었지. 마르크스는 자신의 시대인 시민사회 또는 자본주의 사회에서 자본가와 노동자 또는 프롤레타리아, 즉 생산수단을 소유한 자와 소유하지 못한 자 사이의 갈등을 보았어. 그런데 지배계급은 자신들의 주도권을 결코 자진해서 포기하지 않기 때문에 오로지 혁명을 통해서만 변할 수 있다고 했지."

"공산주의 사회는 어떤가요?"

"마르크스는 특히 자본주의 사회에서 공산주의 사회로 이행하는 문제에 관심을 기울였어. 그래서 마르크스는 자본주의 생산 양식을 상세하게 분석했지. 하지만 그 문제를 살펴보기 전에 인간의 노동에 대한 마르크스의 의견에 대해 먼저 얘기할게."

"네, 그러세요."

"공산주의자가 되기 전 청년 마르크스는 인간이 노동을 하면 어떤 일이 일어나는지에 관심을 가졌어. 헤겔도 그 문제를 분석해서 인간과 자연 사이의 상호 관계, 즉 '변증법적' 관계를 인식했지. 청년 마르크스도 같은 생각을 했던 거야. 인간이 자연에 변화를 주면 인간도 스스로 변하게 돼. 좀 다르게 표현하면, 인간이 노동하는 과정에 자연도 인간에 관여해서 인간의 의식을 바꿀 수 있다는 거야."

"선생님이 무슨 일을 하시는지 말씀해주시면 선생님이 어떤 사람인지 얘기할 수 있는 것처럼요."

"맞아. 마르크스는 '우리가 하는 일이 우리의 의식을 규정하지만 우리의 의식도 우리가 일하는 방식을 규정한다'고 생각했어. '손'과 '머리' 사이에 상호 관계가 있다고 할 수도 있지. 이런 식으로 인간의 의식은 인간이 하는 일과 밀접한 관계가 있단다."

"그럼 일이 없다는 것은 아주 나쁜 거군요."

"그렇지. 일이 없는 사람은 어쨌든 공중에 떠 있는 거나 마찬가지니까. 이미 헤겔도 그 점을 강조했어. 헤겔과 마르크스에게 일이란 뭔가 긍정적인 것이고 인간에게 필요한 것이었지."

"그러면 노동자인 것 역시 긍정적인 일이겠군요?"

"근본적으로는 그렇지. 그러나 바로 그 부분에서 자본주의 생산 양식에 대한 마르크스의 혹독한 비판이 시작됐어."

"그건 뭔가요?"

"자본주의 체제에서 노동자는 다른 사람을 위해, 즉 자본가를 위해 노동을 해. 그래서 일이 자기 자신의 외부에 있는 것 또는 자신에게 속하지 않는 것이 되지. 노동자는 자기 일은 물론이고 자기 자신에게도 소외되는 거야. 그래서 인간의 품위를 상실하지. 마르크스는 '소외'라는 헤겔의 표현을 빌려 이야기했어."

"저희 고모는 20년이 넘도록 한 공장에서 사탕을 포장하고 계세요. 그래서 무슨 말씀인지 금방 이해가 돼요. 고모는 아침마다 일하러 가기 싫다고 말씀하세요."

"고모가 자기 일을 싫어하면, 결국 자기 자신도 싫어질 수밖에 없어."

"아무튼 고모는 사탕은 싫어하세요."

"자본주의 사회에서는 노동자가 실제로는 다른 사회 계급을 위해 노예로 일하도록 조직되어 있단다. 그렇게 노동자는 자기 자신의 노동력뿐 아니라 자신의 삶 전체를 자본가에게 '양도'하게 되는 거야."

"정말 그렇게 나쁜 건가요?"

"우린 지금 마르크스가 사물을 어떻게 보느냐에 대해 얘기하고 있어. 그러니 19세기 중반 유럽 사회의 상황에 대한 이야기인 거야. 그래서 그 질문에 대한 대답은 분명히 그렇다고 할 수밖에 없어. 노동자들은 대부분 하루 14시간씩 얼음처럼 차가운 공장의 작업실에서 일했어. 아이들과 임산부들도 일을 해야 할 정도로 임금은 형편없었지. 사회 상황은 이루 말할 수 없이 나빴어. 임금의 일부가 싸구려 술로 지급되기도 했고, 수많은 여자들이 몸을 팔아야 했어. 그때 그들의 고객은 형편이 나은 도시의 사람들이었지. 다시 말해서, 인간의 고귀함을 나타내야 하는 노동이 노동자를 짐승으로 만들었단다."

"너무 화가 나요."

"마르크스도 마찬가지였어. 같은 시대에 시민 계급의 자식들은 상쾌하게 목욕을 끝내고 크고 따뜻한 방에서 바이올린을 켤 수 있었지. 아니면 네 가지 코스 요리를 점심으로 먹기 전에 피아노 앞에 앉아 있을 수 있었어. 물론 그들은 저녁에도 오래 말을 타고 외출했다가 집으로 돌아와 바이올린을 켜거나 피아노를 칠 수 있었지."

"하, 이렇게 불공평할 수가!"

"마르크스도 그렇게 생각했단다. 1848년 마르크스는 프리드리히 엥겔스와 함께 그 유명한 「공산당 선언」을 발표했어. 이 선언의 서두는 이랬지. '하나의 유령이 유럽을 배회하고 있다. 공산주의라는 유령이.'"

"정말 무서운데요."

"시민들에게도 그랬어. 그래서 그때 프롤레타리아가 들고일어나기 시작했어. 그 선언이 어떻게 끝나는지 듣고 싶니?"

"네, 듣고 싶어요."

"'공산주의자들은 자기의 견해와 의도를 감추는 것을 경멸한다. 그들은 현존하는 모든 사회질서를 무력으로 타도해야만 자신늘의 목표를 달성할 수 있다고 공공연히 선언하고 있다. 지배계급이 공산주의 혁명 앞에서 벌벌 떨게 하라. 프롤레타리아가 혁명으로 잃을 것은 쇠사슬뿐이요, 얻을 것은 새로운 세계다. 만국의 노동자여, 단결하라!'"

"말씀하신 것처럼 상황이 그렇게 나빴다면 저도 그 선언에 서명했을 거예요. 그래도 요즘은 물론 상황이 달라졌겠죠?"

"노르웨이에선 그렇지만 어느 곳이나 그런 건 아니야. 여전히 많은 사람들이 비인간적인 상황에서 살고 있지. 그러면서 자본주의를 더 부유하게 할 상품을 생산하고 있을지도 몰라. 그것을 마르크스는 착취라고 했어."

"그 말을 좀 더 자세히 설명해주세요."

"노동자가 어떤 상품을 만들면, 그 상품엔 일정한 가격이 붙게 돼."

"그렇죠."

"그때 상품의 판매 가격에서 노동자의 임금과 생산 비용을 뺀 금액을 마르크스는 잉여가치 혹은 이윤이라고 했어. 그것은 노동자가 만들어낸 가치를 자본가가 독점하는 것을 뜻해. 그리고 그것을 마르크스가 착취라고 불렀지."

"알겠어요."

"이제 자본가는 그 이윤의 일부를 새로운 자본에 투자할 수 있어. 예를 들면 생산 시설을 현대화하는 데 말이야. 자본가는 상품을 더 싸게 생산하고 싶어 하니까. 그렇게 해서 다음번엔 이윤이 더 늘어나기를 바라지."

"그렇군요, 논리적이에요."

"그래, 그렇게 들리겠지만 마르크스는 이런 관점과 다른 몇 가지 관점에서도, 장기적으로 자본가가 생각한 것처럼 되지는 않을 거라고 예상했단다."

"무슨 말씀이시죠?"

"마르크스는 자본주의 생산 양식이 그 자체에 모순을 내포하고 있다고 생각했어. 마르크스에게 자본주의는 자기 파괴적인 경제 체제였어. 왜냐하면 우선 그런 체제에는 이성적인 조절 장치가 없으니까."

"억압받는 사람들에게는 잘된 일일지도 모르겠군요."

"그렇게 말할 수도 있겠지. 어쨌든 마르크스는 자본주의 체제가 그 자체의 모순 때문에 실패할 거라고 확신했어. 마르크스가 자본주의를 '발전적'이라고 여긴 것은 단지 자본주의를 공산주의로 이행할 때 지나야 할 필수적인 단계로 인식했기 때문이야."

"자본주의가 자기 파괴적이라는 예를 들어주실 수 있나요?"

"그럼. 자본가는 많은 이윤을 남겨서 그 이윤의 일부로 경영을 현대화한다고 했지? 그 밖에 자식들의 바이올린 교습비도 내야 하고, 또 그의 부인은 돈을 많이 쓰는 습관에 젖어 있을지도 몰라."

"그래서요?"

"그러나 그건 이 맥락에선 별로 중요하지 않아. 경영을 현대화한다는 건 새로운 기계를 구입해서 더 이상 많은 사원이 필요 없어진다는 뜻이야. 그렇게 경쟁력을 높이는 거지."

"알겠어요."

"게다가 그 자본가만 그렇게 생각하는 게 아니야. 다시 말해 전체 생산 과정이 지속적으로 합리적이고 능률화될 거라는 거야. 이렇게 해서 공장은 점점 더 커지고, 차차 더 적은 사람들에게 집중되지. 그러면 어떤 일이 일어나겠니?"

"음……."

"노동력은 점점 덜 필요하겠지. 그럼 점점 더 많은 노동자가 일자리를 잃게 돼. 그래서 갈수록 더 큰 사회문제가 생기고, 마르크스는 그러한 위기를 자본주의가 몰락에 가까워졌다는 징조로 생각했어. 그에 따르면 자본주의는 그보다 더 많은 자기 파괴적인 특징이 있어. 경쟁력 있는 제품의 가격을 유지하느라 이윤을 충분히 남기지 못한 채 생산수단에 점점 더 많은 이윤을 쓰게 된다면……. 그러면 자본가는 어떻게 할까? 네가 말해보겠니?"

"아뇨, 전 잘 모르겠어요."

"그래도 잘 생각해보렴. 네가 공장을 가지고 있는데 재정 문제를 처리하지 못해서 파산할 위기에 처해 있다고 가정해보자. 이럴 때 어떻게 하면 비용을 절감할 수 있겠니?"

"임금을 내려야 하지 않을까요?"

"정말 영리하구나! 그래, 그게 네가 할 수 있는 가장 똑똑한 일일 거야. 하지만 모든 자본가가 너처럼 영리하다면, 노동자들은 더 이상 아무것도 살 수 없을 정도로 가난해질 거야. 그럼 한 사회의 구매력은 떨어질 수밖에 없어. 그리고 이제 우리는 정말 악순환에 빠지는 거지. 마르크스는 바로 그럴 때 자본주의의 사유 재산 제도에 최후의 시간이 다가온다고 생각했단다. 그와 동시에 우리는 혁명적인 상황에 처해질 테니까 말이야."

"알겠어요."

"간단히 정리해보면, 마르크스는 결국에는 프롤레타리아가 봉기해서 생산수단을 지배하는 권력을 독점할 거라고 믿었어."

"그러고 나서는요?"

"그런 다음 잠시 동안은 프롤레타리아가 시민 계급을 무력으로 억압하는 새로운 계급사회가 오게 돼. 마르크스는 이러한 과도기를 '프롤레타리아 독재 시대'라고 불렀어. 그리고 그 후에 프롤레타리아 독재는 계급 없는 사회, 바로 '공산주의 사회'로 이행한다고 믿었지. 그것은 '모든 사람', 즉 인민 자신이 생산수단을 공유하는 사회지. 그 사회에서는 모두가 '자기 능력에 따라' 일하고, '자기 필요에 따라' 분배받게 돼. 그럴 때 노동은 노동자 자신의 것이고, 그러니 더 이상 어떤 소외도 존재하지 않는다는 거지."

"굉장한 일이군요. 실제로는 어떻게 됐죠? 혁명이 일어났나요?"

"그렇기도 하고 아니기도 해. 오늘날 경제학자들은 마르크스가 상당수의 중요한 점들을 잘못 알았다고 주장하고 있어. 특히 자본주의의 위기를 분석한 데서 말이야. 마르크스는 오늘날 점점 위협적으로 다가오는 자연 파괴에는 충분히 주의를 기울이지 않았어."

"그래요?"

"그럼에도 마르크스주의는 커다란 변혁을 주도했어. 비록 모든 점에서 마르크스를 따르지 않았더라도, 사회적 평등을 위한 투쟁에서 마르크스의 주장에 기초한 사회주의가 인간적인 사회를 쟁취하는 데 기여했다는 건 의심할 여지가 없지. 어쨌든 오늘날 유럽에서 우리는 마르크스 시대의 사람들보다는 더 공평하고 더 연대감 있는 사회에 살고 있으니까. 그리고 그것은 모든 사회주의 운동 덕분이란다."

"사회주의 운동에 대해 좀 더 자세히 설명해주세요."

"마르크스 이후 사회주의 운동은 두 갈래의 중요한 방향으로 나뉘었단다. 한편으론 사회민주주의가, 다른 한편으론 레닌주의가 생겼지. 서유럽에서는 좀 더 사회적이고 공평한 사회질서를 구현하기 위해 점진적이고 평화적인 길을 택한 사회민주주의가 확산되었어. 우리는 그들이

택한 길을 점진적 혁명이라고 부르지. 반면에 혁명만이 낡은 계급사회를 극복할 수 있다는 신념을 유지했던 레닌주의는 동유럽, 아시아, 아프리카에서 중요해졌어. 이 두 운동은 모두 자기 방식대로 빈곤과 억압에 대항했어."

"하지만 새로운 억압이 생기지 않았나요? 소련과 동유럽에서 말이에요."

"그랬지. 그리고 여기서 다시 확인할 수 있는 사실은 인간이 관여하는 모든 일엔 선과 악이 뒤섞인다는 거야. 마르크스가 죽은 지 50년에서 100년 사이에 사회주의 국가들이 실패한 원인을 마르크스에게서 찾는 것은 잘못된 일이야. 공산주의 자체가 만일 존재했더라면 인간 없이는 성공할 수 없다는 것, 그리고 인간은 실수를 한다는 것을 마르크스가 너무 등한시했다는 점은 확실하지. 내 생각에 지상낙원이란 결코 있을 수 없어. 인간은 언제나 새로운 문제를 만들어내니까."

"맞아요."

"이것으로 마르크스를 끝내자, 소피야."

"잠깐만요! 정의란 동등한 사람들 사이에만 존재한다는 것에 대해선 말씀하지 않으셨어요."

"안 했지, 그건 스크루지가 한 얘기야."

"그걸 어떻게 아셨죠?"

"너와 나를 창작한 사람이 같잖아. 우리는 순수하게 겉으로 보이는 것보다 이런 방식으로 서로 훨씬 더 밀접하게 이어져 있지."

"지독한 풍자가군요!"

"이중 풍자가지. 그건 이중 반어법이니까."

"그래도 다시 불평등 문제를 얘기해주세요. 마르크스는 자본주의 사회를 불평등 사회로 간주했다고 하셨죠. 불평등 사회를 뭐라고 정의할 수 있죠?"

"마르크스주의의 영향을 받은 도덕 철학자 존 롤스가 흥미로운 사고 실험을 제안했어. 네가 미래 사회의 모든 법률을 만들어야 하는 어떤 위원회의 위원이라고 상상해봐."

"그런 위원회에 앉아 있는 모습이 떠올라요."

"그들은 모든 것을 완벽하게 생각해야 해. 그들은 합의를 하자마자, 그러니까 법률에 서명을 하자마자 죽게 되니까."

"오, 저런!"

"그리고 몇 초 후에 그들이 만든 법률이 있는 바로 그 사회에서 다시 깨어날 거야. 다시 말하자면 이런 거야. 그들은 자신이 그 사회의 어디에서 다시 살아날지, 즉 그 사회에서 어떤 지위를 얻게 될지 모른다는 거야."

"알겠어요."

"그런 사회는 평등한 사회일 거야. 누구나 어디를 보든 자기와 똑같은 사람들 가운데 있을 테니까."

"여자든 남자든요? 누구나 자기와 똑같은 사람들 가운데 있다고요?"

"물론이야. 롤스의 실험에선 모두 자기가 남자로 다시 태어날지 여자로 다시 태어날지 모르거든. 그 가능성은 반반이기 때문에 틀림없이 여자를 위한 사회와 남자를 위한 사회가 똑같이 잘 마련되어 있겠지."

"솔깃하네요."

"이제 말해보렴. 마르크스가 살아 있을 때 유럽이 그런 사회였을까?"

"아뇨!"

"그럼 혹시 지금을 그런 사회라고 부를 수 있겠니?"

"글쎄요……. 그게 문제네요."

"곰곰이 생각해봐. 이제 마르크스에 관해 더 이상 할 얘기가 없구나."

"뭐라고 하셨어요?"

"단락 끝!"

다윈

…… 유전자를 가득 싣고 삶을 향해하는 배 ……

일요일 아침 힐데는 탁 하는 소리에 잠에서 깨어났다. 바인더 공책이 바닥에 떨어져 있었다. 밤 늦게까지 힐데는 소피와 알베르토 크녹스 선생님의 마르크스에 관한 대화를 읽었다. 그리고 엎드려서 이불 위에 공책을 올려놓고 잠들어버렸다. 침대 위 스탠드가 밤새 켜져 있었다.

자명종이 녹색 숫자로 8시 59분을 나타내고 있다.

힐데는 커다란 공장과 그을음으로 뒤덮인 대도시에 관한 꿈을 꾸었다. 어떤 거리 모퉁이에서 한 소녀가 성냥을 팔고 있었다. 긴 외투를 잘 차려입은 사람들이 무관심하게 그 곁을 스쳐 지나갔다.

잠에서 깬 힐데는 자신이 만든 사회에서 눈을 떴을 입법자들을 생각하면서 비에르켈리에서 깨어난 것에 기뻐했다. 힐데가 정확한 장소와 시간을 모른 채 노르웨이에서 깨어났다면 좋았을까? 그곳이 중세였거나 혹은 수만 년 전의 석기시대라면 어땠을까? 힐데는 동굴 입구에 앉아 있는 제 모습을 상상해보았다. 어쩌면 거기서 짐승 가죽을 문지르고 있었을지도 모르지. 열다섯 살 된 어린 소녀는 문화가 생겨나기 전에 과연 어떻게 살았을까? 자기가 이 열다섯 살 먹은 소녀라면 어떻게 생각했을까?

스웨터를 입은 힐데는 공책을 집어 들고는 다시 침대 위에 앉아, 아빠가 쓴 이야기를 계속 읽어 내려갔다.

크녹스 선생님이 말을 끝내자마자, 곧 어떤 사람이 소령의 오두막 문을 두드렸다.

"문을 꼭 열어야겠죠?"

"선택의 여지가 없지."

문밖에는 아주 긴 머리에 수염을 기른 노인이 서 있었다. 오른손에는 여행용 지팡이를, 왼손에는 배를 그린 큰 포스터를 들고 있었다. 배 위에는 여러 가지 동물들이 기어 다니는 모습이 그려져 있다.

"누구시죠?"

선생님이 물었다.

"내 이름은 노아요."

"그런 것 같았습니다."

"자네의 선조지. 하지만 이젠 자기 조상을 기억하는 것은 고리타분한 것이지, 젊은이?"

"손에 들고 계신 게 뭐예요?"

소피가 물었다.

"대홍수에서 구출된 동물들의 그림이지. 자, 받아라, 내 딸아."

노인은 소피에게 커다란 포스터를 주고 말을 이었다.

"이제 난 집으로 돌아가서 포도 넝쿨에 물을 줘야겠어."

노인은 자리에서 작게 발돋움해 공중에서 두 발꿈치를 착 붙이더니 아주 기분 좋은 노인들처럼 숲 속으로 껑충껑충 뛰어갔다.

소피와 알베르토 크녹스 선생님은 다시 집 안으로 들어와 앉았다. 소피가 커다란 포스터를 찬찬히 들여다보자 선생님이 소피의 손에서 그 포스터를 낚아챘다.

"우선 큰 줄기에 집중하기로 하자."

"그럼 시작하세요."

"마르크스가 죽기 전까지 34년 동안 런던에서 보냈다는 얘길 잊었구나. 마르크스는 1849년에 그곳으로 이주해서 1883년에 생을 마쳤지. 같은 시기에 런던 근교에는 찰스 다윈도 살고 있었어. 그는 1882년에 죽었는데, 영국이 낳은 위대한 인물 중 한 사람이라고 해서 웨스트민스터 사원에 성대하게 안장되었어. 다윈과 마르크스의 발자취는 시대와 공간에서만 교차하는 것이 아니란다. 마르크스는 자신의 방대한 저서 『자본론』의 영문판을 다윈에게 바치려고 했지만 거절당했어. 다윈이 죽은 지 1년 뒤에 마르크스가 죽었을 때, 친구 프리드리히 엥겔스가 이렇게 말했단다. '다윈이 유기적 자연의 진화 법칙을 알아냈듯이, 마르크스는 인류 역사의 발전 법칙을 알아냈다.'"

"이해하겠어요."

"다윈과 연관성이 있는 또 다른 중요한 사상가는 심리학자 지그문트 프로이트란다. 프로이트도 반세기가 훨씬 지난 후에 여생을 런던에서 보냈지. 프로이트는 다윈의 진화론이 자신의 정신분석학처럼 인간의 '소박한 자존심'을 상하게 한다고 지적했어."

"이름들이 많이 나오네요. 지금 마르크스 얘기인가요, 아니면 다윈이나 프로이트 이야기인가요?"

"전체적으로 보자면 19세기 중반부터 20세기에 이르는 자연주의의 흐름에 대한 이야기라 할 수 있지. '자연주의'란 인식할 수 있는 자연적 세계 밖에 존재하는 현실을 인정하지 않는 현실관이야. 따라서 자연주의자는 인간도 자연의 일부로 보지. 자연주의자는 합리주의적 사변이나 신의 계시도 아닌, 오로지 자연이 준 사실에서 연구를 시작했어."

"마르크스와 다윈, 프로이트도 그랬나요?"

"그렇단다. 19세기 철학과 과학의 표제어들은 '자연', '환경', '역사', '발전'과 '성장'이지. 마르크스는 인간의 의식은 단지 사회의 물질적 토대의 산물이라고 주장했어. 다윈은 인간이란 긴 생물학적 진화의 결과임을 증명했고 프로이트의 잠재의식 연구는 인간의 행동이 종종 인간 본성에 내재한 특정한 '동물적' 충동 혹은 본능에 따른 것임을 알려주었어."

"선생님이 말씀하시는 자연주의를 조금은 알 것 같아요. 한 사람씩 차례차례 알아보면 어떨까요?"

"마르크스는 이미 다루었으니, 그럼 다윈에 관해 얘기하자. 알고 있겠지만, 소크라테스 이전의 철학자들은 자연 진행 과정에 대해 '자연스러운 설명'을 하려고 애썼단다. 그래서 사람들이 신화적 설명에서 벗어나야 했던 것처럼, 다윈도 오랫동안 인정되었던 인간과 동물의 창조에 관한 교리에서 벗어나야 했어."

"다윈은 철학자였나요?"

"다윈은 생물학자이자 자연 연구자였어. 게다가 그 누구보다도 인간이 신의 피조물이라는 성서적 관점을 뒤흔들어놓은 연구가였지."

"그럼 이제 다윈의 진화론에 대해 설명하실 차례예요."

"다윈 얘기부터 시작할게. 다윈은 1809년 슈루즈베리에서 태어났어. 그의 아버지는 로버트 다윈 박사로, 그 지방에선 꽤 유명한 의사였고 아들을 엄격하게 교육했지. 찰스 다윈이 슈루즈베리에서 상급 학교에 다닐 때 교장 선생님은 다윈을 가리켜 '이리저리 쏘다니며 말도 안 되는 소리만 떠들어대고 괜히 화를 내는 이성적이지 못한 소년'이라고 했지. 교장 선생님의 '이성적'이라는 말은 그리스어와 라틴어를 열심히 공부하는 것을 뜻했지. '이리저리 쏘다닌다'는 말은 찰스 다윈이 온갖 풍뎅이를 수집하러 다녔던 것을 뜻하고."

"교장 선생님은 분명 그런 말을 한 것에 후회했을 거예요."

"다윈은 신학 공부를 하는 동안에도 전공 공부보다 조류와 곤충류에 더 관심을 가졌단다. 그래서 신학 시험에서 별로 좋은 성적을 거둘 수 없었지. 그러나 신학 공부를 병행하면서 다윈은 어느 정도 자연 연구자로서 좋은 명성을 얻을 수 있었어. 다윈의 관심은 무엇보다도 당시 연구가 가장 활발한 학문이었던 지리학에 있었어. 1831년 케임브리지에서 신학 시험을 치른 뒤, 다윈은 광산의 지층과 화석을 연구하기 위해 북웨일스 지방을 여행했지. 같은 해 8월, 스물두 살이던 다윈은 남은 인생을 결정짓는 편지를 한 통 받게 돼……."

"무슨 내용이었어요?"

"그 편지는 다윈의 친구이자 스승이던 존 스티븐스 헨슬로가 보낸 것이었지. 정부의 위탁으로 남아메리카의 남부 해안지방을 측량하는 임무를 맡은 선장 피츠로이가 그에게 자연과학자 한 사람을 추천해달라고 부탁을 했으며, 그가 그 일에 적합한 사람으로 다윈을 추천했다는 내용이었어. 보수를 얼마나 줄지는 잘 모르고, 그 여행은 약 2년쯤 걸릴 것이라고 쓰여 있었지……."

"선생님은 어떻게 그렇게 잘 아세요?"

"이건 사소한 거야."

"그래서 다윈은 그 일을 하겠다고 했나요?"

"다윈은 그 기회를 꼭 잡고 싶었지만 당시 청년들은 부모의 동의가 꼭 필요했어. 다윈은 아버지의 생각을 물었고, 여비를 아버지가 지불해야 했기에 동의를 얻기까지 꽤 옥신각신할 수밖에 없었지. 자연과학자에게 줄 보수는 전혀 계획에 없는 일이었다는 게 나중에 밝혀졌거든……."

"아……."

"다윈이 타고 갈 배는 해군 측량선 H.M.S 비글 호였어. 1831년 12월 27일 비글호는 플리머스에서 남아메리카를 향해 바다 물살을 가르고 나아갔어. 그리고 1836년 10월에야 비로소 영국으로 귀항했지. 2년 걸린다던 여행이 결국 5년이나 걸렸던 거야. 그 남아메리카 항해는 세계 일주 여행이 되어버렸단다. 우리가 지금 여기서 나누는 이 얘기는 근대에 들어 가장 중요한 연구 여행 얘기란다."

"그 사람들이 정말로 전 세계를 항해했나요?"

"말 그대로 진짜 세계 여행이었지. 남아메리카에서부터 태평양을 지나 뉴질랜드, 오스트레일리아와 남아프리카를 항해했어. 남아프리카에서 마침내 영국으로 돌아가기 전에 다시 한 번 남아메리카로 향했어. 다윈 스스로 이 비글호 항해 여행을 자신의 삶에서 가장 중요한 의미를 갖는 사건이라고 했지."

"자연과학자가 바다 한가운데 있는 것은 쉽지 않은 일이었을 텐데요."

"처음 몇 년간 비글호는 남아메리카의 해안을 여러 번 오르내렸어. 그래서 다윈은 육지에서 그 대륙을 꼼꼼히 살펴볼 기회가 많았지. 게다가 남아메리카 서쪽에 있는 태평양의 갈라파고스 제도에 여러 번 정박한 일은 결정적 의미가 있었어. 다윈은 그동안 모은 풍부한 자료를 고향으로 보낼 수 있었어. 다윈은 이렇게 자연과 생물의 역사에 관해 많은 생각을 간직하게 되었어. 스물일곱 살에 고향에 돌아온 다윈은 이미 유명한 자연과학자가 되어 있었지. 훗날 진화론이 될 분명한 관념을 이미 남모르게 갖고 있었어. 하지만 자신의 주저(主著)를 발표하기까지는 몇 년이 더 걸렸지. 다윈이 매우 신중한 사람이었기 때문이야. 물론 자연과학자에겐 당연하지만 말이야."

"그 주요 저서의 이름이 뭔가요?"

"여러 권이 있지만……. 영국에서 가장 격렬한 논쟁을 불러일으킨 책은 1859년에 출판된 『종의 기원』이야. 원래 제목은 'On the Origin of Species by Means of Natural Selection or the Preservation of Favoured Races in the Struggle for life'이지. 이 긴 제목은 근본적으로 다윈 이론의 요약이라고 할 수 있어."

"그럼 번역을 해주셔야지요."

"풀이가 그렇게 간단하지가 않아. 그 속에 들어 있는 개념들이 그 이후로 나양하게 번역되었기 때문이야. 요즘에는 『자연 도태 또는 생존 경쟁에서 살아남은 종족의 보존에 의한 종의 기원』이라고 번역하지. 그리고 '자연 도태'란 말 대신에 '자연 선택', '보존' 대신에 '생존', 그리고 '생존 경쟁'이란 말은 너무 전투적인 느낌이라 '존재를 위한 노력'이라고도 하지."

"정말 의미심장한 제목이군요."

"한 대목씩 살펴보자. 다윈은 『종의 기원』에서 두 가지 이론 또는 주요 주장을 펼치고 있어. 첫째, 살아 있는 모든 동식물은 이전의 원시 형태에서 파생됐다는 거야. 즉 생물학적으로 진화했다는 거지. 둘째, 다윈은 이 진화가 '자연 도태'의 결과라고 설명했어."

"가장 강한 것이 살아남기 때문이죠?"

"우선 진화에 대한 원래의 발전적 사고에 집중하기로 하자. 원래 그 생각 자체가 그렇게 독창적인 것은 아니었어. 생물학적 진화의 가설은 특정 사람들 사이에서는 1800년경에 이미 널리 퍼져 있었어. 그중 프랑스의 동물학자인 장 드 라마르크가 대표적인 인물이지. 라마르크 이전에 이미 다윈의 할아버지인 에라스무스 다윈은 동식물이 몇 안 되는 원시적 종에서 진화했다는 이론을 세웠어. 그러나 아무도 어떻게 그런 진화 과정이 전개되는지 설명할 수가 없었지. 그래서 그들은 교회 성직자들에게 별로 위험한 적이 아니었어."

"다윈과는 달랐군요."

"그래. 거기엔 나름대로의 이유가 있지. 성직자와 많은 과학자들은 여러 가지 동식물의 종은 변하지 않는다는 기독교 교리를 신봉하고 있었어. 그들은 동물 하나하나의 종을 하느님이 특별히 창조했다고 생각했거든. 이런 기독교관은 플라톤과 아리스토텔레스의 생각과도 같아."

"어떻게 그럴 수 있죠?"

"플라톤의 이데아론은 모든 동물은 영원한 이데아 혹은 형상이라는 전형에 따라 창조되었기 때문에 변하지 않는다는 견해에서 출발해. 다양한 동물의 종이 불변한다는 것은 바로 아리스토텔레스 철학의 기본 요소였지. 그런데 이제 다윈의 시대에서는 이 전통적 견해를 다시 검토해야 할 몇 가지 관찰 자료가 발견됐어."

"그게 뭐죠?"

"첫 번째는 새로 발견된 화석들이고, 두 번째는 멸종한 동물들의 거대한 뼈대였어. 다윈조차도 이상하게 여긴 것은 산에서 해양 동물들의 잔해가 발견된 거였어. 다윈은 남아메리카의 안데스 산맥에서 그런 것을 직접 찾아냈어. 대체 해양 동물들이 그 높은 안데스 산맥까지 어떻게 올라갔을까? 대답할 수 있겠니, 소피야?"

"못 하겠어요."

"사람이나 동물이 그랬다고 생각하는 사람들도 있었고, 하느님이 그런 화석을 만들어서 하느님을 부인하는 사람들을 헷갈리게 한 거라고 생각하는 사람들도 있었어."

"과학자들은 어떻게 생각했죠?"

"대부분의 지리학자들은 '대변동 이론'을 내세웠어. 지구가 대홍수와 지진 그리고 다른 천재지변을 여러 번 겪는 동안 모든 생물이 멸종했다는 주장이지. 그런 대변동은 성서에도 적혀 있어. 노아에게 방주를 만들게 한 그 거대한 홍수 말이야. 성서의 가르침대로라면, 대변동 이후에 하느님은 더 완벽한 동물과 식물을 창조해 지상의 생명을 새롭게 했지."

"그럼 화석들은 기대한 대변동으로 사라진 옛날의 생명체들의 흔적인가요?"

"그렇지. 예를 들면 그 화석들은 노아의 방주에 타지 못한 동물들의 흔적인 거야. 다윈이 비글호를 타고 항해를 시작했을 때 영국의 지질학자 찰스 라이엘의 『지질학 원리』 제1권을 가져갔어. 라이엘은 높은 산과 깊은 계곡이 있는 오늘날의 지형은 아주 오랫동안 천천히 발전한 결과라고 생각했고, 긴 시간을 전체적으로 관찰해보면 아주 작은 변화도 거대한 지질 변화를 가져올 수 있다고 설명했지."

"그건 어떤 변화죠?"

"지금까지도 영향력을 발휘하고 있는 힘, 즉 기후와 바람, 얼음이 녹고 지진이 일어나며 지각이 부딪치게 되는 힘이지. 끊임없이 떨어지는 물방울이 바위를 뚫는 것은 물방울의 힘이 아니라 바로 그 부단함이야. 라이엘은 긴 시간에 걸쳐 천천히 진행되는 작은 변화가 자연을 완전히 변화시킨다고 생각했어. 다윈은 이런 라이엘의 생각이 안데스 산맥 높은 곳에서 해양 동물의 잔해가 발견되는 이유를 설명할 수 있을 거라고 예감했지. 또 그는 평생의 연구 생활 동안 아주 사소하고 점진적인 변화라도 긴 시간에 걸쳐 계속되면 거대한 변화를 일으킬 수 있다는 것을 결코 잊지 않았어."

"다윈은 그와 비슷한 설명을 동물의 진화에도 적용할 수 있다고 생각한 거죠?"

"맞아. 다윈은 신중한 사람이었기 때문에 스스로 답을 구할 때까지 오랫동안 생각하고 또 생각했어. '문제 제기는 중요하지만 대답은 급하지 않다'는 말처럼, 다윈은 이런 식으로 진정한 철학자들의 방법을 따랐지."

"알겠어요."

"라이엘의 이론 가운데 결정적인 것은 지구의 나이였어. 다윈의 시대에는 하느님이 약 6,000년 전에 지구를 창조했다는 가정을 널리 받아들였어. 이 수치는 아담과 이브에서 현재까지 모든 세대를 계산한 것이지."

"순진하네요!"

"그 이후로 사람들은 점점 영리해졌어. 다윈은 지구의 나이를 약 3억 년으로 추정했어. 한 가지 분명한 것은 시간을 엄청나게 길게 잡지 않으면 라이엘이 주장하는 점진적 지질 변화 이론도, 다윈의 진화론도 무의미해지기 때문이었지."

"그럼 지구는 몇 살이에요?"

"지금 우리가 알기로는 약 46억 년이야."

"와, 엄청나군요……."

"지금까지 생물학적 진화에 대한 다윈의 논증 가운데 한 가지를 살펴봤어. 다양한 암석의 층에 서로 다른 화석이 층층이 발견된다는 사실이지. 또 다른 논증은 여러 생물이 지리적으로는 어떻게 분포해 있는가 하는 문제야. 이 점에서 다윈의 연구 여행은 그야말로 엄청나게 새로운 자료를 제공했어. 다윈은 한 지역에서 여러 가지 동물이 아주 미세한 차이로 구별되는 것을 직접 확인했어. 다윈은 우선 에콰도르 서쪽에 있는 갈라파고스 제도에서 몇 가지 흥미로운 것을 관찰했어."

"얘기해주세요!"

"나란히 촘촘하게 들어선 화산 열도에 관한 얘기야. 섬들 사이엔 식물과 동물의 분포에 큰 차이가 없었어. 하지만 다윈은 작은 차이에 더 관심을 가졌지. 그는 섬 곳곳에서 큰 코끼리거북을 봤는데 그건 섬에 따라 조금씩 차이가 있었어. 신이 섬마다 다른 큰 코끼리거북의 고유종을 창조한 걸까?"

"그럴 리가 없죠."

"더 중요한 건 다윈이 갈라파고스 제도에서 관찰한 조류 세계야. 참새과 새들은 섬마다 달랐는데 우선 그 새의 부리 모양에서 알 수 있었어.

다윈은 이런 다양함이 섬마다 참새가 다른 먹이를 먹는 것과 관계가 있다는 것을 밝혀냈지. 부리가 뾰족한 되새는 잣을 먹고, 피리새는 곤충을, 나무줄기와 가지 사이에서 사는 꽹이참새도 곤충을 먹어. 이 여러 가지 참새과 새들은 제각기 먹이를 쪼아 먹기 좋은 부리를 갖고 있었어. 이 새들이 한 참새과에서 유래했을까? 그리고 이 참새과 새들은 시간이 흐르면서 각기 다른 섬 환경에 적응해서 여러 가지 새로운 참새로 변한 걸까?"

"다윈은 결론을 내렸나요?"

"그럼. 다윈은 아마 갈라파고스 제도에서 비로소 다윈주의자, 즉 '진화론자'가 된 걸 거야. 특히 다윈의 눈에 띈 점은, 이 작은 제도의 동물군이 남아메리카에서 본 많은 동물류와 아주 유사하다는 사실이었어. 신은 정말 이 동물들을 서로 약간씩만 다르게 창조한 걸까? 아니면 진화한 결과일까? 다윈은 점차 동물의 종이 변하지 않는다는 생각을 의심하기 시작했지만 상황에 따른 진화나 환경 적응이 어떻게 일어났는지 충분히 설명할 수 없었어. 그가 가진 건 지구에 사는 모든 동물이 친족 간이라는 논증밖에 없었지."

"네?"

"포유동물에서의 엠브리오, 즉 배아(胚芽)의 진화를 말하는 거야. 동일한 임신 초기 단계의 개, 박쥐, 토끼와 인간의 엠브리오를 비교해보면 전혀 차이가 없음을 알 수 있어. 엠브리오가 좀 진화한 후기 단계에 들어서야 비로소 인간의 엠브리오와 토끼의 엠브리오에 차이가 생기지. 이건 인간과 토끼가 먼 친척이라는 증거가 아닐까?"

"그런데 다윈은 한 가지 생물이 어떻게 여러 가지 생물로 진화할 수 있었는지 설명하지는 못했잖아요."

"다윈은 작은 변화가 오래 계속되면 큰 변화가 생긴다는 라이엘의 이론을 계속 생각했지만 보편적 원리를 적용할 만한 근거는 발견하지 못했어. 물론 다윈은 라마르크의 이론도 알고 있었어. 라마르크는 여러 가지 동물 종들이 스스로 필요한 것만 진화시킨다는 사실을 인식했지. 예를 들면 기린의 목이 긴 이유는 여러 세대에 걸쳐 나뭇잎을 먹으려고 목을 길게 늘어뜨렸기 때문인 거야. 따라서 라마르크의 생각은 개체 하나하나가 자신의 노력으로 특성을 획득하고 이것이 후대에 유전된다는 것이지. 그러나 라마르크가 자신의 과감한 주장을 증명해내지 못했기 때문에 다윈은 '획득한 특성'이 유전될 수 있다는 이론을 반박했어. 그런데 이제부터 약간 다르지만 다윈이 꾸준히 생각해온 것이 등장해. 종의 진화에 대한 참된 메커니즘이 바로 그의 눈앞에 다가왔다고 할 수 있지."

"기대돼요."

"하지만 그 메커니즘은 네가 스스로 발견해야 해. 한 가지 질문을 해볼게. 네게 암소 세 마리가 있는데 두 마리에게 먹일 여물밖에 없다면 어떻게 할래?"

"암소 한 마리를 잡아야겠죠?"

"그렇지…… . 그럼 어떤 암소를 잡겠니?"

"당연히 우유가 제일 적게 나오는 암소를 고르겠죠."

"정말 그렇게 생각하니?"

"네, 논리적으로요."

"사람들은 수천 년 동안 그렇게 해왔어. 그렇다고 아직 두 마리 암소에 관한 문제가 끝난 건 아니야. 남은 두 마리 암소 가운데 한 마리만 교미시킨다고 가정하면, 어떤 암소를 고르겠니?"

"우유가 많이 나오는 암소죠. 그럼 송아지도 좋은 젖소가 될 테니까요."

"넌 우유를 많이 만드는 젖소가 더 좋은 거지? 그럼 이제 우리에게 과제가 하나 더 있어. 네가 사냥을 좋아하고 사냥개 두 마리를 가지고 있는데, 그중 한 마리를 내놔야 한다면 어떤 개를 가질래?"

"물론 사냥감을 보고 잘 짖는 개를 가져야겠죠."

"그래, 너는 더 우수한 사냥개를 선택하겠지. 바로 그거야. 사람들은 1만 년 이상 가축을 사육해왔어. 암탉이 알을 1주일에 꼭 5개를 낳는 건 아니고 양이라고 다 털이 많은 것도 아니지. 말도 모두 다 건강하고 빨리 달릴 수 있는 건 아니었어. 사람들이 우수한 품종을 '인위적으로 선택'해왔지. 이건 식물계도 마찬가지야. 더 나은 종자를 얻을 수 있는 사람들은 절대로 나쁜 감자를 심지 않아. 또 낟알이 없는 이삭을 베려고 힘들이지도 않고. 다윈은 암소든 벼 이삭이든 개든 참새든 그 어느 것도 각각 전적으로 똑같지는 않다는 것을 지적했어. 자연계에는 엄청나게 많은 변종이 있지만 심지어 동일한 종 안에서도 똑같은 개체는 하나도 없어. 아마 너도 파란 병에 든 물을 마셨을 때 그걸 느꼈을 거야."

"맞아요."

"이제 다윈은 이런 질문을 하게 됐어. '자연계에도 인류와 비슷한 메커니즘이 있을까? 자연도 그 안에서 우량종을 '자연적으로 선택'해 번성하도록 했을까? 그리고 이런 메커니즘을 통해 오랜 시간에 걸쳐 새로운 동식물의 종을 발생시킬 수 있을까?'"

"대답은 '그렇다'였을 거예요."

"그때까지도 다윈은 '자연적' 선택이 어떻게 진행되는지에 대해 제대로 밝힐 수 없었어. 그러다가 비글호를 타고 고향으로 되돌아온 지 꼭 2년 뒤인 1838년 10월, 우연히 인구 문제 전문가 토머스 맬서스가 지은 작은 책 한 권을 얻게 되었지. 바로 『인구 원칙에 대한 소론(인구론)』이라는 책이야. 맬서스에게 이 책을 쓰게 한 사람은 피뢰침을 발명한 미국의 벤저민 프랭클린이야. 프랭클린은 만일 자연계에 번식을 제한하는 요인이 없었다면 지구는 단 한 가지의 식물 종이나 동물 종만으로 뒤덮였을 거라고 지적했어. 그러나 지상에는 많은 생물 종이 있고 서로 번식을 견제하면서 균형을 유지한다고 했지."

"알겠어요."

"맬서스는 이 생각을 좀 더 발전시켜서 지구의 인구 상황에 적용했어. 그가 생각하기에 인간의 번식력은 너무 왕성해서 생존할 수 있는 수보다 더 많은 아기들이 태어나게 될 거야. 그러면 식량 생산이 절대로 인구 증가를 따라갈 수 없으므로, 결국 대다수의 인간들은 생존을 위해 서로 투쟁을 벌이게 된다는 거지. 따라서 어른이 되어 종족을 보존한 사람은 생존 투쟁에서 가장 잘 싸운 사람이라는 말이야."

"그럴듯하네요."

"그런데 바로 그게 다윈이 추구한 보편적인 메커니즘이었어. 그는 갑자기 어떻게 진화가 발전되었는지 설명할 수 있게 됐지. 환경에 가장 잘 적응한 자가 살아남아 그 종이 존속된다는 생존 경쟁의 자연 도태설이 그 대답이었어. 이것이 그가 『종의 기원』에서 발표한 두 번째 이론이야. 다윈은 '코끼리는 다른 동물에 비해 천천히 번식하는데도, 자연 상태에서 서른 살부터 아흔 살까지 번식을 계속하는 코끼리 한 쌍이 그동안 새끼 여섯 마리를 낳고 100년을 살다 죽으면 740년이나 750년 뒤엔 그 자손이 약 1,900만 마리에 이를 것'이라고 했지."

"그러니…… 대구 한 마리가 한 번에 낳는 알 수천 개를 생각하면 말문이 막히네요."

"다윈은 계속해서 같은 먹이를 놓고 싸워야 하는, 서로 친근한 종일수록 생존 경쟁이 더욱 치열하다고 했어. 그리고 그럴 때에는 아주 작은 차이, 그러니까 평균보다 조금만 더 뛰어나도 아주 중요한 역할을 하게 돼. 생존 경쟁이 치열할수록 새로운 종의 진화는 더욱 빨라지지. 결국 가장 잘 적응한 종이 살아남고 다른 종은 멸종하는 거야."

"먹이가 적으면 적을수록, 그리고 자손이 더 많이 생기면 생길수록 진화가 더 빨리 진행되는 건가요?"

"먹이만이 문제는 아니야. 다른 동물에게 잡아먹히지 않는 것도 중요하지. 예를 들면 어떤 보호색을 갖는 것이나 빨리 달릴 수 있는 것, 적을 빨리 알아내는 능력, 만일의 경우에는 맛이 안 좋은 것도 장점일 수 있지. 육식 동물을 죽이는 독도 무시할 수 없어. 많은 선인장에 독이 있는 건 우연이 아니야. 사막에는 거의 선인장만 자라거든. 그래서 선인장은 주로 초식 동물에게 방치되어 있지."

"대부분의 선인장에는 가시도 있어요."

"물론 번식력도 중요한 의미가 있어. 다윈은 식물의 꽃가루받이 작용이 얼마나 정밀한지에 대해서도 많이 연구했어. 식물은 가루받이를 할 때에 도움을 줄 곤충을 유인하기 위해 아름다운 색을 내고 달콤한 향기를 내뿜지. 새들이 아름답게 지저귀는 것도 같은 목적에서야. 느릿느릿하고 우울해 보이는 황소는 암소에게 관심이 없으니 혈통을 잇는 것에도 아주 무관심하지. 결국 개체의 유일한 목적은 종족을 유지하기 위해서 성적 성숙에 도달하고 번식하는 거야. 그건 긴 릴레이 경주와 같아. 어떤 이유에서든 제 유전자를 전달할 수 없는 생물은 언제나 도태돼. 이런 식으로 종족은 끊임없이 개량되고 있어. 특히 질병에 대한 저항력은 살아남은 변이 형태 안에 보존되는 특성이기도 하지."

"그래서 모든 게 점점 나아졌나요?"

"끊임없는 선택이란 특정한 환경 또는 특정한 생태학적 조건에 가장 잘 적응한 생물이 결국 그런 환경에서 살아남게 만드는 거야. 그렇지만 어떤 환경에서는 장점인 것이 다른 환경에서는 효력이 없을 수도 있어. 갈라파고스 제도의 어떤 참새에게는 날 수 있는 능력이 아주 중요했어. 하지만 땅바닥을 파헤쳐서 먹이를 얻는다거나 육식 동물이 없는 상황에서는 날 수 있는 능력이 별로 중요하지 않지. 자연에는 아주 다양한 생태학적 환경이 있기 때문에 시간이 지나면서 다양한 동물의 종이 진화하게 된 거란다."

"하지만 인간은 한 종밖에 없잖아요."

"그래, 그건 인간이 다양한 생활 조건에 적응하는 놀라운 능력을 갖고 있기 때문이지. 다윈은 티에라 델 푸에고 제도의 인디언들이 냉대 기후에서 살아남았다는 사실을 알고서 대단히 놀랐단다. 그러나 이 사실이 모든 인류가 동일하다는 의미는 아니야. 검은 피부는 햇빛으로부터 사람을 보호해주는 역할을 하기 때문에 적도 가까이 사는 사람들의 피부는 북구 지방에 사는 사람들보다 더 어두워. 그래서 백인들이 햇빛에 오랜 시간 노출되면 피부암에 걸릴 가능성이 더 크지."

"북구 지방에서 살기에는 흰 피부가 적합하다는 말씀인가요?"

"물론이지. 그렇지 않으면 어디에 살든 사람들은 검은 피부였을 거야.

하지만 흰 피부는 비타민 D를 더 쉽게 형성하기 때문에 햇빛이 적은 곳에서는 그 점이 아주 중요하지. 요즘은 음식물을 통해서 충분히 비타민 D를 섭취할 수 있기 때문에 그런 사실이 별로 중요하지 않아졌지만. 그래도 자연에 우연은 없단다. 모든 것은 아주 작은 변화들 때문에 비롯되었고, 그런 변화는 수없이 많은 세대를 거쳐 영향을 미쳐왔어."

"정말 놀라운 생각이에요."

"그렇게 생각하니? 그러니까 다윈의 진화론을 요약해보면……."

"어서 말씀해주세요!"

"……이렇게 말할 수 있겠구나. 같은 종에 속하는 개체 사이의 연속적인 다양성과 높은 출생률은 생명체가 진화하는 기본 조건이야. 그리고 생존 경쟁을 통한 자연 도태가 이런 진화의 이면에 있는 원동력 혹은 메커니즘이지. 자연 도태로는 언제나 제일 강한 종이나 가장 잘 적응한 생물이 살아남게 돼."

"그 말씀은 계산 문제처럼 논리적이네요. 『종의 기원』은 어떤 반응을 일으켰나요?"

"난리가 났지. 교회가 가장 격렬하게 반발했고, 영국의 학계는 분열됐어. 다윈이 하느님의 창조 역사를 의심스럽게 만들었으니까 이상하다고 할 만한 일은 아니야. 몇몇 사려 깊은 사람들은 모든 개별적인 종을 한번에 확정하는 것보다 어떤 종을 내재적인 진화 가능성을 가진 것으로 만드는 게 더 위대한 창조 행위라고 주장했어."

"저길 보세요!"

소피가 갑자기 의자에서 벌떡 일어나더니 창밖을 가리켰다. 호수 아래쪽에서 몸에 실오라기 하나 걸치지 않은 남녀가 손을 잡고 걷고 있었다.

"아담과 하와구나. 저 사람들은 분명 자기들의 운명이 빨간 모자나 이상한 나라의 앨리스와는 다르다는 데 만족할 거야. 그래서 여기에 나타난 거겠지."

소피는 창가로 가서 그들이 사라질 때까지 계속 바라보았다.

"다윈은 분명히 인간이 동물에서 진화했다고 했죠?"

"다윈은 1871년 『인류의 기원』을 출간했어. 다윈은 인간과 동물 사이의 중요한 유사점들을 지적했고, 인간과 유인원은 언젠가 같은 조상에서 갈라져 나온 거라고 주장했어. 그사이 이미 멸종된 인류의 두개골 화석이 처음으로 발견됐는데, 먼저 지브롤터의 암석 파편에서, 그리고 몇년 후 라인란트의 네안데르탈에서 발견됐지. 재미있는 건 『인류의 기원』이 발표된 1871년에는 『종의 기원』이 발표된 1859년보다 사람들의 반발이 훨씬 덜했다는 거야. 그러나 그건 『종의 기원』에서 이미 인간이 원숭이에서 유래했다는 것을 암시했기 때문이지. 다윈은 1882년에 죽었는데, 학문의 개척자로서 엄숙한 장례가 치러졌단다."

"결국 명예로운 대우를 받았군요."

"끝에 가선 그랬지. 하지만 영국에서 처음에는 가장 위험한 인물로 여겨졌어."

"저런!"

"어떤 교양 있는 사람은 이렇게 말했지. '그게 사실이 아니었으면 좋겠어요. 하지만 만약 사실이라면, 널리 알려지지 않았으면 좋겠어요.' 유명한 과학자 한 사람도 비슷한 말을 했어. '우울한 발견은 덜 알려질수록 좋다.'"

"그럼 그 책들은 인간이 타조에게서 나왔다고 증명한 거나 마찬가지

였군요!"

"그래, 그렇게도 말할 수 있지. 하지만 사람들은 갈수록 영리해졌어. 많은 사람들이 갑자기 성서의 창세기에 관한 생각을 바꿔야 한다고 느꼈어. 젊은 작가 존 러스킨은 이렇게 말했지. '지질학자들이 제발 나를 가만히 내버려두었으면! 결국 나는 그들이 모든 성서 구절에 망치질하는 소리를 듣게 될 것이다.'"

"망치질 소리는 하느님 말씀에 대한 의심을 말한 건가요?"

"아마 그런 뜻이었겠지. 그런데 여기서 문제가 된 것은 성서의 천지창조에 대한 이야기를 글자 그대로 이해하지 않게 된 것뿐만이 아니었어. 다윈의 이론은 결국 근본적으로 완전히 우연한 변이 형태가 인간을 탄생시켰다고 말한 셈이지. 게다가 다윈은 인간을 비열한 '생존 경쟁'의 결과로 만들었어."

"다윈은 그런 우연한 변이 형태들이 생겨난 원인을 어떻게 설명했죠?"

"지금 그건 다윈의 이론에서 가장 큰 약점을 건드린 거야. 다윈은 유전에 대해서 아주 불확실한 가정만 했어. 어떤 성향은 교배 단계에서 사라져버리기도 하고 부모는 절대 똑같은 자녀 둘을 얻을 수 없지. 그때에 이미 일종의 변이 형태가 하나 생기기 때문이야. 하지만 다른 편에서 볼 때 이런 방식으로는 진정한 새로운 형태가 생겨날 수 없어. 하지만 그 외에 발아 생식이나 단순한 세포 분열을 통해 증식하는 식물과 동물도 있어. 변이 형태가 어떻게 생겨났는가 하는 문제에 관해서 이른바 신(新)진화론이 다윈의 이론을 완성시켰지.

"얘기해주세요!"

"모든 생명과 모든 번식은 근본적으로 세포 분열을 중심으로 이루어져. 세포 하나가 분열하면 두 개의 똑같은 유전자를 갖는 세포가 생기는 거야. 그러니까 세포가 분열할 때에 세포 하나를 스스로 복제한다고 할 수 있지."

"그래서요?"

"그런데 이런 과정에서 때때로 아주 작은 오류, 그러니까 복제된 세포와 어미 세포가 같지 않은 경우가 생기기도 해. 그런 일을 현대 생물학에서는 '돌연변이'라고 한단다. 그런 돌연변이들은 별로 중요하지 않을 수도 있어. 그러나 그것이 개체의 특성에 명확한 변화를 가져올 수도 있지. '돌연변이'에는 아주 해로운 것도 있는데 그런 것들은 다음 세대에서 점점 도태돼. 많은 질병들은 근본적으로 돌연변이 때문이라고 할 수 있어. 그러나 돌연변이는 때때로 개체가 생존 경쟁에서 더 잘 버티는 데 필요한 긍정적인 특성을 전달하기도 한단다."

"기린의 긴 목처럼요?"

"라마르크는 기린의 목이 서서히 늘어났을 거라고 설명했어. 그러나 진화론에 따르면 획득한 특성은 유전되지 않아. 다윈은 기린의 긴 목을 그 조상의 자연스러운 변이 형태로 봤어. 신진화론은 그런 변이 형태가 정착된 것에 대한 명확한 원인을 제시함으로써 완성도를 높였지."

"그러니까 돌연변이를 말씀하시는 거죠?"

"그래, 유전 요소에서 정말 우연한 변화가 몇몇 기린의 조상에게 평균 이상의 긴 목을 갖게 한 거야. 먹이가 충분하지 않을 때에 긴 목은 아주 요긴했어. 나무에 가장 높이 닿을 수 있는 놈이 제일 많이 먹을 수 있으니까. 그것 말고도 이런 '기린의 조상' 가운데 몇몇은 땅바닥을 파헤쳐 먹이를 구하는 능력을 발달시켰을 수도 있어. 이렇게 해서 멸종한 동물 종이 오랜 시간이 흐른 후에 서로 다른 두 가지 동물 종으로 나뉜 거지."

"알겠어요."

"자연 도태가 어떻게 일어나는지에 대한 더 새로운 예를 찾아보자. 원칙은 아주 간단해."

"말씀해주세요!"

"영국에는 회색가지나방이라는 특이한 나방 종이 살고 있어. 이름처럼 이 나방은 흰 자작나무 줄기에서 살아. 18세기로 거슬러 올라가면 그 당시에 대부분의 회색가지나방은 밝은 색이었어. 왜 그랬을까, 소피야?"

"굶주린 새가 나비를 쉽게 발견할 수 없으니까요."

"그런데 가끔 어두운 색을 한 나방이 나왔어. 그놈들은 말 그대로 우연한 돌연변이지. 색이 다른 그 변이 형태에게 무슨 일이 일어났을 것 같니?"

"더 쉽게 눈에 띄니까 굶주린 새가 더 잘 잡아먹었을 거예요."

"이런 환경에서는, 그러니까 흰 자작나무 줄기 위에서 어두운 색은 불리한 특성이 되었어. 결국 은빛 회색가지나방만 늘어났지. 그런데 환경이 변했어. 산업화 때문에 부근 지역 나무의 흰 가지가 검게 변했지. 그러면 이제 회색가지나방에게 무슨 일이 일어났겠니?"

"이젠 어두운 색 나방들이 살기 좋아졌겠네요?"

"그래, 그 나방들이 늘어나는데 그리 오랜 시간이 걸리지 않았단다. 1848년에서 1948년 사이에 어떤 지역에서는 검은색으로 변한 돌연변이체인 회색가지나방의 비율이 99퍼센트로 증가했지. 환경이 바뀌어서 밝은 색은 생존 경쟁에 더 이상 아무런 도움이 되지 않았어. 흰색 '패배자'는 나무에 붙어 있을 때 새들이 쉽게 찾아낼 수 있었지. 그러나 중요한 변화가 다시 찾아왔어. 곧 석탄을 덜 쓰게 되었고 좋은 여과 시설을 갖추자 환경이 다시 깨끗해졌지."

"그러면 자작나무 줄기도 다시 흰색이 됐나요?"

"그래. 그래서 회색가지나방도 다시 은빛으로 돌아갔어. 이런 것을 우리는 '적응'이라고 해. 그게 자연법칙이지."

"이해돼요."

"그 밖에도 사람이 환경을 변화시킨 예는 많아."

"어떤 경우죠?"

"살충제로 해충을 박멸하려고 하는 것도 그런 예지. 처음에는 아주 좋은 결과가 나타났어. 하지만 들이나 과수원에 점점 더 많은 살충제를 뿌려 해충에게 생태학적 재앙을 내렸지. 그러나 독성에 저항력 있는 돌연변이로 살아남은 한 떼의 해충이 생겨났어. 이런 '승자'는 더 좋은 생존 기회를 찾았고, 그래서 그것들을 이기기는 훨씬 더 어려워졌지. 인간이 그렇게 열심히 해충을 박멸하려고 했기 때문에 더 강력한 저항력을 지닌 변이 형태가 생겨난 거야."

"정말 끔찍하군요."

"그건 정말 심각한 문제야. 우리는 우리 몸 안의 해로운 균도 이기려고 해. 박테리아 말이야."

"페니실린이나 다른 항생제를 맞으면 되잖아요."

"페니실린 치료 역시 이 삭은 악마에게 생태학적 재앙을 초래하지. 페니실린을 많이 맞을수록 우리는 어떤 박테리아를 저항력 있게 만드는 거야. 이런 식으로 전보다 더 이겨내기 어려운 새로운 박테리아를 배양하게 되지. 훨씬 더 강력한 항생제를 써야 하고, 그럼 결국에는……."

"결국에는 박테리아가 입에서 기어 나오나요? 아마 우린 그걸 쏴버려 야겠죠?"

"그거야 좀 지나친 생각이지만 현대 의학이 심각한 딜레마에 빠져 있 는 건 사실이야. 한 가지 덧붙이자면 각각의 박테리아는 이전보다 더 독 해졌어. 이전에는 많은 아이들이 여러 질병 때문에 제대로 자라지 못했 기 때문에 적은 인구만이 살아남았지. 이런 자연 도태를 오늘날 현대 의 학이 어느 정도 차단했어. 그러나 개체가 '산을 넘도록' 도와주는 것이 장기적인 안목에서 보면 인간의 저항력을 약화시킬 수도 있어. 멀리 내 다보면 심각한 질병을 이겨내는 인간의 유전적인 조건이 약해진다는 거야."

"정말 무시무시하군요."

"그래도 철학자는 그 점을 지적해야 해. 우리가 거기에서 어떤 결론을 이끌어내느냐 하는 것은 또 다른 문제니까. 자, 그럼 이걸 다른 방식으로 요약해보자."

"네, 어서요!"

"삶을 거대한 복권 추첨이라고 생각해보자. 그 게임에서 우리는 당첨 된 것만 확인할 수 있어."

"그게 무슨 뜻이죠?"

"생존 경쟁에서 진 생물들은 사라지잖아. 세상에 살아 있는 모든 식물 과 동물 종의 뒤편에는 언제나 당첨된 것들끼리 시작하는 새로운 추첨 이 수백만 년간 있었어. 탈락한 복권, 그것들은 언제나 단 한 번만 볼 수 있는 거야. 그러니까 오늘날 삶이라는 커다란 복권 추첨에서 탈락한 식 물이나 동물의 종은 존재하지 않아."

"최선의 선택만이 남게 되죠."

"그렇게 말할 수 있지. 이제 포스터를 좀 가져오렴. 이건…… 그래, 아까 사육사가 가져오셨지."

소피는 포스터를 건네드렸다. 한쪽 면에는 노아의 방주가, 다른 면에는 다양한 동물 종의 계통수(系統樹)가 그려져 있었다. 크녹스 선생님은 이 면을 소피에게 보여주려고 한 것이다.

"이 그림은 각각의 식물과 동물의 종을 구분해서 그려놓은 거란다. 각각의 종이 다시 다양한 군(群)과 강(綱)에 속하는 게 보일 거야."

"네."

"원숭이와 함께 인간은 영장류에 속해. 영장류는 포유류에, 모든 포유류는 척추동물에 속하고, 다시 척추동물은 다세포 동물에 속하지."

"아리스토텔레스가 생각나네요."

"맞아. 하지만 이 그림은 다양한 종을 오늘날 어떻게 구분하는지만 보여주는 건 아니야. 생명 진화의 역사를 알려주는 것이지. 예를 들면 새는 파충류에서, 파충류는 양서류에서, 양서류는 어류에서 언젠가 갈라져나왔다는 것을 알 수 있어."

"네, 분명히 보여요."

"이런 계통을 구별할 때마다 돌연변이가 생겨나 새로운 종이 되는 거야. 이런 식으로 수백만 년이 지나면서 다양한 동물군과 동물강이 생겨났지. 그런데 이 그림은 너무 단순하구나. 사실 오늘날 지구에 100만 종이 넘는 동물이 살고 있고, 이 100만 종은 지금까지 지구에 존재했던 동물들의 한 단편일 뿐이야. 예를 들면 삼엽충 같은 종은 완전히 사라졌다는 걸 확인할 수 있지."

"제일 아래에는 단세포 동물이 있군요."

"그중에 몇몇은 아마 20억 년 동안 변하지 않았을 거야. 이 단세포 유기체 가운데서 어떤 선은 식물 영역과 연결되어 있는데, 식물도 아마 동물과 같은 원시 세포에서 갈라져 나왔기 때문이겠지."

"그렇군요. 그런데 질문이 하나 있어요."

"뭐지?"

"이 최초의 '원시 세포'는 어디서 왔나요? 다윈은 그 점에 관해 설명할 수 있었어요?"

"다윈은 아주 신중한 사람이었어. 그 점에 관해서 깊은 사색을 한 적이 있어. 이런 글이 있단다."

……만약에 (이런! 만약이라니!) 우리가 모든 종류의 암모니아와 인(燐)을 포함한 염분, 빛, 온도, 전기 등을 갖춘 따뜻한 작은 연못을 상상하면, 그리고 더욱 복잡한 변화를 가능하게 할 단백질 화합물이 그 속에서 화학적으로 형성된다면…….

"그다음은요?"

"다윈이 고민한 건 최초의 생물 세포가 무기 물질에서 어떻게 생겨날 수 있었는가 하는 것이었는데, 여기서도 다윈은 다시 핵심을 파악했어. 왜냐하면 오늘날 과학은 최초의 원시 생물체가 다윈이 상상한 것처럼 '따뜻한 작은 연못'에서 생겼다고 가정하거든."

"설명해주세요!"

"이 얘기는 이만하면 됐어. 이제 다윈을 지나서 지구 생명의 기원에 대한 가장 새로운 연구로 넘어가보자."

"아무도 생명이 어떻게 생겨났는지 확실히 모른다는 말이에요? 조금 화가 나는데요."

"그렇지는 않겠지만, 생명이 어떻게 생겨났을지에 관한 한 가지 그림을 놓고 점점 많은 부분들이 연결되고 있는 거지."

"계속해주세요."

"먼저 식물이든 동물이든, 지상의 모든 생명은 똑같은 원소로 구성된다는 점을 확실히 해둘게. 생명에 대한 가장 간단한 정의는 모든 살아 있는 것이 신진대사를 하며 독자적으로 번식한다는 거야. 이 과정은 DNA(데옥시리보 핵산)라는 물질에 의해 조종되지. 살아 있는 모든 세포 안에 있는 염색체와 유전자는 이 물질로 구성되어 있어. DNA는 아주 복잡한 분자, 또는 흔히 말하는 거대 분자야. 문제는 최초의 DNA 분자가 어떻게 생겨났는가 하는 것이지."

"그래서요?"

"지구는 약 46억 년 전에 태양계가 형성될 때 생겨났어. 원래 지구는 불타는 덩어리였지만 점점 그 표면이 식었지. 현대 과학은 생명이 아마도 30~40억 년 전에 생겼을 거라고 보고 있어."

"그건 불가능할 것 같아요."

"끝까지 얘기를 들어봐. 우선 그 당시의 지구가 오늘날과는 아주 달랐다는 걸 알아야 해. 생명은 아직 없었고, 대기 중에는 산소도 없었어. 산소는 식물의 광합성을 통해 생겨나지. 산소가 없었다는 점이 중요해. DNA를 형성하는 생명의 구성 요소가 산소를 포함하고 있는 대기에서 생겨났을 거라고는 상상할 수 없으니까."

"왜요?"

"산소는 아주 반응을 잘 일으키는 원소야. 산소가 있었다면 DNA 같은 복잡한 분자가 형성되기도 전에 DNA 분자의 구성 요소는 이미 연소했을 거야."

"아하."

"그러니까 새로운 생명은 오늘날 생겨난 게 아니라는 것, 박테리아나 바이러스도 절대 그렇지 않다는 걸 우리는 확실히 알고 있어. 지상의 모든 생명은 정확히 똑같이 나이를 먹은 거지. 코끼리는 가장 단순한 박테리아와 똑같이 긴 계통수를 갖고 있단다. 너는 코끼리나 사람이 사실상 단세포 생물에서 나온 상호 연관적인 세포 군체(群體)라는 점을 이해할 수 있을 거야. 왜냐하면 우리 몸의 각각의 개별 세포에는 정확히 똑 같은 유전자가 있기 때문이지. '우리는 과연 누구인가'에 대한 총체적인 대답은 우리의 작디 작은 체세포 안에 들어 있는 거란다."

"독특한 생각이군요."

"생명에 대한 커다란 수수께끼 중 하나는 다세포 동물의 세포들이 각각의 기능을 전담할 수 있다는 점이야. 다양한 유전적 성질이 모든 세포 안에 배치되어 있지 않은데도 말이야. 이런 성질 또는 유전자 중의 어떤 것은 '차단'되거나 '추가'된 것이란다. 간 세포는 신경 세포나 피부 세포와는 다른 단백질을 생산해. 그러나 간 세포, 신경 세포, 피부 세포에서 우리는 동일한 DNA 분자를 발견하게 되지. 이 동일한 DNA 분자가 유기체의 전체 설계도를 포함하고 있는데, 이제 거기에 대해 얘기할 거야."

"네, 말씀하세요!"

"대기 중에 산소가 없었을 때는 지구를 둘러싼 오존층도 없었어. 즉 어떤 것도 우주 공간에서 오는 광선을 막지 않았다는 거야. 그 점이 중요해. 이 광선은 아마 복잡한 최초의 분자가 형성될 때 중요한 역할을 했을 거야. 우주 광선은 다양한 지구의 화학 물질을 거대 분자로 만드는 에너지이기도 했거든."

"확실히 알겠어요."

"더 엄밀하게 얘기하면, 모든 생명을 구성하는 복잡한 분자가 생기려면 적어도 두 가지 조건이 충족되어야 해. 대기 중에 산소가 없어야 하며, 우주에서 오는 광선이 지구로 들어와야 한다는 것이지."

"이해했어요."

"'작은 연못' 또는 오늘날 학자들이 흔히 말하는 죽 형태의 '원시 수프'에서 언젠가 대단히 복잡한 거대 분자가 생겼는데, 그것은 스스로 동일한 두 부분으로 나뉠 수 있는 특이한 성질이 있었어. 그렇게 오랜 진화가 시작되었단다. 우린 이미 최초의 유전 물질과 최초의 DNA 또는 최초의 생명 세포에 관해 이야기한 거야. 세포는 분열하고 또 분열했고 처음부터 계속 돌연변이가 발생했어. 아주 오랜 세월이 흐른 뒤에 결국 그런 단세포 유기체는 복잡한 다세포 유기체로 결합했지. 이런 식으로 식물의 광합성도 시작되었고, 그 후에 산소를 포함한 대기가 형성되었어. 산소를 포함한 대기는 두 가지 의미를 갖지. 첫째, 대기는 동물의 허파 호흡을 가능하게 해서 동물이 진화할 수 있게 해주었고, 둘째, 우주 공간의 해로운 광선이 생명체를 해치지 못하게 했어. 이 광선은 최초의 세포 발생에서는 생명의 '불꽃'이었지만 모든 생명체에게는 해로웠으니까."

"그렇지만 그런 대기가 하룻밤 사이에 생길 수는 없잖아요? 최초의 생명체는 어떻게 생겨난 거죠?"

"생명은 원시 바다, 즉 죽 같은 상태의 '원시 수프'에서 생겨났단다. 최초의 생명체는 거기서 위험한 광선을 피하면서 살 수 있었지. 그러다가 아주 긴 시간이 지난 뒤에 바다에서 생명체가 대기를 형성하자, 최초의 양서류가 가장 먼저 바다에서 육지로 기어 올라왔지. 이제 남은 얘기는 다 했어. 우리는 여기 오두막에 앉아서 30~40억 년이 걸린 과정을 돌아보자. 이제 우리는 이 오랜 진화의 과정을 우리 인식 안에 담게 된 거야."

"그럼 선생님은 모든 것이 순전히 우연이었다고 말씀하시는 거예요?"

"아니야. 그런 얘기는 아니란다. 그 그림도 어느 특정한 방향을 따라 진화가 진행되었다는 걸 보여주고 있어. 수백만 년 동안 점점 더 복잡한 신경 체계, 결국 더 큰 뇌를 가진 동물이 생겨났어. 난 그걸 우연이라고는 생각하지 않아. 넌 어떻게 생각하니?"

"사람의 눈은 그저 우연히 생겨날 수는 없을 거예요. 우리가 주위 세상을 볼 수 있는 건 의미가 있다고 생각하지 않으세요?"

"눈의 진화에 대해서는 다윈도 놀랐단다. 눈처럼 섬세한 것이 자연 도태를 통해 생겨났으리라고는 쉽게 상상할 수 없지."

소피는 크녹스 선생님을 올려다보며 자기가 지금 살아 있고, 단 한 번 살 수 있으며, 죽으면 다시는 그 삶으로 돌아오지 못한다는 사실이 정말 이상하게 느껴져서 갑자기 소리 내어 외쳤다.

"우리에게 영원한 창조란 도대체 무엇이란 말인가!
창조된 것을 잡아채어 다시 무로 되돌리는 것밖에는!"

선생님이 엄한 눈초리로 소피를 바라보았다.

"그런 말은 하면 안 돼. 그건 악마가 한 말이야."

"악마요?"

"괴테의 『파우스트』에 나오는 메피스토펠레스가 한 말이야. '우리에게 영원한 창조란 도대체 무엇이란 말인가! 창조된 것을 잡아채어 다시 무로 되돌리는 것밖에는!'"

"이 말을 어떻게 이해해야 하죠?"

"파우스트는 죽어가면서, 그러니까 자기의 오랜 삶을 되돌아보면서 의기양양하게 말했지."

멈춰라, 너는 참으로 아름답구나!
내가 세상에 남긴 흔적은
영원히 사라지지 않을 것이다.
그렇게 지고한 행복을 예감하며
나는 지금 최고의 순간을 맛본다.

"정말 아름다운 표현이군요."

"그러나 이제 악마가 말할 차례야. 죽어가는 파우스트에게 악마는 외쳤어."

지나갔다고! 어리석은 말이다. 왜 지나갔단 말인가?
지나간 일과 순수한 무는 완전히 같다.
우리에게 영원한 창조란 도대체 무엇이란 말인가!
창조된 것을 잡아채어 다시 무로 되돌리는 것밖에는!

'지나갔다'는 말에 무슨 뜻이 있을 것인가?

본래부터 없었던 것과 마찬가지인 것을,

그런데 마치 무언가가 있기나 한 듯이 빙빙 맴돌고 있으니.

나였으면 그보다는 영원한 공허 쪽을 택했으리라.

"정말 염세적이군요. 저는 파우스트의 말이 더 마음에 들어요. 자기의 삶이 다하고는 있지만 파우스트는 자기가 남긴 흔적에서 의미를 찾았으니까요."

"우리가 공부한 것처럼 아주 작은 생명체라도 큰 연관성 속에서 보면 중요한 의미가 있다는 게 다윈 진화론의 결론이야. 우리는 살아 있는 행성이야. 우주 안에서 불타는 태양 주위를 항해하는 커다란 배지. 하지만 우리 각자는 유전자라는 짐을 싣고 삶을 항해하는 배이기도 해. 우리가 이 짐을 다음 항구로 실어 나를 수 있다면 우리의 삶이 헛된 것은 아니겠지. 비에른스티에르네 비에른손이 그의 시 「시편 II」에 이런 생각을 표현했어."

인생의 짧은 봄날을 찬양하라.

봄날은 모든 것을 불고 지나가나니!

아주 작은 것에도 부활이 있으니

형식은 사라질 뿐.

모든 족속은 향상되려고 애쓰고

종은 종을 만들어낸다.

무한한 시간 속에서

세상은 사라졌다 솟아나는 것!

삶의 환희에 잠기어라, 그대 꽃송이는

봄 언덕 위에서

영원을 찬미하며

그대의 짧은 존재를 누릴지어다.

그대 또한

그대의 창조하는 작은 힘을

보태어라.

힘이 있는 한

영원한 시간 속에서 호흡할지어다!

프로이트

…… 추악하고 이기적인 욕망이 그녀의 마음속에 떠올랐다 ……

힐데 묄레르 크나그는 무거운 공책을 팔에 안고 침대에서 벌떡 일어섰다. 공책을 책상에 올려놓고 옷가지를 챙겨 욕실로 가, 고작 2분 동안 샤워를 하고는 서둘러 옷을 입었다. 그러고는 1층으로 뛰어 내려갔다.

"아침 먹어야지, 힐데야?"

"우선 노를 조금 저어야겠어요."

"그래도, 힐데야!"

힐데는 집에서 나와 정원을 가로질러 달려갔다. 선창에서 배를 풀고 배 안으로 뛰어 들어가서 노를 젓기 시작했다. 만 사이를 정처 없이 저었다. 처음에는 미친 듯이 젓다가 점차 편안하게 저어나갔다.

'우리는 살아 있는 행성이야. 소피야! 우주 안에서 불타는 태양 주위를 항해하는 커다란 배야. 그러나 우리 각자는 유전자라는 짐을 싣고 인생을 항해하

는 배이기도 하지. 우리가 이 짐을 다음 항구로 실어 나를 수 있다면 우리의
삶이 헛된 것은 아니겠지……'

힐데는 그 내용을 외웠다. 결국 그것은 소피가 아니라 힐데를 위해 쓰
인 것이었다. 공책에 담긴 모든 것은 아빠가 힐데에게 보내는 편지였다.
　힐데는 이제 배가 물 위에 떠가며 위아래로 흔들리도록 내버려두었
다. 물은 배 바닥을 부드럽게 찰싹였다.
　릴레산의 작은 만 수면 위에 떠 있는 조그마한 배처럼 힐데도 인생이
라는 수면 위에 떠 있을 뿐이다.
　소피와 크녹스 선생은 이 그림 어디에 들어 있는 걸까? 소피와 크녹스
선생은 어디에 있는 것인가?
　힐데는 두 사람을 단순히 아빠의 머릿속에 있는 '전자기적 자극'이라
고 생각할 수 없었다. 그들이 단지 종이와 아빠의 여행용 타자기로 타이
핑된 검은 글자일 뿐이라고 생각할 수도 없었다. 자기 자신도 역시 언젠
가 '따뜻한 작은 연못'에 모였던 단백질 화합물의 결합체로 표현될 수 있
다. 그러나 자신은 그것 이상이다. 자신은 힐데 묄레르 크나그인 것이다!
　커다란 바인더 공책은 정말 환상적인 생일 선물이었다. 아빠는 힐데
의 마음에 분명히 새로운 떨림을 만들었다. 그러나 소피와 크녹스 선생
님에 대해 쓴 그 유치한 말투는 마음에 들지 않았다.
　힐데의 아빠는 집으로 돌아오는 길에 틀림없이 그에 대한 대가를 치
르게 될 것이다. 그 점에 대해 힐데는 소피와 크녹스 선생님 두 사람에게
마음의 빚을 지고 있었다. 힐데는 벌써부터 자기 아빠가 코펜하겐 공항
에서 우왕좌왕하는 것을 상상할 수 있었다.

힐데는 마음이 가벼워졌다. 다시 선창으로 노를 저어 가서 배를 묶어 두었다. 그리고 엄마와 천천히 즐겁게 아침을 먹었다. 삶은 달걀이 맛은 있지만 약간 덜 익었다고 서슴없이 말할 수 있을 정도로 화기애애한 분위기였다.

저녁 늦게야 힐데는 공책을 다시 펼칠 수 있었다. 이제 몇 장 남지 않았다.

다시 문 두드리는 소리가 났다.

"우리 귀를 막고 있을까? 그러면 소리가 멈추겠지."

"아니에요, 누가 왔는지 봐야겠어요."

소피가 문 쪽으로 가자 크녹스 선생님이 소피 뒤로 다가왔다.

밖에는 벌거벗은 남자가 서 있었다. 위엄 있게 서 있었지만 머리에 왕관을 썼을 뿐 아무것도 몸에 걸치지 않았다.

"그래서? 그대들은 나의 새 옷에 대해서 뭐라고 얘길 할 거지?"

하고 남자가 물었다.

선생님과 소피는 당황해서 아무 말도 하지 못했다. 그러나 벌거벗은 남자는 그런 것은 전혀 상관하지 않았다.

"너희들은 나에게 허리를 숙이지도 않는구나!"

그가 외쳤다.

선생님이 용기를 냈다.

"그렇습니다. 하지만 임금님은 완전히 벌거벗고 계시군요."

벌거벗은 남자는 계속 근엄한 태도로 노려보았다. 크녹스 선생님은 소피에게 몸을 구부려 귀에 대고 속삭였다.

"저 사람은 자기가 잘 차려 입었다고 생각하고 있어."

이제 벌거숭이 남자는 성난 얼굴이 되었다.

"이 집에서 무슨 검사라도 받는 건가?"

"유감스럽게도 우리는 모두 제정신입니다. 그 부끄러운 모습으로는 이 집에 들어올 수 없어요."

소피는 갑자기 근엄한 벌거숭이 남자가 너무나 우스꽝스러워서 웃음을 터뜨리고 말았다. 그러자 그것이 비밀 암호인 것처럼 왕관을 쓴 그 남자는 갑자기 자신이 옷을 전혀 입지 않았다는 사실을 깨달았다. 그는 두 손으로 치부를 가리고는 덤불숲으로 달려가더니 금세 사라져버렸다. 그 남자는 그곳에서 아마도 아담과 하와, 노아, 빨간 모자 그리고 곰돌이 푸를 만날 것이다.

두 사람은 문 앞에 계속 서 있었다. 마침내 크녹스 선생님이 말했다.

"안으로 들어가는 게 좋겠구나. 프로이트와 그의 무의식에 대한 이론을 얘기해줄게."

그들은 창가에 앉았다. 소피가 시계를 쳐다보았다.

"벌써 2시 반이에요. 전 가든파티를 시작하기 전에 할 일이 많아요."

"나도 그렇지만 지그문트 프로이트에 관해 짧게 이야기하자."

"철학자인가요?"

"문화철학자라고 할 수 있어. 프로이트는 1856년에 태어나 빈 대학교에서 의학을 공부했어. 그곳에서 생애의 대부분을 보냈는데 그때가 바로 빈의 문화계가 꽃피던 시대였어. 프로이트는 일찍이 우리가 신경학이라 부르는 의학 분야를 전공했어. 19세기 말에서 20세기 초에 들어서

기까지 그는 심층 심리학 또는 정신분석학을 연구했어."

"더 자세히 설명해주세요."

"정신분석학이란 일반적으로 사람의 마음, 곧 사람의 심리를 연구하는 학문이고 그 외에도 노이로제 증상과 심리 질환의 치료 방법이기도 해. 프로이트와 그의 업적에 대해서 완벽하게 설명할 수는 없을 것 같구나. 그러나 무의식에 대한 그의 학설은 인간이 무엇인가를 이해하는 데 꼭 필요한 내용이야."

"벌써 관심이 생겼어요. 얘기해주세요."

"프로이트는 사람과 사회적 환경 사이에는 언제나 긴장이 존재한다고 했어. 정확히 말하면 자신의 충동이나 욕구와 그가 속한 사회 환경이 그에게 요구하는 것 사이의 긴장과 갈등이지. 프로이트가 인간의 성생활을 발견했다고 해도 과장이 아니야. 그 주제로 프로이트는 19세기 말에 매우 중요했던 자연주의 사조의 중요한 대표자가 되었지."

"인간의 '성생활'에 대해서 선생님은 어떻게 생각하세요?"

"이성이 언제나 우리의 행동을 지배하지는 않아. 그러니까 사람은 18세기의 합리주의자들이 주장한 것처럼 합리적인 존재가 아니라는 거야. 종종 비합리적인 충동이 우리 안에 깊이 숨어 있는 욕구나 욕망을 드러내는 것이지. 성욕은 젖먹이 아기가 젖을 먹고자 하는 욕구와 마찬가지로 근본적인 거야."

"알겠어요."

"그 사실 자체가 아마 새로운 발견은 아니었을 거야. 그렇지만 프로이트는 이러한 근본적인 욕구는 우리가 그것의 기원과 정체를 쉽게 인식할 수 없을 정도로 다른 형태를 띠고 나타나, 우리가 의식하지 못하는 사이에 행동을 지배한다는 사실을 지적했어. 그리고 유아도 성욕이 있다고 생각했어. 어린아이의 성에 대한 이러한 주장은 빈의 점잖은 시민들에게 혐오감을 갖게 했고, 프로이트를 공공연히 싫어하게 만들었지."

"그건 놀랍지 않네요."

"이제 성에 관련된 모든 것을 금기시하던 시대에 관해 이야기할 거야. 프로이트는 정신 요법 의사로서 실험을 통해 유아의 성에 관한 실마리를 찾았지. 그러니까 그는 자신의 주장에 관해 경험적인 토대를 갖고 있었다는 거야. 프로이트는 많은 심리적인 고통의 유형들이 유아기의 갈등에서 비롯한다고 확신하고, 우리가 일종의 '영혼의 고고학'이라고 말하는 치료 방법을 발전시켜나갔어."

"그게 무슨 뜻이죠?"

"정신분석학자는 환자의 심리적 고통의 원인이 된 체험을 끌어내기 위해 환자의 도움으로 그의 의식 속에 '파고들어 갈' 수 있어. 프로이트에 따르면 우리는 모두 과거에 대한 기억을 우리 안에 깊숙이 간직하고 있거든."

"이제 좀 알겠어요."

"정신분석학자가 환자의 의식을 들여다보면 환자가 언제나 잊어버리려고 했지만 깊숙이 가라앉아 환자의 에너지를 붙들고 늘어지는 나쁜 경험을 발견하게 돼. 그런 '외상성(外傷性)의 경험'을 다시 의식으로 불러들이면 환자는 '완치'되어 다시 건강해질 수 있는 거야."

"그럴듯하게 들리네요."

"내가 너무 빨리 가고 있구나. 이제 프로이트가 어떻게 사람의 심리를 묘사하는지 살펴보자. 갓난아기를 본 적이 있니?"

"네 살짜리 사촌 동생이 있어요."

"우리는 세상에 처음 태어났을 때, 몸과 마음에서 우러나오는 욕구를 마음껏 표현하지. 우유를 먹지 못하면 울고 기저귀가 젖어도 아마 그럴 거야. 따뜻한 살갗과 닿고 싶으면 분명히 표현을 하지. 이런 우리 안의 충동 또는 쾌락의 원리를 프로이트는 원자아, 즉 '이드'라고 표현했어. 젖먹이 때에 우리는 거의 이드일 뿐이지."

"계속하세요!"

"이드는 우리가 성인이 되어도 평생 동안 남아 있단다. 그렇지만 우리는 서서히 쾌락을 통제하고 환경에 적응하는 법을 배우게 돼. 쾌락의 원리와 현실의 원리가 조화를 이루는 법을 배우는 거지. 프로이트는 조절 능력을 수행하는 자아를 우리가 형성한다고 했어. 우리가 일정한 연령이 되면 무언가에 대한 욕구를 가지게 되더라도 소망이나 욕구가 충족될 때까지 그저 주저앉아 울 수는 없어."

"물론이죠."

"우리가 희망하는 것을 주변 세계가 허락하지 않을 때도 있어. 그러면 우리는 가끔 우리의 희망을 억압해. 즉 그 희망을 밀어내고 잊어버리려고 하는 거지."

"알겠어요."

"그러나 프로이트는 사람 마음속에 있는 제2의 요구도 염두에 두었어. 어린아이일 때 우리는 이미 부모와 주위 세계의 도덕적 요구들을 접하게 돼. 우리가 잘못된 일을 할 때, 부모는 '그만둬!' 또는 '창피한 줄 알아야지!' 하고 말하지. 성인이 되어서도 우리는 그런 도덕적인 요구와 판단의 메아리를 듣고 있어. 우리 주변 세계의 도덕적인 기대는 우리 안에 숨어 있고 우리의 한 부분인 것처럼 보이지. 그것을 프로이트는 '초자아(超自我)'라고 했어."

"양심을 의미하는 건가요?"

"사실 프로이트는 초자아가 양심으로서의 자아에 대응한다고 말한 적이 있어. 그러나 여기서 중요한 것은 우리가 '추하거나 부적절한' 소망을 갖고 있음을 우리에게 알려주는 것이 초자아라는 사실이야. 그건 특히 성적인 욕망에 적용되지. 아까 말한 것처럼 프로이트는 그러한 욕망이 유아기 초기에 설정된다고 했고."

"설명을 더 해주세요!"

"우리는 어린아이가 자기 성기를 갖고 노는 것을 자주 볼 수 있어. 프로이트의 시대에 두세 살 난 아이들은 그런 일을 하면 손가락을 찰싹 얻어맞았지. 그 당시 아이들은 언제나 이런 말을 들었어. '그러면 못써!', '그만둬!', '손은 이불 위에 둬야지!'"

"안됐네요."

"그런 식으로 사람에게 죄의식이 생기는 거야. 프로이트는 이런 죄의식이 초자아 안에 저장되기 때문에 많은 사람들에게 평생 동안 모든 성적인 요소들과 분리되지 않고 이어져 있다고 믿었어. 동시에 프로이트는 성적인 욕구나 욕망이 인간 본성의 자연스럽고도 중요한 부분이라고 지적했어. 그러니까 소피야, 우리는 우리를 한평생 쾌락과 죄의식의 갈등 속에 밀어 넣는 요소를 다 갖고 있는 거야."

"이런 갈등이 프로이트 시대 이후로 많이 줄었다는 말씀은 아니죠?"

"그렇지. 그러나 프로이트의 환자들 중 많은 사람들이 이런 갈등을 너무 심하게 겪어서 프로이트가 '노이로제'라고 부른 상태에까지 이르렀어. 한 예로 그의 환자들 중 한 여자는 자기 형부를 좋아했단다. 자기 언니가 병으로 일찍 죽게 되자 그 여자는 언니가 임종하는 자리에 앉아서 생각했지. '이제 그는 자유로워졌고 나와 결혼할 수 있어!' 이런 생각은 물론 그 여자 안에 있는 초자아의 저항을 받지. 그 초자아의 힘이 워낙 대단해서 그 여자는 프로이트가 말한 대로 그 생각을 억압했어. 즉 그 생각을 무의식 속으로 밀어 넣은 거야. 그 여자는 결국 병이 들었고 심각한 히스테리 증세를 보였어. 프로이트가 치료를 맡았는데, 그때 프로이트는 그 여자가 언니의 임종 자리에서 자기 마음속에 떠올랐던 추악하고 이기적인 소망을 근본적으로 잊어버렸다는 사실을 알아냈어. 그 여자는 치료를 받으면서 그때의 기억을 떠올릴 수 있었어. 이것을 통해 그 여자는 병의 원인을 찾아냈고 다시 건강해졌단다."

"이제 선생님이 '영혼의 고고학'이라고 하신 말씀의 뜻을 알겠어요."

"그러면 인간 심리에 대해 일반적으로 서술해볼게. 프로이트는 오랫동안 환자들을 치료하면서 인간의 의식이 그 정신의 일부분일 뿐이라는 사실을 알게 되었어. 의식은 수면 위에 드러난 빙산의 일각일 뿐인 거야. 그 수면 아래에는, 즉 의식의 문턱 밑에는 심층 의식 또는 '무의식(無意識)'이 자리 잡고 있어."

"무의식이란 그러니까 우리 안에서 잠자고 있는 세계로군요?"

"하지만 모든 경험을 의식 속에 간직하는 건 아니야. 우리가 생각하고 경험한 모든 일과 우리가 곰곰이 생각할 때에만 일어나는 모든 일을 프로이트는 '전의식(前意識)'이라고 했어. 프로이트가 말한 '무의식'은 우리가 억압한 모든 일을 가리키지. 즉 추하고 부적절하고 구역질 나는 일이기 때문에 무조건 잊어버리고 싶은 일이야. 우리는 의식 또는 초자아가 용납할 수 없는 쾌락을 요구하는 마음이 생기면 그것을 지하실로 처넣어버리지. 꺼져버리라고.”

“알겠어요.”

“이런 메커니즘은 모든 건강한 사람에게 작용해. 그러나 어떤 사람에겐 불쾌하고 금지된 생각을 의식에서 추방하는 일이 너무 괴롭기 때문에 병이 나기도 해. 이렇게 억눌린 생각은 언제나 다시 의식 위로 떠오르려고 하기 때문에, 이런 충동이 비판적인 의식의 눈에 띄지 않도록 억압하고 숨기려면 많은 에너지가 필요해. 1909년에 프로이트가 미국에서 정신분석학 강연을 했을 때 이런 억압의 메커니즘이 어떻게 작용하는지 간단한 예를 들어 설명했어.”

“설명해주세요!”

“프로이트는 청중을 향해 ‘여러분 중에서 한 사람이 여기서 웃고, 떠들고, 발을 구르며 내 연설을 방해해 분위기가 산만해지는 경우를 상상해보자’고 했어. 그래서 자신이 얘기를 할 수 없게 되면 청중 가운데서 힘센 남자들이 일어나 잠깐 실랑이를 벌인 후에 그 훼방꾼을 복도로 내쫓는 거야. 여기서 그 훼방꾼은 억압되었고, 연사는 연설을 계속할 수 있게 되지. 그러나 그 훼방꾼은 강연장 안으로 다시 들어오려고 할 거야. 그러면 몇 사람이 의자를 들고 문 앞으로 가서 훼방꾼을 완전히 내쫓은 뒤 거기에 의자를 놓고 ‘저항’이 되어 앉아 있겠지. 이때 강연장 안을 ‘의식의 세계’, 복도를 ‘무의식의 세계’로 비유하면, 우리는 억압의 과정에 대해 훌륭한 비유를 얻을 수 있게 돼.”

“참 훌륭한 비유군요.”

“더 확실하게 얘기하자. 훼방꾼은 다시 들어오려고 할 거야. 우리의 억압된 생각과 충동도 마찬가지지. 우리는 무의식의 영역에서 뛰쳐나오려는 억압된 생각의 지속적인 압력 아래서 살고 있어. 그래서 때때로 우리가 원래 '의도하지 않았던' 일들을 무의식적으로 말하거나 행동하게 돼. 이런 방식을 통해 무의식은 우리의 느낌과 행위를 지배하고 있어."

"예를 들어주실 수 있나요?"

"프로이트는 비슷한 여러 가지 메커니즘을 기술했는데 그 가운데 하나가 이른바 '실언(失言)'이야. 이전에 우리가 억압했던 어떤 것을 순식간에 말하거나 행동하는 거지. 프로이트는 한 회사원을 예로 들었는데 그 사람은 아주 좋아하지는 않는 자기 사장을 위해 건배사를 해야 했어. 문제는 이 사장이 아주 인기가 없었던 거야. 사장은 직원들 사이에서 공공연하게 돼지라고 불리고 있었지."

"그래서요?"

"일어서서 엄숙하게 잔을 들고는 이렇게 말했지. '돼지를 위해 건배!'"

"정말 멋져요."

"그 직원은 실제로 평소에 사장에 대해 생각하던 바를 자기도 모르게 말해버린 거야. 절대 해서는 안 되는 말이었지만 말야. 예를 더 듣고 싶니?"

"물론이죠."

"어느 교구의 감독자가 귀엽고 사랑스러운 딸이 많은 한 목사의 집을 방문하게 되었어. 그 감독자는 지나치게 코가 컸어. 목사는 그 큰 코에 대해 절대로 언급하지 말라고 딸들에게 신신당부했어. 하지만 어린아이는 자제하는 메커니즘이 아직 발달하지 않았기 때문에 그런 말을 불쑥 꺼내게 되지."

"그래서요?"

"감독자가 왔고, 아름다운 딸들은 모두 그 큰 코에 대해 아무 말도 하지 않으려고 노력했어. 코를 쳐다보지도 않고 관심도 가지지 않으려고 했지. 그런데 커피를 나르던 어린 딸이 근엄한 그 감독자 앞에 서서 이렇게 말했어. '코에 설탕을 조금 타드릴까요?'"

"난처하네요."

"때때로 우리는 합리화를 해. 그러니까 어떤 특정한 상황에서 저지른 일에 대해 실제 이유와는 다른 어떤 이유가 있었다고 자기 자신과 다른 사람을 속이는 거지. 실제 이유가 너무도 부끄러운 것이니까."

"예를 들어주세요."

"나는 네게 최면술을 써서 창문을 열게 할 수 있어. 내가 손가락으로 탁자를 두드리면 네가 일어서서 창문을 열게 하는 거지. 내가 탁자를 두드리고 너는 창문을 열어. 그리고 나는 왜 창문을 열었느냐고 네게 묻지. 너는 아마 너무 더워서 그랬다고 하겠지만 그건 옳은 대답이 아니야. 너는 내 최면술에 복종했다는 사실을 받아들이지 않고 '합리화'를 하게 될 거야."

"알겠어요."

"우리는 거의 날마다 이렇게 이중적으로 의사소통을 해."

"네 살짜리 사촌 동생이 있다고 했잖아요. 그 애는 친구가 많지 않은가 봐요. 제가 찾아갈 때마다 아주 좋아해요. 한번은 제가 엄마한테 얼른 가야 한다고 했더니 그 애가 뭐라고 한 줄 아세요?"

"뭐라고 했니?"

"'그 아줌만 바보야!'라고 하는 거예요."

"그래, 그것도 합리화의 좋은 예시가 되겠구나. 그 아이가 정말 그렇게 생각하지는 않았을 거야. 네가 가야 하는 게 바보 같다고 생각했지만 그대로 말하기가 어려웠던 거지. 그러나 우리가 '투사(投射)'하는 경우도 종종 있단다."

"그 말은 설명을 해주셔야겠어요."

"투사란 우리 스스로 억압하고 싶은 특징을 다른 사람에게 떠넘기는 거야. 예를 들면 지독한 구두쇠가 다른 사람더러 욕심이 많다고 말하는 경우지. 성적인 생각을 많이 하는 사람이 다른 사람을 야하다고 흉보는 것처럼 말이야."

"알겠어요."

"프로이트는 우리의 일상생활이 그런 무의식적인 행위들로 가득 차 있다고 생각했어. 어떤 특정한 사람의 이름을 자꾸 잊어버리고, 이야기하면서 옷을 만지작거리기도 해. 그리고 언뜻 보기엔 우연히 놓인 것 같은 물건들을 방 안 여기저기에 옮겨놓기도 하지. 전혀 악의가 없이 말을 더듬거나 실언을 하거나 글을 잘못 쓰기도 해. 이런 일들은 언뜻 보기엔 아무런 이유도 없는 실수 같지만, 사실은 절대 그렇지 않아. 프로이트는 그런 일을 우리가 생각하는 것처럼 우연한 실수로 보지 않았고 그런 행동을 한 가지 징조로 간주해야 한다고 생각했어. 그런 실언은 우리의 가장 은밀한 비밀을 누설하는 것일 수 있지."

"이제부터는 말 한 마디 한 마디를 잘 생각해봐야겠군요."

"그래도 너는 무의식적인 충동에서 벗어날 수 없을 거야. 우리가 할 수 있는 일은 다만 우리가 불편한 것을 무의식 속으로 밀어 넣을 때에 지나치게 긴장하지 않는 거야. 들쥐가 드나드는 구멍을 막아버리는 것과 같아. 그렇게 할 수는 있겠지만 들쥐는 정원 어느 다른 곳에 또 나타나겠지. 의식과 무의식 사이의 문을 느슨하게 해두는 것이 가장 바람직하다고 할 수 있어."

"문을 닫아버리면 정신적인 고통이 생기나요?"

"그렇지. 신경증 환자는 불편한 일을 자기 의식에서 쫓아내는 데에 너무 많은 에너지를 소비하는 사람이야. 어떤 사람은 아주 특정한 체험을 그렇게 해서 억압해야만 해. 그게 앞에서도 조금 말한 '외상성(外傷性) 체험'이야. 프로이트는 그것을 외상(트라우마)이라고 했는데 '트라우마 (trauma)'는 그리스어로 '상처'라는 뜻이야."

"알겠어요."

"프로이트는 치료할 때에 닫힌 문을 조심스럽게 열거나 새로운 문을 열려고 했을 거야. 그는 환자와 함께 치료하면서 억압된 체험을 다시 불러내려고 했지. 물론 환자는 자신이 억압되었다는 사실을 의식하지 못하지만. 그러나 프로이트는 의사나 정신분석학에서 말하는 분석자가 환자의 숨겨진 외상으로 가는 길을 찾는 데 도움을 줄 수 있다고 생각했어."

"그럴 때 의사는 어떻게 해요?"

"프로이트는 그때의 조치를 '자유 연상 기법'이라고 했어. 환자가 완전히 긴장을 풀고 눕게 하고서 자신에게 일어난 일을 말하게 하지. 중요하지 않은 일, 우연한 일, 불쾌하거나 고통스러운 일 모두 가리지 않고 말하게 해. 정신분석가는 환자가 긴 의자에 누워 떠올리는 이야기 속에 언제나 환자의 외상과, 또 그것이 의식화되는 것을 막는 저항의 단서가 포함되어 있다는 가정에서 출발해. 무의식중에 환자는 늘 자기의 외상에 몰두해 있기 때문이야."

"잊으려고 할수록 무의식중에 더 생각하게 되는군요?"

"그렇지. 그러니까 무의식의 신호에 주의해야 해. 프로이트는 무의식으로 가는 '왕도(王道)'는 꿈을 통한다고 했어. 그의 중요한 저서 가운데 하나는 1900년에 출간한 『꿈의 해석』이야. 그 책에서 프로이트는 꿈에는 우연이 없다고 했지. 무의식적인 생각들이 꿈을 통해서 의식에 나타나려고 한다는 거야."

"계속 이야기해주세요."

"프로이트는 오랫동안 자기 환자들이 겪은 경험을 모으고 자기 자신의 꿈도 분석한 후에, 모든 꿈은 근본적으로 욕구를 채우기 위한 것이라고 설명했어. 그는 아이들에게서 그런 점이 명백히 드러난다고 했어. 아이들은 아이스크림과 버찌 꿈을 많이 꾸지. 그러나 어른들의 꿈에는 이룰 수 없는 욕망들이 자주 변장을 하고 나타난단다. 왜냐하면 잠을 자면서도 엄격한 검열이 우리에게 허락된 것과 그렇지 않은 것을 판단하기 때문이야. 잠을 잘 때는 이런 검열이나 억압의 메커니즘이 깨어 있는 상태보다 약해져 있긴 하지만, 우리가 고백할 수 없는 욕망을 꿈속에서 왜곡할 수 있을 만큼 충분히 강력한 힘을 갖고 있어."

"그래서 꿈을 해석해야 하는 건가요?"

"프로이트는 다음 날 아침에 기억나는 꿈의 내용과 그것의 원래 의미는 구별해야 한다고 했지. 그는 꿈의 영상 자체를, 그러니까 우리가 꿈꾼 '영화'나 '비디오'를 꿈의 명시적(明示的) 내용이라고 했어. 그러나 꿈은 의식에 드러나지 않는, 보다 깊은 의미도 갖고 있지. 그 의미를 프로이트는 꿈의 잠재의식이라고 했어. 꿈의 영상과 그 소도구들은 보통 가까운 과거에서 유래하고, 바로 전날 체험한 것도 드물지 않아. 그러나 꿈속의 잠재의식은 먼 과거에서 유래할 수도 있어. 예를 들면 아주 어린 시절에서 말이야."

"그러니까 정말로 뭐가 문제인지 알려면 꿈을 분석해야겠군요."

"그래. 그리고 환자들은 꼭 자신의 정신 요법 의사와 함께해야 해. 환자의 꿈을 의사가 혼자 해석할 수는 없으니 의사는 환자의 도움을 받아야 하고. 이런 상황에서 의사는 해석을 돕는, 소크라테스가 말한 산파 역할을 하는 거야."

"알겠어요."

"프로이트는 꿈의 '잠재의식'을 '명시적 내용'으로 변형시키는 것을 꿈의 작업이라고 표현했어. 그럼 현실에서의 행동이 꿈속에서 '변장'하거나 '암호화'되는 일을 이야기해보자. 꿈을 해석하려면 그 발생 과정을 거꾸로 거슬러 올라가야 해. 꿈의 본래 '주제'를 찾아내기 위해 꿈의 '동기'를 해독해야 하지."

"예를 하나 들어주세요."

"프로이트의 저서에는 그런 사례들이 가득해. 그러나 우리도 단순하고 아주 프로이트적인 예를 생각해낼 수 있지. 한 청년이 사촌 여동생에게서 풍선 두 개를 선물 받는 꿈을 꿨다면……."

"그럼요?"

"아니, 이제 네가 직접 꿈을 해석해보렴."

"흐음…… 그러니까 선생님이 말씀하신 건 꿈의 '명시적 내용'이죠. 사촌 여동생이 그에게 풍선 두 개를 선물했다."

"계속!"

"그리고 꿈에 나오는 소도구는 주로 전날 경험한 것이라고 하셨죠.

그러니까 그 남자는 그 전날 낮에 시장이나 신문에서 풍선 사진을 본 거예요."

"그래, 그랬을 수 있지. 단순히 '풍선'이라는 단어를 들었을 수도 있고, 풍선과 관련된 무언가를 봤을 수도 있어."

"근데 꿈의 '잠재의식'이 뭐예요? 이 꿈에서 정말 중요한 게 뭐죠?"

"지금은 네가 해석가야."

"그 남자는 그저 아주 단순하게 풍선 두 개를 갖고 싶었던 걸까요?"

"아니, 그건 불가능해. 꿈이 욕망을 채우려 한다는 점에서는 네 말이 맞아. 하지만 성인 남자가 풍선 두 개를 열렬히 갖고 싶어 하는 일은 거의 없지. 그런 거라면 꿈을 해석할 필요도 없을 거야."

"그러면…… 이제 생각났어요. 사실은 그 남자가 사촌 여동생을 좋아한 거예요. 그리고 풍선 두 개는 그녀의 가슴이고요."

"그래, 그게 가능한 해석이야. 특히 이런 욕망이 그에게는 다소 수치스러운 것이기 때문에 깨어 있는 상태에서는 인정하고 싶지 않았던 거지."

"그러니까 우리가 말한 꿈속의 풍선은 암호 같은 것이군요."

"그래. 프로이트는 꿈을 억압된 욕망의 변장으로 이룬 성취로 간주했어. 우리가 정확히 무엇을 억압하느냐에 대한 견해는 프로이트가 빈에서 의사로 있으면서 아주 많이 바뀌었어. 그럼에도 변장 메커니즘은 여전했지."

"알겠어요."

"프로이트의 정신분석학은 1920년대에 그 중요성을 인정받았어. 특히 노이로제 치료에 의미가 있었지. 무의식에 대한 그의 학설은 그 밖에도 문학을 포함한 예술 영역에서 아주 중요한 역할을 했어."

"예술가들이 대부분 인간의 무의식적인 정신생활을 다루었다는 말씀이지요?"

"맞아. 프로이트의 정신분석학이 아직 널리 알려지지 않았던 19세기 마지막 10년 동안에도 문학에 그런 특징이 두드러지기는 했지만 말이야. 그건 프로이트의 정신분석학이 바로 그 시대에 생겨난 건 우연이 아니라는 뜻이야."

"그럼 시간문제였다고 생각하세요?"

"프로이트는 억압, 실언 또는 합리화 같은 현상들을 자신이 창작했다고 생각하지 않았어. 그는 그런 인간의 경험을 정신병학에 적용한 최초의 인물일 뿐이었지. 그는 또 자기의 이론을 설명하기 위해 매우 훌륭하게 문학적인 예를 인용할 수 있었어. 이미 말한 것처럼 프로이트의 정신분석학은 1920년대부터 예술과 문학에 직접적인 영향을 미쳤으니까."

"어떻게요?"

"오늘날 시인과 화가들은 자기의 창조적인 직업에서 무의식적인 능력을 이용하려고 해. 특히 이른바 '초현실주의자'들에게 해당되지."

"그게 무슨 뜻이죠?"

"프랑스어 '쉬르레알리슴(Surréalisme)'은 초현실주의라고 번역할 수 있어. 1924년 앙드레 브르통이 「초현실주의 선언」을 발표했는데, 여기서 그는 예술이 무의식에서 비롯되어야 한다고 주장했지. 그럴 경우에만 예술가가 자유로운 영감 속에서 자기가 가진 꿈의 영상을 불러일으키고 꿈과 현실의 구별이 지양된 '초현실'을 추구할 수 있기 때문이라는 거야. 사실 예술가들에게는 언어와 영상이 자유롭게 솟아날 수 있도록 의식의 검열을 파괴하는 것이 중요한 일일 수 있지."

"알겠어요."

"프로이트는 어느 정도까지는 인간이 모두 예술가라는 사실을 증명한 사람이지. 꿈은 작은 예술 작품이야. 그런데 우리는 날마다 새로운 꿈을 꿔. 환자의 꿈을 해석하기 위해 프로이트는 종종 함축적인 상징과 씨름해야 했어. 우리가 그림이나 문학 작품을 해석할 때처럼 말이야."

"우리가 매일 꿈을 꾼다고요?"

"최근에 나온 연구에 따르면 사람은 잠자는 시간 동안 20퍼센트는 꿈을 꾼다고 하는데, 그건 매일 밤 2시간에서 3시간은 꿈을 꾼다는 말이지. 그동안 방해를 받으면, 우리는 신경질적으로 반응한다고 해. 그건 모든 사람이 자기의 실존적 상황을 예술적으로 표현하려는 욕구를 타고났다는 것을 뜻하지. 꿈은 우리 자신을 다루고 있는 거란다. 우리가 무대감독이 돼서 모든 소도구를 모아 연기하지. 자기는 예술에 대해서 아무것도 모른다고 말하는 사람은 자기를 잘 모르는 사람이야."

"알겠어요."

"그 밖에도 프로이트는 인간의 의식이 얼마나 놀라운 능력을 가졌는지 증명했어. 그는 환자와의 작업을 통해 우리가 보고 경험한 모든 것을 의식 깊숙이 보존한다는 사실을 확인했지. 우리는 이렇게 보존한 인상을 다시 불러올 수도 있어. 우리가 어떤 것에 대해 '잠깐 기억을 잃었다가' 조금 뒤 그것을 어쩌다 '입에 올리고', 그리고 더 나중에 그것이 '갑자기 떠오르게' 되었다면, 우리는 무의식 속에 있다가 갑자기 반쯤 열린 의식의 문 사이로 새어나온 어떤 일에 대해 이야기하게 되는 거야."

"그렇지만 그건 보통 아주 오래 걸리잖아요."

"그 점은 모든 예술가들이 분명히 보여주고 있지. 예술적 발상이 떠오르는 순간엔 갑자기 모든 문과 기록실의 모든 서랍이 열려서 필요한 자료들이 저절로 나타나는 것 같다는 거야. 모든 것이 그렇게 솟아나오지. 그리고 우리에게 필요한 말과 영상을 정확히 찾아낼 수 있는 거야. 무의식으로 통하는 문을 조금 열어두었을 때 그런 일이 일어난단다. 그런 걸 '영감'이라고 하지. 그때 우린 그리거나 쓰는 능력이 우리 자신에게서 나오는 것이 아니라는 느낌을 갖게 돼."

"그건 확실히 놀라운 느낌이에요."

"그렇지만 너도 분명히 그런 느낌을 경험한 적이 있을 거야. 예를 들면 이런 영감에 가득 찬 상황을 우리는 지친 아이에게서 쉽게 관찰할 수 있거든. 아이들은 때때로 너무 피곤하면 예민하게 긴장하는 경우가 있어. 그러다가 어느 순간에 갑자기 되는 대로 지껄이기 시작하지. 그러고는 아직 배우지 않은 말들을 하는 것처럼 보이기도 해. 그러나 아이들은 그 말들을 배운 적이 있어. 그 말들은 '잠재'의식 속에 숨어 있다가 피로가 주의를 느슨하게 하고 검열이 작용하지 않을 때 갑자기 튀어나오는 거야. 예술가들에게는 상황이 다르지만, 자유롭고 자발적이며 무의식적인 활동을 통해 더 잘 표현될 수 있는 어떤 것을 이성과 깊은 생각이 통제한다는 사실이 중요한 문제가 될 때가 있어. 그런 상황을 잘 설명하는 짧은 우화를 하나 들려줄까?"

"들어야지요!"

"아주 엄숙하고 슬픈 우화란다."

"그래도 들을래요."

"옛날에 1,000개의 다리로 멋진 춤을 출 수 있는 지네가 있었어. 지네가 춤을 출 때는 숲의 모든 동물들이 모여 구경을 하고 그 춤 솜씨에 깊이 감동했단다. 단 한 동물만 지네의 춤을 좋아하지 않았는데 바로 두꺼비였지…….”

“질투했군요.”

“두꺼비는 어떻게 하면 지네가 더 이상 춤을 추지 못하게 만들 수 있을까 궁리했어. 그러나 두꺼비는 그 춤이 마음에 들지 않는다고 말할 수는 없었어. 자기가 더 잘 출 수 있다고 할 수도 없었지. 아무도 들어주지 않을 테니까. 결국 두꺼비는 끔찍한 간계를 생각해냈지.”

“얘기해주세요!”

“두꺼비는 지네에게 편지를 썼어. ‘훌륭하신 지네님! 저는 당신의 멋진 춤 솜씨에 넋이 나가버렸답니다. 그런데 저는 당신이 춤출 때에 움직이는 방법이 무척 궁금해요. 228번째 왼쪽 발을 들고 나서 59번째 오른쪽 발을 드시나요? 아니면 26번째 왼쪽 발을 들고 나서 299번째 오른쪽 발을 들어서 춤을 시작하시나요? 당신의 답장을 기다리겠습니다. 다정한 인사를 보내며 두꺼비가.’”

“저런 나쁜 녀석!”

“지네는 이 편지를 받고, 태어나서 처음으로 춤출 때 자신이 어떻게 움직이는지 생각해보게 되었어. 그가 어떤 발을 제일 먼저 움직였을까? 그리고 그다음에는 어떤 발을 움직였을까? 어떻게 됐을 것 같니?”

“지네는 더 이상 춤을 출 수 없었을 거예요.”

“그래, 그게 마지막이었어. 생각이 환상을 억압하면 그런 일이 일어난단다.”

“정말 슬픈 얘기예요.”

“그래서 예술가에게는 ‘혼자 내버려두는 일’이 중요하단다. 초현실주의자들은 모든 일이 스스로 흘러가는 상태에 자신을 몰입시키려고 해. 초현실주의자들은 백지를 앞에 놓고 무엇을 쓸 것인지 생각하지 않고 그냥 쓰기 시작하지. 그것을 '자동 기술'이라고 해. 그 표현은 원래 '영매(靈媒)'를 믿는 심령론에서 유래했는데 죽은 사람이 펜을 움직인다는 거야. 이 문제에 대해서는 내일 이야기하자."

"좋아요."

"초현실주의 예술가도 어떤 관점에서는 영매라고 할 수 있어. 그 사람은 자신의 잠재의식을 위한 영매인 거야. 아마 모든 창작 과정에는 일종의 무의식적인 요소가 들어 있을지도 모르지. '독창성'이라는 게 본질적으로 무엇을 말하는 거겠니?"

"'독창적'이라는 건 어떤 새롭고 특별한 것을 만들어낸다는 뜻 아닌가요?"

"대체로 그렇다고 할 수 있지. 그것은 환상과 이성의 섬세한 합작이야. 그런데 이성은 너무 자주 환상을 억압해. 환상 없이는 정말 새로운 일이 생겨날 수 없기 때문에 그런 현상은 좋지 않아. 나는 환상을 진화론적인 체계로 보고 있어."

"죄송한데 저는 지금 그 말을 못 알아들었어요."

"진화론은 자연에서 돌연변이가 계속 생겨난다는 점을 밝혀냈어. 그런데 자연은 이러한 돌연변이 중 소수만을 필요로 해. 즉 소수만이 살아남는다는 거지."

"그래서요?"

"우리가 생각할 때, 우리가 영감을 받을 때, 그리고 많은 새로운 관념으로 머리가 가득 차 있을 때에도 마찬가지야. '생각의 돌연변이'가 우리 의식 속에 계속 나타날 거야. 우리가 엄격한 검열을 하지 않으면 말이지. 그러나 우리는 그 많은 생각들 가운데 몇 개만 실제로 사용해. 여기서 이성이 자신의 권리를 행사하지. 이성 역시 중요한 기능을 하기 때문이야. 낮에 잡은 사냥감이 식탁 위에 올라오면 우리는 품별하는 것을 잊어서는 안 되지."

"훌륭한 비유군요."

"우리 머릿속에 '떠오르는' 모든 것, 그러니까 스쳐 지나가는 모든 생각들을 입에 올린다고 생각해봐. 그러면 접착 메모지나 책상 서랍은 필요 없을 테고, 세상은 곧 우연한 착상이 지배하겠지. '선택'이란 없을 거야."

"이성이 많은 착상 중에서 가장 좋은 것을 선택하나요?"

"그래, 너는 그렇게 생각하지 않니? 새로운 무언가를 만들어내는 것은 환상이겠지만, 환상은 참된 의미에서 선택을 하지는 못해. 환상은 '조합'할 수 없어. 모든 예술 작품은 조합이지. 그런데 조합이란 환상과 이성, 느낌과 생각 사이의 놀라운 합작에서 생겨나. 창조적 과정에는 언제나 우연적인 요소가 있어. 어떤 단계에서는 우연적인 착상들을 제어하지 않는 것이 중요할 수도 있어. 양들도 우리로 몰기 전에 먼저 풀어놓아야 하는 법이지."

크녹스 선생님은 잠시 말없이 창밖을 내다보았다. 소피는 그 시선을 따라 작은 호숫가 아래에 모여 있는 것들을 보았다. 디즈니 만화의 등장인물들이 형형색색으로 정신없이 몰려나와 있었다.

"저기 구피가 있네. 도널드와 그의 조카들…… 그리고 데이지, 다고베르트 아저씨. 칩과 데일 보이세요? 제 얘기 들리세요, 선생님? 미키마우스와 제트 엔진 대니얼도 있어요!"

선생님이 소피에게로 고개를 돌렸다.

"그래, 슬픈 일이구나, 얘야."

"무슨 말씀이세요?"

"우린 여기에 앉아서 소령이 제 양들을 풀어놓을 때 무방비한 희생양이 되는 거지. 물론 그건 내 탓이야. 결국 자유로운 환상의 놀이는 내가 시작했으니까."

"선생님 자신을 비난하지 마세요."

"나는 원래 환상이 우리 철학자들에게도 중요하다고 말하려고 했어. 새로운 무언가를 생각하기 위해서 우리를 혼자 내버려두는 용기를 가져야 해. 그런데 내가 약간 애매하게 표현한 것 같구나."

"너무 심각하게 생각하지 마세요."

"나는 조용히 생각하는 일에 대해 얘기하려고 했는데 그가 이렇게 야단법석을 떨고 있는 거지. 그는 부끄러운 줄 알아야 해!"

"지금 반어적으로 말씀하시는 거예요?"

"내가 아니라 그가 반어적이지. 그래도 한 가지 위안은 내 계획의 토대야."

"무슨 말씀인지 못 알아듣겠어요."

"우린 꿈에 대해 이야기했지. 그러는 동안에 반어의 입김이 서렸던 거야! 도대체 우리가 소령의 꿈의 영상과 뭐가 다르다는 거지?"

"오……."

"하지만 그는 한 가지를 잊고 있어."

"그게 뭔가요?"

"아마 그는 자기 자신의 꿈을 고통스럽게 의식하고 있을 거야. 그는 꿈꾸는 사람이 꿈의 명시적 내용을 기억하는 것처럼 우리가 말하고 행동하는 모든 것에 경도되어 있어. 그는 그렇게 글을 쓰는 거야. 하지만 그는 우리가 대화한 것을 기억할 때도 온전히 깨어 있는 건 아니란다."

"무슨 말씀이세요?"

"그는 꿈의 잠재의식을 모르고 있어. 그는 그것도 변장한 꿈이라는 것을 잊어버린 거야."

"그건 말도 안 돼요!"

"소령도 그렇게 생각할 거야. 게다가 그는 자기 자신의 꿈의 언어를 이해하지 못하니까, 우리에겐 잘된 일이지. 그게 작게나마 우리에게 자유를 주었어. 이 자유로 우리는 곧 따뜻한 여름날 햇빛 속으로 뛰어나온 명랑한 들쥐처럼 불쾌한 의식에서 벗어나게 될 거야."

"우리가 그런 일을 할 거라는 말씀이세요?"

"해야지. 이틀 안에 너에게 새로운 하늘을 보여줄게. 그러면 소령은 더 이상 들쥐가 어디에 있는지, 언제 다시 나타날지 알 수 없을 거야."

"우리가 꿈이든 아니든 간에 저는 어쨌든 한 가족의 딸이기도 해요. 5시예요. 이제 집에 가서 가든파티 준비를 해야 해요."

"음……. 가는 길에 부탁 하나 들어주겠니?"

"뭔데요?"

"조금 특별히 주의를 기울여보렴. 집에 가는 길에 소령이 너에게서 시선을 떼지 않도록 그 사람을 생각하면 소령도 너를 생각할 거야."

"그럼 어떻게 되는데요?"

"그사이 나는 조용히 내 머릿속에서 계획을 계속 이어갈 수 있지. 나는 소령의 잠재의식 속으로 완전히 잠기게 될 거야. 소피야, 우리가 다시 만날 때까지 나는 거기에 있을게."

우리들의 시대

······ 인간은 자유를 선고받았는데 ······

자명종 시계가 밤 11시 55분을 가리켰다. 힐데는 천장을 바라보며 자유로운 연상을 해보려고 했다. 그러나 생각은 자꾸 끊어졌다. 힐데는 왜 계속 생각할 수 없는 건지 생각해보았다.

어떤 생각도 억압하고 싶지 않다는 것일까?

어떤 검열이든 모두 무시할 수 있다면 힐데는 깨어 있는 상태로도 꿈을 꾸기 시작할 것이다. 이런 생각은 조금 섬뜩한 데가 있었다.

긴장을 풀고 자신의 생각과 심상을 열어놓으려고 하면 할수록 힐데는 점점 더 호숫가 숲 속의 소령의 오두막에 있는 것 같은 느낌이 들었다.

크녹스 선생님은 지금 무슨 일을 꾸미고 있을까? 물론 크녹스 선생님이 꾸미는 일은 아빠가 꾸민 것이다. 아빠는 무슨 일이 벌어질지 정말 다 알고 있을까? 고삐를 아주 늦추어서 마지막에 크녹스 선생님이 아빠를 놀라게 하려는 건 아닐까?

이제 몇 장 남지 않았다. 마지막 페이지를 볼까? 아니야. 그건 쓸데없는 일일 것이다. 그렇지만 마지막 페이지에는 뭔가가 일어나 있을 것이다. 힐데는 마지막 페이지에서 무슨 일이 벌어질지 이미 정해져 있다는 사실이 믿기지 않았다.

이상한 생각이지 않은가? 바인더 공책은 여기 있고 아빠가 뭔가를 덧붙인다는 것은 불가능하다. 기껏해야 크녹스 선생이 무슨 일을 벌인다면, 깜짝 놀랄 일은…….

어쨌든 힐데도 몇 가지 놀라운 일을 벌일 것이다. 크나그 소령은 힐데를 조종할 수 없다. 그러면 힐데는 자신을 조종할 수 있을까?

의식이란 무엇일까? 우주의 가장 큰 수수께끼 중 하나가 아닐까? 기억이란 무엇일까? 무엇이 우리가 보고 경험한 모든 일을 '기억나게' 할까? 거의 매일 밤 동화 같은 꿈속으로 우리를 끌어들이는 메커니즘은 무엇일까? 이런 생각을 하면서 힐데는 눈을 깜빡거렸다. 그러고는 다시 눈을 뜨고 계속 천장을 쳐다보았다. 결국 힐데는 눈을 뜨는 걸 잊어버리고 잠이 들었다.

힐데가 요란한 갈매기 울음소리에 잠을 깬 것은 6시 66분이었다. 정말 이상한 숫자였다! 침대에서 벌떡 일어나 창가로 가서 만을 내다보았다. 이것은 여름에나 겨울에나 변함없는 힐데의 오랜 습관이다.

거기에 서 있는 동안 힐데는 갑자기 머릿속에서 물감 상자가 폭발하는 듯한 느낌이 들었다. 어젯밤 꿈이 생각난 것이다. 여느 때와 달리 꿈의 색채와 형태가 생생했다.

아빠가 레바논에서 돌아오는 꿈이었는데, 오솔길에서 금 십자가 목걸이를 발견한 소피의 꿈의 연장인 것 같았다.

힐데는 소피의 꿈속에서처럼 오솔길에 앉아서 아주 작은 목소리를 들었다.

"내 이름은 소피야!"

힐데는 그 목소리가 어디서 나는지 듣기 위해 가만히 앉아 있었다. 그 목소리는 곤충이 말하는 것처럼 아주 작은 소리로 바스락거리는 것 같았다.

"너는 눈이 멀었니, 귀가 먹었니!"

하는 소리가 들리는 순간 유엔 군복을 입은 아빠가 정원에 나타났다.

"힐데야!"

힐데는 달려가 아빠의 목에 매달렸다. 그러고는 꿈에서 깨어났다.

힐데는 아르눌프 외베를란의 시 한 구절이 떠올랐다.

어느 날 밤 놀라운 꿈에서 깨어났다.

어떤 목소리가 내게 말하는 것 같았다.

저승의 강처럼 먼 곳에서…….

그러고는 일어났다. 넌 내게 무얼 원하는가?

잠시 후 엄마가 방으로 들어왔다.

"안녕! 벌써 깨어 있었구나!"

"저도 모르게……."

"나는 평소대로 4시쯤에 올게."

"좋아요."

"멋진 금요일이 되길 바랄게, 힐데야."

"안녕히 다녀오세요!"

엄마가 집을 나서는 소리가 들리자 힐데는 다시 침대에 누워 바인더 공책을 펼쳤다.

'나는 소령의 잠재의식 속으로 완전히 잠기게 될 거야. 소피야, 우리가 다시 만날 때까지 나는 거기에 있을게.'

거기, 그래! 힐데는 계속 읽어 내려갔다. 정말 몇 장 남지 않았다는 사실이 검지에 느껴졌다.

소령의 오두막을 나선 소피는 여전히 호수 아래쪽에 모여 있는 디즈니 만화의 주인공들에게 가까이 다가갔다. 그런데 그것들은 서서히 희미해지더니 배에 도착하자 완전히 사라져버렸다.

소피는 맞은편 둑의 갈대 속으로 배를 저어 가서는, 얼굴을 찡그리고 팔을 휘둘렀다. 크녹스 선생님이 감시를 받지 않고 소령의 오두막에 있을 수 있도록, 소피가 소령의 주의를 끌어야 했다.

숲 속을 달리는 동안 일부러 몇 번 껑충껑충 뛰었다. 그러곤 태엽 감은 인형처럼 걷기도 했다. 다음에는 소령이 지루해하지 않도록 노래를 불렀다.

그러다가 멈춰 서서 크녹스 선생님의 계획이 어떻게 되어가는 걸까 곰곰이 생각했다. 소피는 그런 생각에 사로잡혀 나무 위로 올라가려는 나쁜 마음을 먹게 되었다.

소피는 할 수 있는 한 높이 기어 올라갔다. 거의 꼭대기에 올랐을 때 소피는 갑자기 다시 내려갈 수 없을 것 같은 느낌이 들었다. 한참 있다가 조심해서 내려가야겠다고 마음먹었지만 나무 위에 편안하게 앉아 있을 수가 없었다. 이러는 동안 소령은 곧 싫증을 내고 다시 크녹스 선생님이 무엇을 하는지 알아내려고 신경을 쓸 것이다.

소피는 양팔을 흔들며 닭 울음소리를 두 번 내고 요들송을 불렀다. 15년을 살면서 처음 불러보는 요들송이다. 그 노래에 소피는 기분이 흡족해졌다.

다시 내려오려고 했지만 꼼짝도 할 수 없었다. 그때 갑자기 커다란 거위가 다가와서 소피가 붙어 있는 나뭇가지 아래에 앉았다. 소피는 디즈니 만화 주인공 무리를 본 적이 있기 때문에 거위가 말을 해도 전혀 놀라지 않았다.

"나는 마르틴이라고 해. 원래는 집에서 사는데 오늘은 특별히 야생 거위와 함께 레바논에서 왔어. 너는 도움 없이는 내려올 수 없겠구나."

"그렇지만 넌 나를 도와주기에는 너무 작아."

"성급한 결론이군, 아가씨. 네가 너무 큰 거야."

"그 말이나 이 말이나 마찬가지 아니니?"

"그건 그렇다 치고 내가 네 나이 또래 농부 소년을 태우고 온 스웨덴을 다녔다면 흥미가 생길 거야. 닐스 홀게르손이라는 아이지."

"나는 열다섯 살이야."

"닐스는 열네 살이었지. 한 살 차이는 문제가 아냐."

"어떻게 그 애를 높이 들 수 있었니?"

"내가 뺨을 살짝 치면 정신을 잃게 돼. 다시 정신이 들면 엄지 손가락만큼 작아지지."

"그럼 내 뺨도 살짝 치려고 하겠구나. 어쨌든 이 위에 영원히 앉아 있을 수는 없어. 토요일에는 철학 가든파티를 해야 해."

"그거 재미있겠다. 그렇다면 여기는 분명히 철학책 속이겠군. 나는 닐스 홀게르손하고 스웨덴을 날아다녔을 때, 베름란드의 모르바카에 내린 적이 있어. 거기서 닐스는 학교에 다니는 아이들이 재미있게 볼 만한, 스웨덴에 대한 책을 오랫동안 써온 노부인을 만났지. 부인은 늘 그 책이 교훈적이어야 하고 진리로 가득 차 있어야 한다고 말했어. 그 부인은 닐스가 경험한 얘기를 모두 듣고는 그 애가 거위 등에 타고 본 모든 것을 책에 쓰기로 결심했지."

"놀라운 얘기구나."

"솔직히 말하면 좀 반어적이지. 우린 벌써 이 책 안에 들어와 있으니까 말이야."

소피는 갑자기 뺨을 한 대 얻어맞은 것을 느끼고는 아주 작아졌다. 나무는 이제 숲 전체인 것 같고, 거위는 말만큼이나 커졌다.

"자, 이제 가자."

거위가 말했다.

소피는 가지 위를 걸어서 거위 등에 올라탔다. 인형처럼 작아진 소피에게는 보드라운 깃털이 가시처럼 따가웠다.

소피가 등에 앉자마자 거위는 나무 위로 높이 날아올랐다. 소피는 호수와 소령의 오두막을 내려다보았다. 저 아래에서는 크녹스 선생님이 복잡한 계획을 짜고 있을 것이다.

"더 구경할 거 없지?"

거위는 날개를 치더니 소피가 조금 전에 기어 올라갔던 나무 밑에 내려앉았다. 그때 소피는 거위 등에서 굴러떨어졌다. 두 바퀴를 구르고 나서야 소피는 일어섰다. 그런데 그 순간 놀랍게도 소피는 다시 본래의 크기로 되돌아왔다.

거위는 소피 주위를 두 번 뒤뚱거리며 돌았다.

"도와줘서 정말 고마워."

소피가 말했다.

"별것 아니야. 여기가 철학책 속이라고 하지 않았니?"

"아니, 그건 네가 한 말이야."

"그래, 누가 했거나 마찬가지지. 괜찮으면, 닐스 홀게르손을 태우고 스웨덴을 날아다닌 것처럼 너를 태우고 온 철학의 역사를 지나며 날아다닐 텐데. 우린 밀레토스와 아테네, 예루살렘과 알렉산드리아, 로마와 피렌체, 런던과 파리, 예나와 하이델베르크, 베를린과 코펜하겐을 일주할 수 있어……."

"고마워, 하지만 이만하면 됐어."

"이렇게 반어적인 거위도 한 세기를 통과해서 날아다니면 아주 멋진 일을 하는 것일 텐데. 스웨덴의 행정 구역을 돌아다니는 건 너무 단순한 일이야……."

그 말과 함께 거위는 날아올라 공중에서 날개를 파닥였다.

소피는 완전히 지쳤지만 크녹스 선생님이 자신의 견제 작전에 틀림없이 만족했을 거라고 생각했다. 어쨌든 소령은 크녹스 선생님에게 생각을 기울이지 못하고, 아주 심각한 정신분열에 빠졌을 것이다.

엄마가 일터에서 돌아왔을 때 소피는 집에 들어와 있었다. 그래서 높은 나무에서 내려올 때 거위에게 도움을 받았다는 고백은 하지 않을 수 있었다.

식사를 하고 나서 소피는 가든파티를 준비했다. 다락방에서 4미터가량 되는 식탁보와 버팀목을 꺼내 정원에 가져다 놓았다. 그러고 나서 다시 올라가 접시를 나를 쟁반을 가져왔다.

식탁은 과일나무 아래에 차리기로 했다. 커다란 접시들은 부모님의 열 번째 결혼기념일에 마지막으로 썼던 것들이다. 그때 소피는 겨우 여덟 살이었지만 친구와 친척들이 모두 참석했던 성대한 가든파티를 정확히 기억하고 있다.

일기예보에서는 날씨가 더할 나위 없이 좋을 것이라고 했다. 소피의 생일 전날 천둥 번개를 동반한 끔찍한 폭풍우가 친 뒤로는 비가 단 한 방울도 오지 않았다. 식탁보는 토요일 오전에 덮기로 했다. 엄마는 식탁이 정원에 놓인 것만 보고도 만족해했다.

소피는 저녁 늦게 두 가지 반죽으로 롤빵과 이스트빵을 구웠다. 치킨과 샐러드도 준비했다. 레모네이드도. 소피는 반 남자애들이 맥주를 가져올까 봐 걱정스러웠다. 잔뜩 취해서 소동을 벌이면 어쩌지?

소피가 자러 가려고 할 때, 엄마가 크녹스 선생님이 정말 파티에 오는지 다시 한 번 물었다.

"틀림없이 오실 거예요. 철학적인 마술을 보여준다고 약속하셨어요."

"철학적인 마술? 도대체 그게 뭐니?"

"글쎄요……. 선생님이 마술사라면 마법으로 무언가 불러내겠죠. 모자에서 흰 토끼를 끄집어낼지도……."

“뭐라고?”

“……그렇지만 선생님은 철학자니까 철학적인 마술을 하실 거예요. 결국 철학 가든파티를 여는 거죠.”

“또 헛소리!”

“엄만 벌써 할 일을 생각해두셨군요?”

“물론이지, 소피야. 나도 무언가를 해야지…….”

“어떤 이야기인가요?”

“아니, 아직은 말할 수 없어. 잘 자렴!”

다음 날 아침 소피는 엄마 때문에 일찍 잠에서 깼다. 엄마가 일하러 나가기 전에 작별 인사를 할 참이었다. 엄마는 소피에게 가든파티를 위해 시내에서 사야 할 물건 목록을 건네주었다.

엄마가 집을 나서자마자 전화벨이 울렸다. 크녹스 선생님이었다. 그는 소피가 언제 집에 혼자 있는지 잘 알고 있었다.

“비밀 계획은 어때요?”

“쉿! 아무 말도 하지 마. 소령이 그 일에 관해 생각해볼 어떤 기회도 주어서는 안 돼.”

“어젠 제가 방해를 아주 잘한 것 같아요.”

“잘했어.”

“철학 수업은 어떻게 되었나요?”

“그래서 전화한 거야. 벌써 우리가 사는 세기에 도달했어. 이제부터는 너 혼자 길을 찾아가야 해. 그럴 만한 기본은 되어 있지. 그래도 만나서 우리들의 시대에 대해서 얘기를 좀 해야겠어.”

"전 시내에 가야 하는데……."

"잘됐네. 우리들의 시대에 대해 얘기할 거라고 했잖니."

"그래서요?"

"그 한가운데서 만나니 잘됐지."

"선생님 댁으로 가면 안 되나요?"

"절대로 안 돼. 여기는 엉망진창이야! 나는 곳곳에 숨겨진 도청기를 찾고 있어."

"저런……."

"광장에서 쭉 올라가면 새로 생긴 카페가 있어, '카페 피에르'. 어디인 지 아니?"

"네, 언제 갈까요?"

"12시."

"12시에 카페 피에르에서."

"이제 얘긴 그만하자."

"네."

소피는 12시 2분에 카페 피에르에 얼굴을 내밀었다. 둥근 탁자와 검은색 의자, 술잔과 술병이 거꾸로 매달려 있는 현대적인 카페였다.

넓은 곳은 아니어서 소피는 거기에 크녹스 선생님이 없다는 것을 바로 알아보았다. 자리가 거의 다 차 있었는데, 거기 앉아 있는 사람들 얼굴을 하나하나 살폈지만 크녹스 선생님은 없었다.

소피는 혼자 카페에 가는 것이 익숙하지 않았다. 일단 잠깐 나가 있다가 크녹스 선생님을 찾으러 다시 와야 하는 걸까?

소피는 대리석으로 된 카운터에 가서 레몬차를 주문했다. 그러곤 찻잔을 가지고 빈자리에 가서 입구를 바라보고 앉았다. 많은 사람들이 오고갔지만 크녹스 선생님은 오지 않았다.

신문이라도 가져올걸!

주위를 잠깐 둘러보았다. 몇 차례 사람들과 시선이 마주쳤고, 순간 자신이 성숙한 아가씨가 된 듯한 생각이 들었다. 겨우 열다섯 살이지만 열일곱 살이나 적어도 열여섯 살 반은 되어 보일 것이라고 생각했다.

이 카페에 있는 사람들은 모두 자기들의 삶에 대해 어떤 생각을 할까? 소피에게는 이 사람들이 그저 기분 전환이나 하려고 카페에 앉아 있는 것 같았다. 연신 이야기를 하며 열심히 손짓을 하고 있지만 별로 중요한 얘기를 하는 것 같지는 않았다.

소피는 군중의 가장 중요한 특징이 무의미한 '수다'라고 한 키르케고르를 생각했다. 이 모든 사람들이 미적인 단계에서 살아가는 걸까? 아니면 그들에게 실존적으로 중요한 뭔가가 있을까?

크녹스 선생님은 첫 번째 편지에서 아이들과 철학자는 서로 비슷하다고 했다. 소피는 어른이 된다는 생각에 덜컥 겁이 났다. 이제 자기도 우주라는 마술사의 검은 모자에서 꺼내 올려질 흰 토끼의 털 속으로 더 깊이 기어 들어가는 것은 아닐까?

이런 생각을 하면서 소피는 계속 입구를 바라보았다. 그때 갑자기 크녹스 선생님이 거리에서 카페 안으로 빠르게 들어왔다. 한여름인데도 검은 베레모를 쓰고 회색 생선가시 무늬가 있는 반팔 외투를 입었다. 크녹스 선생님은 재빨리 소피에게 다가왔다. 소피는 공공장소에서 선생님을 만나는 것이 아주 새롭다고 생각했다.

"벌써 12시 15분이에요, 게으름뱅이!"

"그 15분은 학문적 15분이라고 하지. 내가 아가씨를 식사에 초대해도 될까?"

선생님은 앉아서 소피의 눈을 들여다보았다. 소피는 어깨를 으쓱였다.

"전 아무래도 상관없어요. 빵 한 조각 정도면."

선생님은 카운터로 가서 커피 한 잔과 치즈와 햄이 든 커다란 바게트 빵 두 개를 가지고 돌아왔다.

"비싸죠?"

"아니, 별로."

"이걸로 늦게 오신 데 대한 사과를 끝내실 건가요?"

"아니, 난 일부러 늦게 온 거야. 이제 이유를 설명할게."

선생님은 바게트 빵을 열심히 몇 번 베어 먹고 나서 이야기를 시작 했다.

"이제 우리가 사는 세기에 대해 이야기할 거야."

"그 안에 철학적인 의미가 들어 있나요?"

"그럼! 너무 많아서 사방으로 흩어져버릴 지경이야. 먼저 실존주의에 대해 이야기할게. 인간의 실존적인 상황에 근거를 둔 몇 가지 철학 사조 들을 한데 묶어 그렇게 부르지. 20세기 실존철학이라고도 해. 몇몇 실존 주의 철학자나 실존주의자들은 키르케고르에게, 다른 이들은 헤겔과 마 르크스한테서 영향을 받았지."

"아하."

"20세기에 영향을 미친 또 다른 중요한 철학자로는 독일의 프리드리 히 니체가 있어. 그는 1844년부터 1900년까지 살았어. 니체의 철학은 헤겔 철학과, 거기에서 출발한 독일 '역사주의'에 대한 반동의 성격을 띠지. 니체는 헤겔과 그 추종자들의 역사에 대한 관심이 실은 살아 있는 역사에 대한 것이 아니었음을 입증했고, 그 관심을 삶 자체에 대비했어. '가치 전도'에 대한 그의 주장, 특히 그가 '노예의 도덕'이라고 한 기독교적 도덕의 가치 전복을 요구한 것이 유명한데, 그것은 강자의 삶의 실현이 더 이상 약자 때문에 방해를 받아서는 안 된다는 거야. 니체에게는 기독교와 철학적 전통이 세계를 떠나 '하늘' 또는 '관념의 세계'로 향해 있었지. 이것들은 '본래적 세계'로 간주되었지만, 실제로 그것은 단지 허상에 불과한 거야. 그래서 니체는 '대지에 충실하라, 그리고 초현실적인 희망을 말하는 자들을 믿지 말라!'고 말했지."

"그렇군요……."

"키르케고르뿐만 아니라 니체한테서도 영향을 받은 철학자는 독일의 실존주의 철학자 마르틴 하이데거지만, 우린 건너뛰고 프랑스의 실존주의자 장폴 사르트르에 집중하기로 하자. 사르트르는 1905년부터 1980년까지 살았고 일반 대중에게는 실존주의의 대표자로 여겨졌어. 그의 실존주의는 제2차 세계대전 이후에 발전했지. 그는 나중에 프랑스에서 마르크스주의 운동에 참여했지만 정당에는 절대로 가입하지 않았어."

"그래서 우리도 이 프랑스식 카페에서 만난 건가요?"

"어쨌든 완전히 우연은 아니야. 사르트르도 대부분 카페에서 시간을 보냈으니까. 생의 반려자인 시몬 드 보부아르도 카페에서 알게 됐지. 보부아르도 실존주의 철학자였어."

"드디어 여성 철학자가 등장했군요?"

"맞아."

"인류가 드디어 개화되기 시작했다니 다행이에요."

"그러나 우리들의 시대는 새로운 걱정거리가 많이 생겨난 시대이기도 해."

"선생님은 실존주의에 대해 설명하려고 하셨어요."

"사르트르는 '실존주의는 휴머니즘이다'라고 했어. 실존주의가 전적으로 인간 자신에게 근거를 두고 있다는 말이지. 사르트르의 인본주의는 르네상스 시대에서 우리가 만난 인본주의와는 달리 더욱 우울한 모습이라고 할 수 있어."

"왜요?"

"키르케고르와 현 세기 몇몇 실존주의 철학자들은 기독교도였어. 그에 반해서 사르트르는 대표적인 무신론적 실존주의자라고 할 수 있지. 그의 철학은 신이 죽어버린 상황에서 인간의 실존을 냉혹하게 분석한거야. '신은 죽었다'는 유명한 말은 니체에게서 유래한 말이고."

"더 얘기해주세요!"

"사르트르 철학의 핵심 개념은 키르케고르와 마찬가지로 실존이라는 단어야. 여기서 실존이란 단순히 지금 존재한다는 것을 뜻하는 것은 아니야. 식물과 동물도 현재 있는 것이고 존재하는 것이지만, 그것이 무엇을 의미하는지에 대한 의문을 갖지는 않아. 인간은 자기의 존재를 의식하는 유일한 생물이지. 사르트르는 형이하학적 사물은 '즉자적(卽自的)'이지만, 인간은 '대자적(對自的)'이라고 했어. 그러니까 인간이 존재한다는 것은 사물이 존재한다는 것과는 다른 거야."

"저도 그렇게 생각해요."

"계속해서 사르트르는 인간의 존재는 존재가 처한 그때그때의 의미보다 선행한다고 주장했어. 내가 무엇이냐는 것보다 내가 있다는 것이 앞선다는 거야. 이런 의미에서 사르트르는 '실존이 본질에 선행한다'고 했지."

"복잡하군요."

"'본질'이란 어떤 것이 원래 무엇인지, 그러니까 어떤 것의 '본성'을 뜻해. 그러나 사르트르에 따르면 인간에게는 원래 그런 본성이 없어. 인간은 자기 자신의 본성, 자기 자신의 본질을 스스로 창조해야 하는 거야."

"무슨 말씀인지 알 것 같기는 해요."

"전체 철학의 역사에서 철학자들은 인간이란 무엇인가, 또는 인간의 본성이란 무엇인가 하는 의문에 대한 답을 찾으려고 노력해왔어. 반면에 사르트르는 인간에게는 인간이 되돌아갈 그런 영원한 '본성'은 없다고 했지. 따라서 사르트르에게 삶의 의미에 대한 물음 역시 대체로 무의미했어. 다시 말해서 우리는 즉흥 연기를 맡은 배우인 거야. 연습도 못 해보고, 어떤 행동을 해야 하는지 귀에다 속삭여주는 프롬프터나 대본도 없이 무대에 선 배우 같은 거야. 우리는 어떻게 살아갈지 스스로 결정해야 해."

"맞는 말이에요. 우리가 성서나 철학 교과서로 어떻게 살아가야 할지 참고할 수 있다면 훨씬 쉬울 텐데요."

"잘 이해하고 있구나. 사르트르는 인간이 자신의 존재를 의식하고, 또 자기가 언젠가 죽는 것을 의식할 때, 그리고 삶에 대해서 아무 의미도 인식할 수 없을 때에 불안을 느낀다고 했어. 키르케고르에게 불안이 인간의 실존적 상황을 표현하는 매우 중요한 개념이었던 것처럼."

"그렇군요."

"그 밖에 사르트르는 인간이 세계에서 무의미하게 소외되어 있다고 느꼈어. 사르트르가 인간의 '소외'를 말한 것은 헤겔과 마르크스의 중심 사고를 동시에 받아들인 거야. 사르트르는 세상에서 이방인으로 존재한다는 인간의 느낌이 회의, 권태, 구토, 부조리의 감정을 유발한다고 했지."

"'우울'하거나 모든 것에서 '불행'을 찾는 건 꽤 널리 퍼져 있는 감정이지요."

"그래, 사르트르는 20세기의 도시 사람을 표현한 거야. 르네상스의 인문주의자들이 이미 인간의 자유와 독립의 승리를 가리켰다는 것을 너도 잘 알고 있을 거야. 사르트르 자신은 인간의 자유를 저주로 체험했어. 그는 '인간은 자유를 선고받았다'고 썼지. 인간은 선고받은 존재야. 왜냐하면 인간은 자기 자신을 스스로 창조하지 않았기 때문이지. 그럼에도 불구하고 자유로워. 왜냐하면 인간은 한번 세상에 던져지면 자기가 한 모든 일에 책임을 져야 하기 때문이야."

"우리는 우리를 자유로운 개체로 만들어달라고 아무에게도 부탁하지 않았죠."

"사르트르도 그 점을 중요시했지. 우리는 자유로운 개체야. 우리의 자유는 우리가 평생 동안 무언가를 선택할 수밖에 없도록 선고를 내렸어. 우리를 인도할 영원한 가치나 규범은 존재하지 않아. 그만큼 우리 자신의 결정과 선택이 중요하지. 사르트르는 인간은 자기가 한 일에 대한 책임을 결코 피할 수 없다고 지적했어. 따라서 우리는 우리의 책임을 부인하면서, 어쩔 수 없이 그 일을 '해야만' 했다거나 우리가 어떻게 살아야 하는지에 대한 특정한 시민적 책임을 '따라야만' 했다고 변명할 수 없어. 이런 식으로 익명의 대중 속에 휩쓸려 사는 사람은 인격을 상실한 군중의 일원에 지나지 않아. 그는 스스로에게서 도피해 거짓된 삶으로 숨어버리는 거야. 그러나 인간의 자유는 무엇이든 우리 스스로 행동하는, 즉 참되고 '본래적인' 실존일 것을 명령하지."

"그렇군요."

"이건 우리의 윤리적인 결정에도 적용돼. 우리는 결코 인간의 본성과 약점 같은 것에 책임을 전가할 수 없어. 종종 중년의 어떤 남자들은 돼지처럼 행동하며 그 모든 일을 자기들 속에 있다는 '고대의 아담'에게 뒤집어씌우기도 해. 그러나 그런 '고대의 아담'은 존재하지 않아. 고대의 아담은 우리 자신의 행위에 대한 책임을 회피하기 위해 끌어들이는 가공의 인물일 뿐이야."

"그런 남자가 책임져야 할 한계가 틀림없이 있을 거예요."

"사르트르는 삶이 그에게 내재하는 의미는 없다고 주장했지만 그 말이 그에게 아주 적합한 표현은 아니야. 그는 '허무주의자'는 아니었어."

"허무주의자가 뭐죠?"

"모든 것이 아무런 의미도 없고, 또 모든 것이 허용될 수 있다고 주장하는 사람이지. 그러나 사르트르는 삶이 의미를 가져야만 한다고 생각했어. 그것은 명령형이지. 우리 자신도 우리 삶의 뜻과 의미를 창조해야만 해. 그래서 실존이란 자신의 특별한 존재를 창조하는 거야."

"조금 더 자세하게 설명해주세요."

"사르트르는 감각하기 전의 의식은 아무것도 아니라는 사실을 증명하려고 했어. 의식은 언제나 어떤 것에 대한 의식이야. '어떤 것'이 무엇인가 하는 문제는 우리 자신과 환경에 달려 있지. 우리가 무엇을 감각할 것인지에 대해서도 우리는 스스로에게 의미 있는 것을 선택하기 때문이야."

"예시는 없나요?"

"두 사람이 같은 공간에 있으면서도 완전히 다른 체험을 할 수 있단다. 그것은 우리가 주위 세계를 지각할 때 우리의 의견이나 관심을 개입시키기 때문이야. 예를 들면 임산부의 눈에는 가는 곳마다 임산부가 가장 많이 보여. 그건 이전에는 임산부가 없었다는 얘기가 아니라 임신했다는 사실이 지금 자기에게 새로운 의미를 갖게 된 거야. 아픈 사람은 사방에서 앰뷸런스를 만나고……."

"그렇군요."

"우리 자신의 현존은 어떤 공간에서 사물을 지각하는 방식을 통해 특징지어진다고 할 수 있어. 어떤 것이 나에게 중요하지 않으면 나는 그것을 보지 않겠지. 내가 왜 아까 너무 늦게 왔는지 이제 말할 수 있겠구나."

"그건 고의였다고 하셨잖아요?"

"네가 카페에 와서 본 것을 먼저 얘기해봐."

"제일 먼저 선생님이 여기 안 계신 걸 보았어요."

"내가 여기에 '없는 걸' 제일 먼저 보았다는 게 조금 우습지 않니?"

"그럴지도 모르죠. 그래도 전 선생님과 약속을 했으니까요."

"사르트르는 우리가 우리에게 의미가 없는 것을 어떻게 '무화(無化)' 시키는지 설명하기 위해 카페 방문을 이용했어."

"그걸 보여주려고 늦게 오셨어요?"

"사르트르 철학에서 이 중요한 사실을 네가 정말 잘 이해했으면 해. 그걸 연습 문제 정도로 생각할 수 있지 않니?"

"쳇!"

"네가 사랑에 빠져 연인의 전화를 기다린다면 너는 아마 저녁 내내 그 연인이 전화하지 않았던 걸 '듣게' 될 거야. 그가 전화하지 않은 걸 너는 내내 확인하는 거야. 네가 기차역까지 마중 나가서 네 연인을 찾지 못하고 플랫폼에 쏟아져 나온 사람들을 만난다면 너는 이 사람들을 전혀 보지 않을 거야. 그들은 방해가 될 뿐이고 너에게는 중요하지 않은 사람들이지. 너는 금방 구역질이 날 것 같고 불쾌한 생각이 들 거야. 사람들은 끔찍하게도 많고 네가 확인하는 유일한 사실은 그곳에 네 연인이 없다는 것뿐이지."

"그렇군요."

"시몬 드 보부아르는 실존주의를 성 역할을 분석하는 데 적용하려고 했어. 사르트르는 인간의 영원한 본성을 부인했어. 우리가 무엇인지는 우리 스스로 창조해야 해."

"그래서요?"

"그건 성에 대한 우리의 관념에도 적용되지. 시몬 드 보부아르는 영원한 '여성성'이나 '남성성'은 없다고 지적했어. 그러나 전통적인 인간 이해는 그것과는 반대되는 것이었어. 예를 들자면 남성이 '초월적인' 본성, 즉 한계를 넘어서는 본성을 가졌다는 주장이 반복되었어. 그래서 남성은 자기의 집 밖에서 삶의 의미와 목표를 추구해야 한다는 것이었지. 또한 여성은 정반대의 경향이 있다고 주장했어. 여성은 '내재적'이어서 그들이 있던 곳에 늘 있으려 한다는 거지. 가정이나 자기 가까이에 있는 일들을 염려해야 하고 또 그러기를 원한다고 말이야. 오늘날에도 우리는 '부드럽고 섬세한 일'에 여성이 남성보다 더 적합하다는 식의 말을 듣곤 해."

"시몬 드 보부아르가 정말 그런 말을 했나요?"

"아니야, 얘기를 제대로 듣지 않았구나. 시몬 드 보부아르는 그러한 여성성이나 남성성은 존재하지 않는다고 했어. 그와는 정반대로 여성과 남성이 그런 뿌리 깊은 선입견이나 관념에서 무조건 해방되어야 한다고 믿었지."

"진심으로 동의해요."

"그녀의 중요한 저서는 1949년에 출간된 『제2의 성』이야."

"그게 무슨 뜻이죠?"

"보부아르는 여성을 생각한 거야. 여성은 인간의 역사에서 겨우 '제 2의 성'으로 간주되어왔다는 거지. 남성만이 주체로 등장했고 그에 반해 여성은 남성의 객체가 되었어. 그리고 이렇게 여성은 자기 자신의 삶에 대한 책임을 상실했지."

"그래요?"

"시몬 드 보부아르는 여성이 자신의 삶에 대한 책임을 되찾아야 한다고 했어. 여성은 자신을 되찾아야 하며 자기 남편에게 자신의 정체성을 쉽게 넘겨주지 말아야 한다는 거지. 왜냐하면 남성만이 여성을 억압하는 게 아니라, 여성이 자신의 삶에 대한 책임을 떠맡지 않으면, 여성도 스스로를 억압하기 때문이야."

"우린 우리 스스로 결정하는 한에서만 자유롭고 독립적인 거죠?"

"그렇지. 실존주의는 총 40년 동안 유럽의 문학을 지배했어. 특히 연극에서도 그랬어. 사르트르도 소설과 희곡을 썼단다. 다른 주요 작가로는 프랑스의 알베르 카뮈, 아일랜드의 사무엘 베케트, 루마니아의 외젠 이오네스코와 폴란드의 비톨트 곰브로비치가 있지. 그리고 다른 많은 현대 작가들의 특징은 부조리한 상황을 묘사했다는 거야. 너도 부조리극에 대해서 들어봤겠지.”

“네.”

“‘부조리’하다는 게 무슨 뜻인지 알고 있니?”

“어떤 일이 무의미하거나 불합리하다는 거 아닌가요?”

“맞아. ‘부조리극’은 인간 존재의 무의미함을 보여주려 해. 그런데 이때 부조리극은 관객이 구경만 하는 게 아니라 적극적으로 반응하기를 바라지. 부조리극의 목표는 부조리한 것이나 무의미한 것을 미화하거나 합리화하는 것이 아니라, 반대로 평범한 사람들이 일상생활에서 관심 없이 지나쳐버리는 부조리한 상황을 묘사하고 폭로해서 관객에게 단순하고 본래적인 현존의 가능성을 깊이 생각하도록 하는 거야.”

“설명을 좀 더 해주세요.”

“부조리극은 종종 아주 사소하고 일상적인 상황을 소재로 해. 즉 인간을 있는 그대로 묘사하지. 그러나 만약 아주 평범한 아침에 아주 평범한 가정의 화장실에서 벌어지는 일을 정확히 그대로 무대 위에 올린다면, 관객들은 웃음을 터뜨릴 거야. 이 웃음은 자기 자신의 우스운 꼴이 무대 위에 적나라하게 드러나는 데 대한 저항으로 해석할 수 있지.”

“그렇군요.”

“그러나 ‘부조리극’에는 초현실주의적인 특징도 있어. 부조리극의 등장인물들은 종종 지극히 비현실적인 상황, 즉 꿈속 같은 상황 속으로 빠져들지. 그런데 이런 상황을 등장인물들이 전혀 놀라는 기색도 없이 받아들이면, 즉 그들이 처한 비정상적인 상황에 대해 아무런 특별한 반응을 보이지 않을 경우엔 관객이 등장인물들의 그런 태연함에 놀라게 돼.

찰리 채플린의 무성영화에서도 그렇지. 이 영화의 희극성은 자기에게 일어난 여러 가지 부조리한 사건들을 보고도 채플린이 놀라지 않는 데 있어. 사람들은 그것 때문에 웃고는 자기의 놀라움과 저항이 무엇을 의미하는지 깊이 생각하게 되는 거야."

"가끔 사람들이 모든 일을 아무 저항 없이 받아들이는 것이 이상하게 느껴져요."

"때로는 내가 어디로 가야 할지 알 수 없어도, 일단 여기를 떠나는 것이 올바른 것일 수도 있어."

"집에 불이 나면 사람들은 다른 거처가 없더라도 뛰쳐나와야 하는 것처럼요?"

"그래, 그렇겠지. 차 한 잔 더 할래? 아니면 콜라?"

"좋아요. 그렇지만 선생님은 너무 늦게 오셨으니까 전 여전히 선생님을 불어터진 국수라고 생각할 거예요."

"그래도 난 그걸 먹고 살 수 있지."

크녹스 선생님은 곧 에스프레소 한 잔과 콜라를 들고 돌아왔다. 그 사이에 소피는 카페가 마음에 든다는 생각을 했다. 그리고 소피는 더 이상 다른 테이블의 대화가 모두 공허하다고 생각하지도 않았다.

크녹스 선생님은 콜라병을 테이블 위에 탁 내려놓았다. 다른 테이블의 몇몇 손님이 이쪽을 쳐다보았다.

"이제 우린 이 길의 끝에 도착했어."

"사르트르와 실존주의로 철학은 끝이 난 건가요?"

"아니, 그렇게 말하는 건 좀 과장 같구나. 실존주의 철학은 전 세계의 많은 사람들에게 큰 의미가 있었어. 우리가 보았듯이 그 뿌리는 키르케고르와 소크라테스까지 거슬러 올라가지. 그와 비슷하게 과거의 다른 철학 사조들도 20세기에서 부활해 다시 한 번 전성기를 누리기도 했어."

"사례를 들어주실 수 있나요?"

"신토마스주의는 토마스 아퀴나스의 전통에 속하는 사상의 재발견이었어. 이른바 분석철학이나 논리적 경험론은 흄과 영국의 경험론, 그리고 아리스토텔레스의 논리학에서 유래했다고 할 수 있지. 또한 20세기에는 네오마르크스주의와 거기서 파생된 많은 사상 조류들이 유행했어. 신진화론에 대해서는 이미 얘기했고. 정신분석학의 의미에 대해서도 살펴보았지."

"그래요."

"우리가 언급할 마지막 사조는 '유물론'인데, 그 뿌리도 역사적으로 멀리 거슬러 올라가야 해. 현대 과학의 많은 측면에서 소크라테스 이전 철학자들의 노력이 떠올라. 우리는 모든 물질을 구성하고 있는 근원이 되는, 더 이상 나눌 수 없는 '소립자'를 여전히 연구하고 있어. 그러나 아직 '물질'이 도대체 무엇인지 그 정체를 정확히 설명하지 못하고 있지. 그러나 현대의 자연과학, 예를 들면 원자 물리학이나 생화학은 많은 사람들이 그것을 자기 인생관의 중요한 부분으로 받아들일 만큼 매력적이야."

"새것과 옛것이 뒤섞여 있군요?"

"그렇게도 말할 수 있겠구나. 우리가 이 수업을 시작할 때 가졌던 의문에 여전히 답을 못 찾고 있기 때문이지. 사르트르는 실존적인 의문이 최종적인 대답을 얻을 수 없다고 주장한 점에서 분명한 흔적을 남겼어. 철학적인 물음은 그 물음의 본질상 각 세대의 모든 개인이 언제나 새롭게 제기해야 할 물음이야."

"그건 좀 암담하군요."

"나도 그렇게 생각해. 하지만 그런 의문을 제기할 때, 우리가 살아 있다는 것을 체험하는 것 아니겠니? 인간이 '큰' 문제에 대한 대답을 추구할 때, 비로소 '작은' 문제에 대한 명석하고도 최종적인 대답을 찾게 되는 거지. 과학과 연구의 기술은 모두 언젠가 철학적인 반성에서 유래한 것처럼. 그리고 인간을 끝내 달까지 보낸 것은 근본적으로 존재에 대한 인간의 경이라고 할 수 있겠지."

"맞아요."

"우주인 닐 암스트롱이 달에 첫발을 내디딜 때 이렇게 말했어. '한 인간에게는 작은 한 걸음이지만 인류에게는 커다란 도약'이라고. 따라서 그 정복자는 달에 첫발을 내디딜 때 그 이전에 살다 간 모든 사람들을 자기가 느낀 감격 속에 끌어들인 거지. 그가 그 일을 할 수 있었던 것은 절대 그 사람 개인의 공적이거나 그 사람과 같은 시대 사람들만의 공로는 아니기 때문이야."

"물론 그렇죠."

"그러나 우리 시대에도 많은 새로운 문제들이 제기되었어. 무엇보다도 환경 문제가 우리 시대에 제기된 가장 중요한 문제야. 그래서 생태철학이 20세기의 중요한 철학 조류의 하나가 되었단다. 서구의 많은 생태철학자들은 인류 문명 전체가 근본적으로 잘못된 길로 접어들었으며, 지구가 지탱할 수 있는 한계나 능력과 정면으로 충돌하는 방향으로 지닫고 있다고 생각했어. 그들은 환경오염이나 파괴의 구체적인 결과를 연구하고 해명하는 데 그치지 않고 좀 더 깊은 차원에서 이 문제를 탐구하고 있어. 즉 그들은 서구적 사유 전체가 무엇인가 결함을 갖고 있다고 주장하는 거야."

"그 말이 맞아요."

"생태철학은 특히 진화의 관념을 문제 삼았어. 진화론은 인간이 자연에서 가장 '높은' 위치에 있다는 생각, 그러니까 우리가 자연의 주인이라는 생각에 근거를 두고 있지. 바로 이런 생각이 우리가 사는 지구 전체를 위험에 빠뜨릴 수 있는 거야."

"그건 생각만 해도 화가 나요."

"많은 생태학자들은 이런 사고를 비판하면서 다른 문화, 예를 들면 인도의 사고와 관념을 끌어왔어. 그들은 우리가 오랫동안 잃어버렸던 어떤 것을 찾기 위해서 이른바 '원시인'이나 아메리카 인디언과 같은 '자연민족'의 사고와 생활 방식도 연구했지."

"알겠어요."

"최근에는 학문적 영역에서도 우리의 학문적 사유 전체가 구조적 변혁 앞에 서 있다는 인식이 생겨났어. 즉 우리가 학문적 사유 일반의 근본적인 변화에 직면했다는 거야. 이미 몇몇 개별 분야에서 새로운 사고가 열매를 맺었어. 우리는 전체적 사유에 무게를 두고 새로운 삶의 방식을 추구하는 이른바 '대안적(代案的) 운동'에서 그런 예를 찾아볼 수 있어."

"좋은 일이에요."

"그러나 동시에 우리에게는 인간이 하는 모든 일에서 돌과 보석을 가려내는 일이 아직 남아 있어. 많은 사람들이 우리가 새로운 시대, 이른바 '뉴 에이지'에 다가가고 있다고 말하지만 새로운 것이 모두 좋은 것은 아니며 오래된 것이라고 해서 모두 내버려야 하는 것도 아니야. 그래서 우리는 이 철학 수업을 하는 거야. 너는 이제 우리 사고의 역사적인 배경을 통해 돌과 보석을 더 쉽게 가려낼 수 있을 거야. 하지만 스스로 삶의 방향을 정립하려고 노력하면, 더 쉽게 해낼 수 있겠지.”

“친절한 설명 고마워요.”

“난 ‘뉴 에이지’ 깃발을 달고 있는 많은 것들이 모두 속임수라는 걸 네가 확인할 수 있다고 믿어. 우리가 ‘신경건주의’, ‘신신비주의’ 또는 ‘현대의 미신’이라고 하는 것들 역시 최근 서구 세계에서 유행하고 있지. 그 안에서 일종의 산업이 생겨났어. 기독교가 그 의미를 잃어가는 반면에 세계관의 시장에는 새로운 매물들이 순식간에 쏟아져 나온 거지.”

“예를 들면요?”

“너무 많아서 얘기를 시작할 엄두가 안 날 정도야. 원래 자신의 시대를 묘사하기가 그리 쉬운 일은 아니지. 나가서 좀 걸을까? 보여주고 싶은 게 있단다.”

소피는 어깨를 으쓱했다.

“시간이 그리 많지 않아요. 내일 있을 가든파티를 잊으신 건 아니죠?”

“물론이지. 그때 놀라운 일이 벌어질 테니까. 우린 힐데의 철학 수업을 끝내야 해. 소령은 그 이상은 미리 생각하지 않았을 거야. 그리고 그것으로 그 사람은 자기 힘의 한 부분을 잃어버리겠지.”

크녹스 선생님은 비어 있는 콜라병을 다시 들어 테이블에 탁 하고 내려놓았다.

두 사람은 거리로 나왔다. 바쁜 사람들이 개미 둑의 개미처럼 이리저리 분주하게 오가고 있었다. 소피는 선생님이 뭘 보여주려고 하는지 궁금했다.

곧 두 사람은 커다란 전자 제품 가게 앞을 지나게 되었다. 그곳에서는 텔레비전, 비디오, 위성 안테나, 무선 전화기, 컴퓨터, 팩시밀리 등 갖가지 전자 제품을 팔고 있었다.

선생님은 커다란 진열장을 가리키며 말했다.

"이제 20세기야, 소피아. 르네상스 이후로 세계는 폭발해왔다고 말할 수 있어. 유럽인들은 전 세계를 여행하기 시작했지. 지금은 우리가 정반대의 폭발이라고 부를 수 있을 만한 일이 벌어지고 있어."

"그게 무슨 뜻인가요?"

"전 세계가 통신망으로 연결되었다는 거야. 얼마 전까지만 해도 철학자들이 세상을 돌아보기 위해서나 다른 사상가를 만나기 위해서는 말이나 자동차로 며칠 여행해야 했지만 오늘날 우리는 이 행성 어디에서나 앉아서 모든 인간의 경험을 컴퓨터 스크린 안으로 끌어올 수 있지."

"그건 엄청난 생각이지만 조금은 섬뜩하기도 해요."

"문제는 역사가 종말로 향해 가는 것인가, 아니면 우리가 새로운 시대의 문턱에 서 있는 것인가 하는 거야. 우린 더 이상 한 도시나 한 국가의 시민이 아니야. 우리는 전 지구적인 문명 속에 살고 있는 거란다.

"맞는 말씀이에요."

"과학 기술은 지난 30~40년 동안에 그 이전까지의 전 역사를 통해 발전해온 것을 다 합쳐놓은 것보다 더 큰 발전을 이루었어. 특히 통신 기술 분야에서 더욱 극적이지. 하지만 어쩌면 지금 우리가 체험하는 현상은 아직 시작 단계일 뿐일지도 몰라……."

"저에게 그걸 보여주려고 하신 거예요?"

"아니야. 네게 보여주려고 한 건 저기 교회 뒤편에 있어."

두 사람이 몸을 돌리려고 하는데 텔레비전 화면에 유엔군의 모습이 나타났다.

"저기 보세요!"

한 군인이 클로즈업되어 있었다. 크녹스 선생님과 거의 똑같은 검은 수염을 길렀는데, 갑자기 그가 종이판을 들어올렸다. 거기에는 '곧 갈게, 힐데야!'라고 쓰여 있었다. 그는 손짓을 하고 나서 사라졌다.

"저런 악당 같으니라고!"

크녹스 선생님이 외쳤다.

"저 사람이 소령인가요?"

"그건 지금 대답하지 않겠어."

두 사람은 교회 앞의 공원을 지나 새로 난 큰길에 들어섰다. 크녹스 선생님은 조금 흥분한 채로 큰 서점을 가리켰다. 그 서점의 이름은 리브리스로 시내에서 제일 큰 서점이다.

"여기서 뭘 보여주실 건데요?"

"들어가보자."

서점에서 크녹스 선생님은 아주 커다란 서가를 가리켰다. 그것은 세 부분으로 나뉘어 있었다.

뉴 에이지, 대안적 생활양식, 신비주의

책꽂이에는 여러 가지 재미있는 제목으로 된 책들이 있었다.

『사후의 삶?』, 『심령술의 비밀』, 『타로 카드 놀이』, 『UFO 현상』, 『치유』, 『신들이 돌아온다』, 『당신은 여기 온 적이 있다』, 『점성술이란 무엇인가』등등 다양한 제목들이다. 책꽂이 아래에 있는 긴 의자에는 비슷한 책들이 높게 쌓여 있었다.

"이것도 20세기야, 소피야. 우리 시대의 사원이지."

"저런 걸 믿으시는 건 아니죠?"

"저런 것들 중 대부분은 속임수야. 그러나 포르노 잡지만큼 잘 팔리지. 사실 이것들 가운데 많은 것들 역시 일종의 포르노 잡지라고 할 수 있어. 자라나는 세대는 이런 책들 가운데서 가장 자극적이고 선정적인 책들을 고를 수 있지. 그러나 참된 철학과 이런 책들의 관계는 쉽게 말해 참된 사랑과 포르노 잡지 사이와 같아."

"속이 메스꺼워요."

"공원으로 나가자."

두 사람은 서점에서 나와 교회 앞에 있는 빈 벤치에 앉았다. 나무 아래에서 이리저리 걸어다니는 비둘기 사이로 참새 한두 마리가 열심히 돌아다니고 있었다.

크녹스 선생님이 얘기를 시작했다.

"'초감각적 지각' 또는 '초(超)심리학'이라는 게 있지. '텔레파시', '천리안', '투시력' 그리고 '염력'이라고 하는 것도 있고 '심령술', '점성술' 그리고 'UFO 신앙'이라는 것도 있어. 이 녀석은 이름이 많아."

"하지만 그건 다 속임수라고 하셨잖아요."

"물론 모든 것을 싸잡아 동일시하는 것이 참된 철학자에게 어울리는 일은 아니지만, 나는 내가 방금 언급한 것들이 실제로는 있지도 않은 지역을 세분화해 지도로 그린 것이라는 생각을 떨쳐낼 수가 없어. 어쨌든 여기에는 흄이 '속임수와 현혹'이라고 부르며 재로 만들어버리려고 했던 것들이 많이 포함되어 있어. 이런 책에서 우리는 어떤 참된 경험도 찾을 수 없단다."

"그런데 어떻게 이렇게 많은 책들이 쓰이나요?"

"그건 세상에서 가장 잘되는 장사이기 때문이야. 많은 사람들이 그런 것을 원하지."

"왜 사람들이 그런 걸 원할까요?"

"사람들은 자신들의 힘든 일상을 떨쳐낼 만한 뭔가 '다르고' '신비한' 것을 동경하기 때문이야. 교각살우(矯角殺牛)인 셈이지."

"그게 무슨 말이에요?"

"우리가 어떤 이상한 동화 속에 있다고 하자. 그래서 대낮에 우리 눈앞에 신기한 피조물이 나타난 거야. 믿어지지 않겠지?"

"그럼요."

"그런데 왜 우리는 '긴장되거나' '초월적인' 어떤 것을 체험하기 위해 집시의 천막이나 학문의 뒤뜰을 드나드는 걸까?"

"그 책들의 지은이들이 그냥 충동질을 하고 거짓말을 한다는 말씀이세요?"

"아니, 그런 말은 아니야. 나는 그걸 네게 진화론적으로 설명하려는 거야."

"듣고 있어요!"

"어느 하루 동안에 일어나는 모든 일을 생각해봐. 네 인생에서 딱 하루만 선택하고, 그날 네가 보고 체험하는 모든 일을 떠올려봐."

"그래서요?"

"가끔은 기묘한 우연이 일어난단다. 예를 들면 네가 가게에서 28크로네짜리 물건을 샀어. 그 후에 곧 요룬이 와서 너에게 빌려간 28크로네를 갚는 거야. 그러고 나서 극장에 갔는데 28번 좌석에 앉게 됐지."

"정말 신비한 우연이군요."

"우연은 항상 있어. 그런데 많은 사람들이 그런 우연을 모으는 게 문제야. 그들은 설명할 수 없거나 신비한 일을 모으지. 수백만 사람들의 삶에서 그런 일들을 모아 책을 내면, 어떤 사람에겐 무시 못 할 증거로 보일 수도 있어. 이런 자료는 계속 늘어갈 거야. 그러나 이것 역시 우리가 당첨된 복권만을 보게 되는 복권 추첨과 마찬가지지."

"그런 일을 지속적으로 체험하는 투시력 있는 사람들이나 '영매'는 없을까요?"

"물론 있지. 그러나 우리가 사기꾼들의 말을 무시한다면 그런 신비한 체험에 대해 다른 중요한 설명을 발견하게 될 거야."

"얘기해주세요!"

"무의식에 대한 프로이트의 논리 기억나지?"

"기억력이 좋다는 얘기를 몇 번씩이나 해야 하나요?"

"프로이트는 이미 우리 자신이 우리의 무의식에 대한 일종의 '영매'라고 지적했어. 우리는 갑자기 이유도 제대로 알지 못한 채 우리가 무슨 일을 하거나 생각을 할 때가 있지. 그건 우리가 의식하는 것보다 무한히 더 많은 경험과 생각, 사건들을 갖고 있기 때문이야."

"그래요?"

"사람들은 때로는 잠을 자면서 말을 하거나 걸어 다니기도 해. 그건 일종의 '영혼의 자동 현상'이라고 할 수 있어. 최면 상태에서도 사람들은 '저절로' 이야기하고 행동할 수 있지. 초현실주의자들이 '자동적으로' 글을 쓰려고 시도했던 것처럼 그렇게 그들은 자기 자신의 무의식의 '영매'가 되려고 했던 거야."

"알고 있어요."

"우리 세기에는 죽은 자와 접촉할 수 있는 사람, 즉 '영매'가 주기적으로 등장했어. '영매'는 이른바 몇 세기 전에 살았던 사람의 말을 듣는다고 했어. 영매는 죽은 자의 목소리로 이야기하기도 하고, 그가 말하는 걸 '자동적으로' 받아쓰기도 하지. 사람들은 그런 일을 사후에 삶이 있다거나 인간이 여러 번 산다는 증거로 생각했어."

"그렇군요."

"이런 영매를 모두 사기꾼이라고 하고 싶지는 않아. 그들 중 몇몇은 아마 자기 나름의 확신이 있었을 거야. 또한 그들은 진짜 '영매'일 수도 있어. 그러나 실제로는 자기 자신의 잠재의식의 영매일 뿐이었지. 자신과 다른 어떤 사람도 어떻게 그렇게 되었는지 설명할 수 없는 지식과 능력을 영매가 최면 상태에서 명백히 보여주는 현상에 관한 많은 연구 결과가 나와 있어. 예를 들면 히브리어를 할 줄 모르는 어떤 여자가 갑자기 히브리어로 얘기를 하게 되었다면 그 여자는 틀림없이 그곳에서 산 적이 있는 게 아닐까? 아니면 정말로 히브리어를 말하는 죽은 자의 영혼과 접촉한 걸까? 둘 다 아니라면?"

"선생님은 어떻게 생각하세요?"

"그 영매가 아이였을 적에 유대인 보모가 있었다는 사실이 밝혀졌단다."

"아아……."

"실망했니? 개인이 예전의 경험을 얼마나 훌륭하게 잠재의식 속에 저장해놓을 수 있는지 잘 알려주는 예란다."

"무슨 말씀인지 알겠어요."

"일상에서 흔히 만나는 특이한 일은 대개 프로이트의 무의식 이론을 통해 설명할 수 있단다. 몇 년 동안 보지 못한 친구에게서 갑자기 전화를 받았는데, 마침 나도 그 친구의 전화번호를 찾고 있었다든가 하는……."

"등줄기가 오싹해지는 것 같아요!"

"언뜻 보기엔 우연인 것 같은 이런 일에도 실은 객관적인 원인이 있을 수 있어. 예를 들어 내가 전화를 받은 그 순간에 라디오에서 흘러나오던 노래가 내가 친구를 마지막으로 만났을 때 같이 들었던 노래일 수 있는 거야. 다만 이런 숨겨진 연관 관계를 의식하지 못할 뿐이지."

"속임수이거나…… 당첨된 복권 효과…… 또는 무의식이라고요?"

"어쨌든 그런 서가에는 어떤 의심을 품고 접근하는 게 좋아. 철학자에게는 특히 중요하지. 영국에서는 몇 년 전에 회의론자들이 단체를 만들어서, 초자연적인 사건에 대해 아주 사소한 것이라도 좋으니 제일 먼저 시범을 보여줄 수 있는 사람에게 많은 상금을 주겠다고 했어. 무슨 대단한 기적이 아니라 사소한 정신 감응만 보여줘도 되는 일이었지만 지금까지 아무도 나선 사람이 없었지."

"그렇군요."

"그러나 세상에 우리 인간이 이해할 수 없는 일들이 많이 있다는 것은 또 다른 문제야. 우린 아직도 모든 자연법칙을 알고 있지는 못하니까. 과거에는 자기력이나 전기 작용 같은 많은 현상들이 일종의 마법으로 통했단다. 내가 증조할머님께 텔레비전이나 컴퓨터에 대해 이야기하면 그분은 눈이 휘둥그레지실 거야."

"그래서 선생님은 그런 초자연적인 일을 전혀 믿지 않으세요?"

"그것에 대해서는 이미 얘기했어. '초자연'이라는 표현이 내게는 조금 우습게 들리는구나. 나는 오직 하나의 자연이 있다고 믿어. 자연은 그 자체로서 엄청나게 경이로운 것이지."

"그렇다면 초자연적인 현상이란 저에게 보여주신 책들 속에만 있는 것인가요?"

"참된 철학자는 모두 눈을 뜨고 깨어 있어야 해. 우리가 흰 까마귀를 전혀 본 적이 없더라도 우리는 그걸 찾기를 멈추어서는 안 돼. 언젠가는 나 같은 회의론자가 이전에 믿지 않았던 현상을 인정할 수도 있을 거야. 이런 가능성을 인정하지 않는다면 나는 독단론자인 거고 그렇게 되면 참된 철학자도 아니겠지."

한동안 크녹스 선생님과 소피는 말없이 의자에 앉아 있었다. 비둘기들은 목을 길게 빼고 구구거리고 있었다. 때때로 자전거나 갑작스러운 움직임이 그들을 높이 날려 보냈다.

"전 이제 집에 가서 파티를 준비해야 해요."

"헤어지기 전에 너에게 흰 까마귀를 보여줄게. 그건 우리가 생각하는 것보다 훨씬 가까이 있어."

크녹스 선생님은 벤치에서 일어나 소피를 다시 서점으로 이끌었다. 이번에는 모든 초자연적인 현상에 대한 책들 쪽으로 갔다. 크녹스 선생님은 아주 작은 서가의 가장 뒤쪽에 섰다. 서가 위에는 작은 안내판이 걸려 있다. 그 위에는 '철학'이라고 쓰여 있었다.

소피는 크녹스 선생님이 가리키는 책의 제목을 읽었다.

『소피의 세계』

"이걸 사줄까?"

"그래도 될지 모르겠어요."

곧 소피는 왼손에는 책을, 오른손에는 가든파티를 위해 산 물건이 든 봉지를 들고 집으로 향했다.

가든파티

힐데는 침대에 못 박힌 듯 앉아 있었다. 팔이 뻣뻣해지고 커다란 공책을 든 손이 떨리는 것을 느꼈다.

11시가 거의 다 되었다. 벌써 2시간이 넘게 책을 읽었다. 간간이 공책에서 눈을 떼고 큰 소리로 웃음을 터뜨리기도 했지만 때로는 고개를 돌리고 신음 소리를 내기도 했다. 집에 혼자 있는 것이 다행이었다.

2시간 동안 힐데가 읽은 이야기는 압권이었다! 이야기는 소피가 소령의 오두막에서 집으로 돌아가는 길에 소령의 주의를 끌려고 하는 장면에서 시작했다. 끝에서 소피는 나무 위에 올라갔다가 위험에 처했을 때 거위 마르틴이 구원의 천사로 나타난다.

힐데의 아빠가 꽤 오래전에 읽어준 '닐스 홀게르손의 신기한 스웨덴 여행' 이야기를 아직 기억하고 있었다. 그 후 힐데와 아빠는 그 책에 관련된 애기들을 오랫동안 둘만의 암호로 써왔다. 그런데 아빠는 여기서 다시 그 늙은 거위를 이야기에 끌어들인 것이다.

그리고 소피가 카페의 외로운 손님으로 등장했다. 힐데는 카페에서 크녹스 선생님이 소피에게 사르트르와 실존주의에 대해 이야기한 부분이 특히 흥미로웠다. 그의 설명은 설득력이 있었다. 물론 이 공책을 읽으면서 이미 여러 번 그런 인상을 받았지만.

몇 년 전에 힐데도 점성술에 관한 책을 산 적이 있다. 또 한 번은 타로 카드를 집에 가지고 왔다. 세 번째는 심령술에 대한 책이었다. 그때마다 아빠는 '이성'과 '미신'을 구분해주며 몇 마디 경고를 했다. 이제 비로소 복수의 시간이 되었다. 아빠는 반격을 시작한 것이다. 딸은 이런 속임수의 허구성을 근본적으로 깨쳐야 한다. 아빠는 확실히 하기 위해 전자 제품 가게의 진열장에 있는 텔레비전을 통해 손짓까지 했다. 그렇게까지는 하지 않아도 되는데……

그러나 힐데가 가장 놀란 것은 검은 머리 소녀였다.

소피, 소피! 너는 누구니? 너는 어디에서 왔니? 너는 왜 내 삶에 끼어든 거지?

마지막에 소피는 제 자신에 대한 책을 받았다. 그것은 힐데가 지금 손에 쥐고 있는 것과 같은 책일까? 그렇지만 이건 그냥 공책을 모은 것인데. 상관없지. 누군가에 대해 쓴 책 속에서 바로 그 사람 자신에 대해 쓴 책을 발견하는 것이 어떻게 가능하지? 소피가 이제 그 책을 읽으면 어떤 일이 벌어질까? 이제 어떤 일이 일어날 수 있을까?

힐데는 이제 공책이 몇 장 남지 않았음을 손가락으로 알아차릴 수 있었다.

소피는 시내에서 집으로 갈 때, 버스 안에서 엄마를 만났다. 이런! 손에 들고 있는 책을 보면 뭐라고 하실까?

소피는 가든파티용 풍선과 오색 테이프가 든 봉투에 책을 끼워 넣으려고 했지만 들어가지지 않았다.

"소피구나! 같은 버스에 탔네? 잘됐다."

"엄마……."

"책을 샀네?"

"네. 하지만 제가 산 건 아니에요."

"『소피의 세계』라……. 재미있겠구나."

소피는 거짓말을 해서 될 일이 아니라는 걸 깨달았다.

"크녹스 선생님이 사주셨어요."

"그래. 그럴 줄 알았어. 전에도 얘기했지만 그분을 만나게 되는 게 기대돼. 한번 봐도 되니?"

"집에 갈 때까지는 기다려주세요. 이건 제 책이니까요."

"그래, 물론 네 책이지. 그래도 첫 장만 좀 볼게……. 아니, 이럴수가! '소피 아문센은 학교에서 집으로 돌아오는 길에 친구 요룬과 로봇에 대해 이야기했다.'……"

"정말 그렇게 적혀 있어요?"

"그래. 그렇게 쓰여 있구나, 소피야. 이 책은 알베르토 크나그란 사람이 썼네. 처음 듣는 이름인데. 철학 선생님은 성(姓)이 뭐니?"

"크녹스예요."

"이 이상한 사람이 너에 대해서 책을 썼구나! 다른 이름으로 말이야. 그걸 필명이라고 하지."

"선생님은 책을 쓰지 않았어요, 엄마. 신경 쓰지 마세요. 엄마는 아무 것도 몰라요."

"그래, 그럼 말고. 내일이 가든파티야. 그때가 되면 모든 게 제자리로 돌아오겠지."

"그렇지만 크나그 소령은 완전히 다른 현실에 살고 있어요. 그래서 이 책은 흰 까마귀예요."

"이제 그만해. 흰 까마귀는 또 뭐니? 흰 토끼에 대한 얘기 아니었어?"

"내버려두세요!"

엄마와 딸의 대화는 오래 이어지지 못했다. 둘은 클뢰베르베이엔 입 구에서 내렸다. 마침 거기선 시위가 벌어지고 있었다.

"맙소사!"

엄마가 외쳤다.

"난 정말 이 동네에서는 거리 시위가 열리지 않을 줄 알았는데."

시위대는 기껏해야 10명에서 12명 정도였다. 플래카드에는 '소령이 곧 온다!', '성 세례 요한 축일에 맛있는 음식을 원하십니까? 물론!', '유 엔에 더 많은 힘을!' 이라고 적혀 있었다.

소피는 엄마를 보기가 안쓰러웠다.

"저 사람들에겐 관심 두지 마세요."

"그렇지만 이상한 시위 아니니? 약간 허황된 것 같기도 하고."

"별일 아닐 거예요."

"세상은 놀랍도록 빨리 변해. 저런 일은 놀랄 일도 아니지."

"놀라지 않는 엄마가 놀랍지는 않으세요?"

"아니, 전혀. 저 사람들이 난폭하게 군 것도 아니잖니. 다만 우리 집 장미 덤불을 짓밟지만 않으면 돼. 왜 정원에서 시위를 하는지는 모르겠지만 말이야. 서두르자. 집에 가면 알게 되겠지."

"그건 철학 시위대였어요, 엄마. 참된 철학자는 장미 덤불을 짓밟지 않아요."

"누가 뭐라니? 난 이제 참된 철학자가 있다는 걸 믿어야 하는 건지도 잘 모르겠구나. 요즘은 거의 모든 일이 모조품이라서 말이야."

오후부터 저녁까지 가든파티 준비를 위해 내내 부엌에 있었다. 다음 날 오전에 소피와 엄마는 식탁을 차리고 정원을 장식했다. 요룬도 와서 준비를 도와주었다.

"이게 무슨 날벼락이니!"

요룬이 말했다.

"우리 부모님도 오시다니 네 책임이야, 소피!"

손님들이 도착하기 30분 전에 모든 준비가 끝났다. 정원의 식탁은 오색 테이프와 조명으로 장식했다. 그리고 지하실 창문을 통해서 긴 전기선을 끌어왔다. 정원 문과 나무들 그리고 집 전면을 풍선으로 꾸미느라고 소피와 요룬은 두 시간 동안 풍선만 불었다.

식탁 위엔 이미 음식이 올라와 있었다. 통닭과 샐러드, 롤빵과 이스트 빵. 부엌에는 초코 크림 과자와 생크림 케이크, 고리 모양 빵과 초콜릿 케이크를 준비해놓았다. 24단짜리 커다란 바움쿠헨도 이미 식탁 위에 놓여 있었다. 바움쿠헨 꼭대기는 견신례를 받는 작은 소녀의 모형으로 장식되어 있었다. 소피 엄마는 그것이 견신례를 받지 않은 열다섯 살 소녀일 수도 있다고 했다. 그러나 소피는 얼마 전에 견신례를 꼭 받아야 할지 잘 모르겠다고 말했기 때문에 엄마가 일부러 케이크를 그렇게 장식했다고 생각했다.

"정말 우린 최선을 다했어."

엄마는 되풀이해서 말했다.

손님들이 도착하기 시작했다. 먼저 같은 반 여자친구 세 명이 왔는데 한껏 멋을 낸 옷차림에 눈화장까지 하고 있었다. 이어 외르겐과 라세가 약간 어리둥절해하면서도 소년 특유의 건들거리는 모습으로 어슬렁거리며 들어왔다.

"진짜 축하해!"

"너도 이제 어른이구나!"

소피는 요룬과 외르겐이 벌써 은밀하게 시선을 주고받는 것을 알아차렸다. 뭔가 낌새가 수상했다. 아무튼 평범한 여름밤은 아니었다.

모두들 선물을 가지고 왔다. 철학 가든파티를 방문하기에 앞서 몇몇 손님들은 도대체 철학이 뭔지 미리 알아보려 했다. 모두가 철학적인 선물을 생각한 것은 아니지만 사람들 대부분이 적어도 축하 카드에는 철학적인 말을 쓰려고 고민했던 것이다. 소피는 철학 사전과 열쇠가 달린 일기장도 선물로 받았는데, 표지에는 이런 제목이 쓰여 있었다.

'나의 철학적 단상'

손님들이 들어오는 동안, 임마는 샴페인 잔에 사과 주스를 따랐다.

"어서 와요! 그런데 이 친구는 이름이 뭐지? ……우린 아직 인사를 못 나눴네…… 아, 세실리! 와줘서 고마워!"

친구들이 모두 도착해서 샴페인 잔을 들고 과일나무 아래를 걷고 있을 때에야 요룬 부모님의 흰 벤츠가 정원 문 앞에 도착했다. 세무 공무원인 요룬의 아빠는 단정하고 우아한 회색 양복을 입고 있었고, 우아한 잉에브릭트센 부인은 짙은 빨간색 스팽글이 달린 빨간 정장 바지를 입고 있었다. 소피는 잉에브릭트센 부인이 틀림없이 장난감 가게에서 그런 옷을 입은 바비 인형을 사서 재단사에게 똑같은 옷을 주문했을 거라고 생각했다. 다른 가능성도 생각해볼 수 있다. 어쩌면 잉에브릭트센 씨가 인형을 사서 마술사에게 피와 살이 있는 여자로 바뀌게 했을지도 모른다. 하지만 이건 워낙 실현 가능성이 낮은 일이라 그냥 잊어버리기로 했다.

잉에브릭트센 씨 부부가 벤츠에서 내려 정원으로 갈 때, 어린 친구들은 놀라서 눈이 휘둥그레졌다. 잉에브릭트센 씨가 직접 건네준 길고 가느다랗게 포장된 선물이 바비 인형이라는 걸 알았을 때, 소피는 몹시 실망했지만 내색하지 않으려고 했다. 대신 요룬이 흥분해서 말했다.

"정말 정신이 어떻게 되신 거예요? 소피는 인형을 갖고 놀 나이는 지났어요!"

잉에브릭트센 부인이 스팽글을 찰랑거리면서 재빨리 다가와 말했다.

"장식해둘 수도 있잖니, 요룬아."

"어쨌든 고맙습니다. 소장품으로 간직할게요."

소피는 상황을 무마하려고 얼른 끼어들어 말했다.

손님들은 그 사이에 식탁을 둘러쌌다.

"이제 크녹스 선생님만 오시면 돼."

소피 엄마가 마치 가벼운 걱정을 애써 잊어버리려는 것처럼 약간 흥분해서 말했다. 손님들 사이에는 벌써 이 특별한 손님에 대한 이야기가 돌고 있었다.

"선생님은 온다고 약속하셨어요. 그러니까 꼭 오실 거예요."

"하지만 선생님이 오시기 전에 모두들 먼저 앉아도 되겠지?"

"그럼요. 다들 앉으세요."

엄마는 손님들을 긴 식탁 앞으로 안내하고 자신과 소피 사이에 빈자리를 하나 남겨두었다. 그러고는 음식과 날씨에 관해 몇 마디를 하고, 소피가 이제 숙녀가 다 됐다는 말도 했다.

모두들 테이블에 앉은 지 30분쯤 지났을까, 베레모를 쓴 검은 수염의 중년 남자가 정원 문으로 들어섰다. 손에는 열다섯 송이의 커다란 장미 꽃다발을 들고.

"선생님!"

소피는 자리에서 벌떡 일어나 선생님에게 뛰어갔다. 그의 목을 얼싸안더니 곧 꽃다발을 받아 들었다. 크녹스 선생님은 이런 소피의 환영에 맞추어 호주머니를 뒤적이더니 커다란 중국식 불꽃놀이 폭죽을 몇 개 꺼내 불을 붙였다. 그러고는 식탁을 향해 발걸음을 옮기면서, 불꽃놀이용 초에 불을 당겨 바움쿠헨 꼭대기에 꽂은 다음 소피와 엄마 사이의 빈자리에 앉았다.

"초대해주셔서 감사합니다."

크녹스 선생님이 말했다.

파티에 온 사람들은 모두 완전히 넋이 나가 있었다. 잉에브릭트센 부인은 남편에게 의미심장한 눈짓을 보냈다. 반면 소피 엄마는 철학 선생님이 마침내 모습을 드러내자 눈에 띄게 안도하며 그가 늦은 것이나 정원에 들어서면서 한 모든 일들에는 전혀 신경 쓰지 않는 표정이었다. 파티의 주인공 소피는 배를 움켜잡고 터질 것 같은 웃음을 애써 참았다.

소피 엄마는 유리잔을 몇 번 가볍게 두드리더니 말문을 열었다.

"우리 모두 철학 가든파티에 오신 알베르토 크녹스 선생님을 진심으로 환영합니다! 철학 선생님은 제 새 남자친구는 아니에요. 제 남편이 오랫동안 바다에 나가 있긴 하지만, 제겐 현재 남자친구가 없습니다. 사실 이 특별한 분은 소피의 새로운 철학 선생님이십니다. 크녹스 선생님은 불꽃놀이 폭죽에 불을 붙이는 일 말고도 아주 많은 일을 할 줄 아는 분이죠. 예를 들면 마술사의 검은 모자에서 살아 있는 토끼를 꺼낼 수도 있답니다. 아니 까마귀였던가, 소피야?"

"말씀 감사합니다." 하고 말하면서 크녹스 선생은 자리에 앉았다.

소피가 "건배!"라고 외치자 모두들 잔을 들었다.

그러고 나서 모두들 자리에 앉아 한동안 통닭과 샐러드를 먹었다. 침묵을 깬 건 요룬이었다. 요룬은 갑자기 일어서더니 외르겐을 향해 다가가 다정하게 입을 맞추었다. 외르겐은 요룬의 이 다정한 행동에 답하기 위해 요룬을 자기 쪽으로 끌어당겼다.

"기절할 것 같아요!"

잉에브릭트센 부인이 소리쳤다.

"식사 중이잖니, 얘야."

소피 엄마는 그렇게만 타일렀다.

"왜 안 되죠?"

크녹스 선생님이 소피 엄마에게 고개를 돌렸다.

"이상한 질문을 하시는군요."

"참된 철학자에게 이상한 질문이란 없습니다."

그때 라세와 세실리가 살을 발라 먹은 닭 뼈를 지붕 위로 던지기 시작했다. 보다 못한 소피 엄마가 한마디 했다.

"그만해! 닭 뼈가 빗물받이에라도 끼면 얼마나 성가신 줄 아니?"

"죄송합니다."

둘 중 한 소년이 대답하고 둘은 뼈를 정원 울타리 너머로 던졌다.

"이제 접시를 치우고 케이크를 좀 가져와야겠어."

소피 엄마가 말했다.

"커피 드실 분?"

잉에브릭트센 부부와 알베르토 크녹스 선생님 그리고 다른 두 사람이 더 손을 들었다.

"소피와 요룬이 좀 도와줄래?"

부엌으로 들어가는 길에 요룬과 소피는 짤막한 대화를 나눴다.

"왜 외르겐에게 입맞췄니?"

"그 애를 보니까 갑자기 그러고 싶었어. 걘 정말 매력적이야."

"그래, 기분이 어땠어?"

"상상했던 거하고는 좀 달랐어, 하지만……."

"그럼 처음이었어?"

"그래도 이게 마지막은 아니겠지."

곧 커피와 케이크가 테이블 위에 차려졌다. 크녹스 선생은 소년들에게 중국식 폭죽을 나누어주었다. 그러자 소피 엄마가 커피 잔을 살짝 두드리며 입을 열었다.

"제 딸은 이제 막 열다섯 살이 된 지 일주일하고도 하루가 지났습니다. 보시다시피 성의껏 파티를 준비했어요. 생일 케이크는 스물네 조각으로 되어 있어서 한 사람이 적어도 한 조각씩은 드실 수 있어요. 처음 드시는 분은 두 조각을 드셔도 됩니다. 케이크는 밑으로 갈수록 원둘레가 커지니까요. 우리 삶도 그렇죠. 아주 어렸을 때 소피는 아주 작은 원을 그리며 이 주위를 돌아다녔어요. 그런데 해가 바뀔수록 그 원은 점점 커졌습니다. 이제 그 원은 집에서 옛 시가지까지 뻗어나갔어요. 게다가 소피 아빠가 해외에 있는 적이 많아서 소피는 온 세계로 전화를 걸죠. 소피야, 우리 모두 너의 열다섯 번째 생일을 축하해!"

"감동적이에요!"

잉에브릭트센 부인이 외쳤다.

부인의 말이 엄마를 두고 하는 말인지 엄마의 인사말을 두고 하는 말인지, 아니면 케이크를 두고 하는 말인지 그것도 아니면 소피 자신을 두고 하는 말인지 소피는 알 수가 없었다.

파티에 초대된 손님들은 모두 박수를 쳤다. 이때 한 소년이 폭죽 한 개를 배나무에 던졌다. 그때 요룬이 자리에서 일어나 외르겐을 의자에서 일으켰다. 외르겐은 요룬이 하는 대로 잠자코 따랐다. 그리고 두 사람은 잔디에 누워 입을 맞췄다. 잠시 후 두 사람은 까치밥나무 덤불 아래로 들어갔다.

"요즘에는 여자애들이 더 적극적이야!" 잉에브릭트센 씨가 말했다.

그는 일어나서 까치밥나무 덤불로 다가갔고 다른 사람들도 거의 모두 그를 따라갔다. 소피와 크녹스 선생님만 자리에 남아 있었다. 곧 요룬과 외르겐 주위로 손님들이 반원을 그리며 모여들었다. 요룬과 외르겐의 천진한 입맞춤은 이제 애무 단계로 넘어가고 있었다.

"이 애들을 멈추게 할 수가 없군요!"

잉에브릭트센 부인이 거침없이 말했다.

"그래, 인간의 자연스러운 욕망은 어쩔 수 없지."

잉에브릭트센 씨가 말했다.

그는 혹시 다른 사람들이 이 말을 적절하다고 인정해주지 않을까 봐 주위를 둘러보았다. 사람들은 말없이 고개를 끄덕일 뿐이었다. 그러자 그가 말을 이었다.

"정말 어쩔 수 없군."

소피는 멀리에서 외르겐이 이미 잔뜩 풀물이 밴 요룬의 흰 블라우스 단추를 여는 것을 보았다. 요룬은 외르겐의 허리띠를 만지고 있었다.

"너희들 감기 들겠어!"

잉에브릭트센 부인이 말했다.

소피는 실망스러운 눈빛으로 크녹스 선생님을 바라보았다.

"생각보다 속도가 빠르구나. 우리 되도록 빨리 이 자리를 벗어나야겠어. 내가 짧은 연설을 하나 할게."

이 말에 소피가 박수를 쳤다.

"여러분, 모두 자리에 앉아주세요! 크녹스 선생님이 연설을 하신대요."

요룬과 외르겐을 뺀 나머지 사람들이 어정어정 걸어와서 다시 테이블에 둘러앉았다.

"아니, 정말 연설을 하시려고요?"

소피 엄마가 물었다.

"정말 친절하시군요!"

"이렇게 다들 모여주셔서 감사합니다."

"제가 듣기론 선생님은 산책을 즐기신다고요?"

소피 엄마는 크녹스 선생님과 대화를 나누려고 말문을 열었다.

"건강을 지키는 건 아주 중요하죠. 그리고 선생님은 산책길에 개를 한 마리 데리고 다니신다니 더 다정다감한 분이신 것 같아요. 그 개가 헤르메스죠?"

크녹스 선생님은 자리에서 일어나 커피 잔을 살짝 두드리더니, 이어 말했다.

"제 기억이 맞다면, 우리는 여기서 지금 철학 가든파티를 열고 있습니다. 그래서 철학 연설을 하려고 합니다."

박수 소리 때문에 그의 말이 잠시 중단되었다.

"이렇게 자유분방한 사교 모임에 약간의 이성(理性)이 해가 되지는 않겠죠. 물론 열다섯 번째 생일을 맞은 오늘의 주인공에 대한 축하 인사도 잊어서는 안 되죠."

크녹스 선생님이 이 말을 채 끝맺기도 전에 좌중의 모든 사람들은 요란한 경비행기 소리를 들었다. 경비행기는 곧 정원 위를 낮게 날았다. 경비행기의 꼬리에는 '열다섯 번째 생일을 진심으로 축하합니다!'라고 쓰여 있는 긴 깃발이 달려 있었다.

그러자 더욱 세찬 박수가 터져 나왔다.

그때 소피 엄마가 외쳤다.

"저것 보세요! 이분은 폭죽을 터뜨리는 일 말고도 아주 많은 일을 할 줄 아는 분이라니까요!"

"감사합니다. 별로 대단한 일은 아니죠. 소피와 저는 지난 몇 주간 중요한 철학 탐구를 진행해왔습니다. 지금 이 자리에서 우리가 얻어낸 결과를 알려드리겠습니다. 전 지금 우리 존재의 가장 심오한 비밀을 털어 놓으려 합니다."

새가 지저귀는 소리까지 들을 수 있을 정도로 테이블 주위가 아주 조용해졌다. 까치밥나무 덤불 속에서 부스럭거리는 작은 소리가 들려왔다.

"계속 말씀하세요!"

소피가 말했다.

"최초의 그리스 철학에서부터 오늘날에 이르기까지 세심하게 철학 탐구에 몰두한 결과, 우리는 우리의 삶이 한 소령의 의식에 자리하고 있다는 걸 알게 되었습니다. 그 소령은 현재 유엔 감독관으로 레바논에 있으며, 릴레산에 살고 있는 딸을 위해 우리에 관한 책을 한 권 썼습니다. 소령의 딸 이름은 힐데 묄레르 크나그이며 소피와 같은 날에 열다섯 번째 생일을 맞았습니다. 우리 모두에 관한 이 책은 6월 15일 아침, 힐데가 눈을 떴을 때 힐데의 침실 탁자 위에 놓여 있었습니다. 정확히 말하면, 그건 큰 바인더 공책의 형태로 되어 있습니다. 지금 이 순간 힐데의 집게손가락이 이 공책의 맨 마지막 장을 만지작거리고 있습니다."

테이블 주위에 앉아 있던 사람들이 어수선해지기 시작했다.

"그러니까 우리의 존재는 힐데 묄레르 크나그의 생일을 위한 일종의 장난감 이상도 이하도 아닙니다. 우리는 모두 소령이 자기 딸에게 철학을 가르치려고 고안해낸 인물일 뿐입니다. 예를 들면 문 앞에 있는 흰 벤츠 자동차는 아무 가치도 없습니다. 저 불쌍한 유엔 평화 유지군의 소령이 그의 머릿속에서 만들어낸 것일 뿐이죠. 그 소령은 지금쯤 일사병에 걸리지 않으려고 그늘에 앉아 있을 거예요. 여러분, 레바논은 정말 더운 곳이랍니다."

"미쳤군!"

세무 공무원 잉에브릭트센 씨가 소리쳤다.

"순전히 말장난이야!"

"물론 어떻게 이해하든 당신의 자유지요."

크녹스 선생은 상관하지 않고 계속 말했다.

"하지만 진실은 이 가든파티가 모두 말장난일 뿐이라는 것입니다. 그것만이 이 모임에서 최소한의 이성입니다."

잉에브릭트센 씨가 자리에서 벌떡 일어나 말했다.

"사람들은 누구나 자신의 의무를 다하려고 성실하게 노력해요. 게다가 매사에 일어날 수 있는 모든 일에 대비해 보험도 들지요. 그런데 갑자기 할 일 없이 빈둥거리는 얼간이가 와서 모든 것을 파괴하는 '철학적' 주장을 늘어놓고 있습니다!"

크녹스 선생님은 고개를 끄덕였다.

"그렇지만 이런 종류의 철학적 인식에 대해서 보험은 전혀 소용이 없습니다, 잉에브릭트센 씨. 우리는 여기서 자연재해보다 더 나쁜 일에 관해 얘기하고 있습니다. 분명 당신이 아는 것처럼 보험이 그런 손해를 보상해줄 수는 없습니다."

"지금 우리가 이야기하고 있는 건 자연재해가 아니잖소?"

"그렇지요. 이것은 하나의 실존적 재해입니다. 예를 들어 까치밥나무 덤불 안을 한번 봅시다. 그러면 제 말뜻을 이해하실 겁니다. 우리는 자신의 존재 자체가 붕괴되는 일에 대비해 보험을 들 수는 없어요. 마찬가지로 태양이 사라져버리는 일에 대한 보험도 있을 수 없죠."

"이 모든 일들을 그냥 이렇게 놔둘 거요?"

잉에브릭트센 씨가 자기 부인에게 물었다.

부인은 고개를 저었고, 소피 엄마도 마찬가지였다.

"정말 슬픈 일이에요!"

소피 엄마가 말했다.

"우리는 결국 아무것도 대비해놓은 것이 없는 셈이군요."

아이들은 눈을 동그랗게 뜨고 크녹스 선생님만 바라보았다. 젊은이들은 보통 기성세대보다 새로운 생각과 이념을 받아들이는 데 더욱 개방적인 법이다.

"좀 더 이야기를 듣고 싶어요."

안경을 낀 금발의 곱슬머리 소년이 말했다.

"고맙구나. 하지만 더 이상 할 말이 없어. 우리가 어떤 사람의 몽롱한 의식 속에 존재하는 환영일 뿐이라는 사실이 밝혀진 이상, 내 생각에는 이제부터 침묵하는 편이 가장 현명할 것 같구나. 하지만 이제 마지막으로 너희 젊은이들에게 철학사에 대한 작은 강의 하나를 추천해주고 싶어. 그걸 통해서 여러분이 살고 있는 이 세계에 대해 비판적인 관점을 발전시켜나갈 수 있을 거야. 여러분 부모 세대의 가치 체계에 대해 비판을 하는 것도 중요해. 내가 소피에게 가르치려고 했던 것이 바로 비판적인 사유지. 헤겔은 비판적인 사유를 부정적 사고라고 불렀어."

잉에브릭트센 씨는 여전히 서 있었다. 그는 우두커니 서서 손가락으로 테이블 위를 두드렸다.

"이 선동가는 기성세대인 우리가 학교, 교회와 더불어 미래의 세대이며 언젠가 우리의 모든 것을 물려받을 다음 세대에게 심어주려고 하는 건전한 관점들을 파괴하려고 합니다. 이 사람이 이 모임에서 당장 사라지지 않으면 내 변호사를 부르겠소. 이제 이 사람은 자기가 해야 할 일이 뭔지 알 거요."

"지금 당신이 생각하고 있는 올바른 행동은 전혀 중요하지 않습니다.

당신도 그림자에 불과하기 때문이죠. 게다가 나와 소피는 곧 이 파티장을 떠날 겁니다. 왜냐하면 이제까지 우리들의 철학 수업은 순수한 이론적 구상만이 아니라 실제적 측면도 포함했었기 때문입니다. 때가 되면 우리가 감쪽같이 사라져버리는 묘기를 보여드리겠습니다. 그리고 바로 그 방식으로 우리는 소령의 의식에서 도망칠 것입니다."

소피의 엄마는 딸의 손목을 꼭 잡았다.

"엄마를 두고 떠나려는 건 아니지, 소피야?"

소피는 한 팔로 엄마를 감싸안으며 선생님을 올려다보았다.

"엄마가 슬퍼하실 거예요……."

"말도 안 되는 소리. 소피야, 네가 배운 것을 잊지 마. 우리는 이 말도 안 되는 잡담에서 벗어나야 해. 할머니를 위해 바구니에 과자와 포도주를 가득 채웠던 빨간 모자처럼, 너의 엄마도 정말 상냥하고 좋은 분이시지. 예전에 생일 축하 비행을 했던 경비행기에 휘발유가 꼭 필요한 것처럼, 너의 엄마도 지금 슬퍼하시는 게 당연하지만 어쩔 수 없는 일이야."

"선생님 말씀을 이해해요."

다시 엄마에게 몸을 돌리며 소피가 말했다.

"크녹스 선생님 말씀대로 해야겠어요. 어차피 언젠가는 제가 엄마 곁을 떠날 수밖에 없을테니까요."

"네가 보고싶을 거야. 이 세상 밖에 또 다른 세상이 있다면 떠나가렴. 고빈다를 잘 돌볼게. 샐러드 잎을 하루에 한두 장 주면 되겠지?"

크녹스 선생님은 소피 엄마의 어깨 위에 손을 얹었다.

"우린 소피 엄마도 다른 어느 누구도 보고 싶지 않을 거예요. 그건 여러분 모두가 존재하지 않기 때문입니다. 여러분이 존재하지 않으니까 여러분이 우리를 그리워할 이유도 없죠."

"정말 살다 보니 이제 별 끔찍한 모욕을 다 당하는군요."

잉에브릭트센 부인이 흥분해서 소리쳤다.

남편도 고개를 끄덕였다.

"우리는 이 사람을 당장 명예훼손죄로 고소해야겠소. 소피야, 너도 알게 되겠지만 이 사람은 공산주의자야. 오로지 그의 목적은 우리가 사랑하는 모든 것을 우리에게서 빼앗아가는 것이지. 이 사람은 건달이고 타락한 깡패고……."

그때 크녹스 선생님이 자리에 앉았다. 잉에브릭트센 씨도 그를 따라 앉았다. 크녹스 선생님은 화가 나서 얼굴이 빨갛게 달아오르고 있었다. 이때 요룬과 외르겐이 다시 테이블로 다가와 앉았다. 두 사람의 옷은 아주 지저분하고 구겨져 있었다. 요룬의 금발머리는 흙먼지와 진흙으로 뒤범벅되어 있었다.

요룬이 당당히 말했다.

"엄마, 난 아이를 가졌어요."

"좋아, 하지만 집에 갈 때까지 좀 기다려."

요룬의 엄마는 이렇게 말하고 남편 옆으로 바짝 다가갔다. 그러자 잉에브릭트센 씨가 말했다.

"어쨌든 요룬은 조심해야 해. 그 아기가 오늘 저녁에 세례를 받아야 한다면 모든 일은 너 혼자 처리해야 할 테니까."

크녹스 선생님이 침울하게 소피를 바라보았다.

"자, 이제 때가 됐어."

"소피야, 가기 전에 커피를 좀 더 가져다줄래?"

소피 엄마가 말했다.

"네, 엄마. 금방 갖다 드릴게요."

소피는 테이블에 있던 보온병을 집어 들었다. 부엌에 들어가 커피메이커로 커피를 내렸다. 커피를 기다리는 동안 소피는 새와 금붕어에게 먹이를 주었다. 셰레칸은 보이지 않았지만 고양이 통조림을 하나 따서 움푹한 접시에 부어 문 앞에 갖다 놓았다. 소피는 두 눈이 촉촉히 젖어드는 것을 느꼈다.

소피가 커피를 가지고 정원으로 다시 나왔을 때, 가든파티는 열다섯 살 소녀를 위한 파티라기보다는 오히려 어린이 생일 파티 같았다. 콜라병과 레모네이드 병들이 여기저기 널려 있고 초콜릿 케이크 한 조각이 온 테이블 위에 뭉개져 있었으며 초콜릿 과자가 든 큰 그릇이 바닥에 나동그라져 있었다. 소피가 커피 보온병을 테이블 위에 올려놨을 때, 한 소년이 중국식 폭죽을 생크림 케이크에 푹 쑤셔 박았다. 폭죽이 터지자, 테이블과 손님들에게로 생크림이 흩뿌려졌다. 잉에브릭트센 부인의 빨간 정장 바지에도 생크림이 묻고 말았다.

그런데 이상하게도 소피와 손님들은 감정을 자제하고 있었다. 그때 요룬이 초콜릿 케이크를 한 조각 집어 들더니 외르겐의 얼굴에 문질렀다. 그러고는 곧 외르겐의 얼굴을 깨끗이 해주겠다며 그의 얼굴을 핥기 시작했다.

소피 엄마와 크녹스 선생님은 조금 떨어진 곳에 있는 그네에 같이 앉아 있었다. 그러고는 소피에게 손짓을 했다.

"마침내 두 분이서 얘기를 나누게 됐군요."

소피가 말했다.

"네 말이 사실이었어."

소피 엄마가 명랑하게 말했다.

"크녹스 선생님은 대단한 분이야. 선생님에게 너를 맡길게."

소피는 엄마와 크녹스 선생님 사이에 앉았다.

두 소년이 지붕 위로 기어오르고, 한 소녀는 머리핀으로 풍선을 터뜨리고 있었다. 이때 초대받지 않은 한 손님이 오토바이를 타고 왔다. 그는 맥주와 증류주를 상자에 가득 싣고 왔다. 몇몇 소년들이 그 짐 나르는 일을 도왔다.

"애들아, 우리 한번 놀아볼까?"

잉에브릭트센 씨가 일어서서 박수를 치며 말했다.

그러고는 맥주병 하나를 손에 들더니 벌컥벌컥 다 들이켜고 잔디 위에 빈 병을 세워놓고 테이블로 가 바움쿠헨 하단의 네 조각을 가져왔다. 그리고 손님들에게 어떻게 병을 향해 케이크 고리를 던져야 하는지 보여주었다.

"최후의 발악이군."

크녹스 선생님이 말했다.

"소령이 결론을 내리기 전에, 또 힐데가 공책을 덮어버리기 전에 우리 빨리 이곳을 뜨자."

"그럼 엄마 혼자서 이걸 다 치우셔야할 거예요."

"괜찮아. 여긴 네가 살 곳이 못 되는 것 같아. 크녹스 선생님이 더 나은 곳을 아신다니, 나는 누구보다도 행복하단다. 그런데 네가 얼마 전에 크녹스 선생님이 백마를 갖고 있다고 하지 않았니?"

소피는 주위를 둘러보았다. 정원은 더 이상 알아볼 수 없게 되었다. 곳곳에 그저 빈 병과 닭 뼈, 초콜릿 과자와 고무 풍선들이 널려 있을 뿐이었다.

"이곳은 내 작은 낙원이었는데……."

소피가 말했다.

"너는 이제 낙원 밖으로 쫓겨나게 됐지."

크녹스 선생님이 대답했다.

한 소년이 벤츠 차 안으로 들어가 앉았다. 그러고는 차 시동을 걸더니 닫힌 정원 문으로 돌진해 자갈길을 지나 정원 한가운데를 통과했다.

그때 누군가 소피의 팔을 낚아채서 동굴로 끌어당겼다. 크녹스 선생님의 목소리가 들렸다.

"지금이야!"

바로 그 순간에 흰 벤츠 차는 사과나무를 들이받았다. 아직 채 익지 않은 사과들이 자동차의 보닛 위로 떨어졌다.

"정말 지나치군!"

잉에브릭트센 씨가 소리쳤다.

"손해배상을 청구하겠어!"

그의 매력적인 부인은 남편의 말에 적극 동조하고 나섰다.

"이 일은 모두 다 그 멍청한 철학 선생 때문이에요. 그런데 그 사람은 어디로 숨었지?"

"땅속으로 꺼져버렸나 봐요."

소피 엄마는 당당하게 말하고는 자리에서 일어나 철학 가든파티의 흔적들을 없애기 시작했다.

"커피 더 드실 분 없으세요?"

대위법

…… 두 가지 이상의 멜로디가 동시에 울려 퍼진다 ……

힐데는 침대에서 일어났다. 여기서 소피와 크녹스 선생님의 이야기는 끝이 났다. 도대체 무슨 일이 일어난 걸까? 아빠는 왜 이 마지막 장을 썼을까? 아빠는 '소피의 세계'에 대한 자신의 힘을 과시하려고 했던 걸까?

힐데는 골똘히 생각하면서 욕실로 가서 옷을 입었다. 아침을 간단히 먹고 나서 천천히 정원으로 나와 그네에 앉았다.

힐데는 이번 가든파티에서 일어난 일 가운데 유일하게 자신의 말만이 이성적이라는 크녹스 선생님의 말에 동의했다. 아빠는 힐데의 세계역시 소피의 가든파티처럼 혼란스럽다고 말하려 한 것일까? 아니면 힐데의 세계도 언젠가 붕괴될 수 있다는 걸 말하고 싶었을까?

그런데 소피와 크녹스 선생님의 문제가 아직 남아 있었다. 그들의 비밀 계획에 무슨 일이 생긴 걸까?

이제 힐데 혼자서 다음 이야기를 진행해야 하는 걸까? 아니면 그들이 정말 이야기에서 빠져나왔을까? 그럼 그들은 지금 어디에 있는 거지?

힐데에게 갑자기 이런 생각이 떠올랐다. 크녹스 선생님과 소피가 정말 이야기에서 빠져나왔다면 그 일에 관해서 어떤 내용도 공책에 적혀 있을 수 없다. 거기에 적혀 있는 모든 내용에 대해서 아빠는 너무도 잘 알고 있을 것이다.

혹시 행간에 숨어 있는 걸까? 최소한 방향은 암시되어 있었다. 힐데는 그네에 앉아서 전체 이야기를 몇 번 더 읽어봐야겠다고 생각했다.

흰색 벤츠가 정원을 가로질러 질주하는 사이 크녹스 선생님은 소피를 동굴 안으로 끌어당겼다. 그러고서 그들은 숲 속을 지나 소령의 오두막을 향해 내달렸다.

"서둘러!"

크녹스 선생님이 외쳤다.

"소령이 우릴 찾기 전에 끝내야 해."

"우린 지금 소령의 눈에서 벗어난 건가요?"

"경계 지역에 있지!"

그들은 노를 저어 호수를 건넜고 오두막으로 달려 들어갔다. 크녹스 선생님은 지하실 문을 열었다. 그는 소피를 지하실 아래로 밀어 넣었다. 그다음에는 모든 것이 캄캄해졌다.

그다음 날부터 힐데는 계획을 실행했다. 힐데는 코펜하겐에 있는 안네 크밤스달에게 편지를 몇 통 보냈고, 전화도 두 번 걸었다. 힐데는 릴레산에서도 친구와 아는 사람들을 지원군으로 소집했다. 한 반의 절반

정도 인원이 필요했다.

그사이에도 힐데는 『소피의 세계』를 읽었다. 한 번 읽고 덮어버릴 책이 아니었다. 힐데는 가든파티에서 소피가 없어진 후에 크녹스 선생님과 소피에게 무슨 일이 일어났을지에 대해 계속 생각하게 되었다.

6월 23일 토요일 9시쯤에 잠을 깬 힐데는 아빠가 이미 레바논의 부대를 떠났다는 걸 알게 되었다. 이제 기다리기만 하면 된다. 아빠는 계획한 날짜의 마지막 날도 아주 세세하게 짜놓은 것이다.

오전에 힐데는 엄마와 함께 한여름밤 축제를 준비하면서 소피와 그 엄마가 축제를 어떻게 준비했을지 생각해보았다.

그런데 그건 모두 지나간 일인가? 아니면 그들도 지금 식사 준비를 하고 있는 걸까?

소피와 크녹스 선생님은 두 개의 커다란 건물 앞 잔디밭에 앉았다. 그 건물에는 환풍기와 환풍구가 보기 싫게 밖으로 튀어나와 있었다. 어떤 집에서 갈색 서류 가방을 든 젊은 남자와 빨간 핸드백을 멘 젊은 여자가 나왔다. 뒤쪽에 있는 작은 길로 차가 한 대 지나갔다.

"무슨 일이 일어난 거죠?"

소피가 물었다.

"우리가 해냈어."

"그런데 여기가 어딘가요?"

"'소령의 오두막'을 뜻하는 마요르스투아야."

"그럼……."

"오슬로에 있는 곳이지."

"정말요?"

"확실해. 이 집은 '샤토 뇌프'라고 하는데, '새로운 성(城)'이라는 뜻이야. 여기서 넌 음악을 공부할 수 있어. 저 건물은 신학대학이야. 언덕 위로 계속 올라가면 자연과학을 공부하는 곳이고, 끝까지 올라가면 문학과 철학을 공부하는 곳이지."

"우린 지금 힐데의 책과 소령의 지배에서 벗어난 건가요?"

"물론이지. 소령은 이 삶 속에 있는 우리를 절대 찾을 수 없어."

"그러면 숲 속을 달리는 동안에 우린 어디에 있던 거죠?"

"소령이 세무 공무원의 차가 사과나무를 향해 가도록 하는 데 몰두해 있는 동안 우린 굴 안에 숨을 수 있었어. 동시에 배아의 단계에 있었지. 말하자면 신구(新舊) 세계에 동시에 속해 있었던 거야. 소령은 우리가 거기 숨으리라고는 생각도 못 했겠지."

"왜 생각을 못 했을까요?"

"그랬다면 그 사람이 우릴 그렇게 쉽게 빠져나가게 두지 않았을 거야. 모든 일이 꿈처럼 흘러갔거든. 글쎄, 아마 놀이에 참여하고 싶었던 것 같아……."

"그게 무슨 말씀이세요?"

"소령은 흰색 벤츠가 출발하도록 만들었어. 그동안 일어난 모든 일 때문에 지칠 대로 지쳐서 아마 시야에서 우리를 일부러 놓치고 싶었을 거야."

이제 아까 그 젊은 남녀가 불과 몇 미터 앞으로 다가왔다. 소피는 자기보다 나이가 훨씬 많은 남자와 풀밭에 앉아 있는 자신이 조금 괴롭게 느껴지면서, 크녹스 선생님의 말을 확인해보고 싶었다.

소피는 벌떡 일어나서 그 남녀에게 달려갔다.

"이 도시의 이름이 뭔가요?"

그러나 그 사람들은 대답해주지 않았고, 소피를 쳐다보지도 않았다. 소피는 아주 화가 났지만 다시 말을 걸었다.

"질문에 답을 듣고 싶어 하는 게 무리한 요구는 아니지 않나요?"

젊은 남자는 여자에게 뭔가를 열심히 설명하고 있었다.

"대위법 작곡은 화음을 내는 멜로디와 하모니가 두 가지 차원에서 전개되는 거야. 그러니까 두 가지 이상의 멜로디가 중요한데……."

"방해해서 죄송하지만……."

"서로 다른 멜로디가 함께 어울려서 화음을 만들어내는 걸 대위법이라고 해. 원래 그 말은 음표 대 음표라는 뜻이지."

무례한 사람들! 두 사람은 귀머거리도 장님도 아니었다. 소피는 그들 앞에 똑바로 서서 세 번째로 길을 가로막았지만 길 옆으로 쉽게 밀쳐졌다.

"바람이 살랑살랑 부네."

여자가 말했다.

소피는 크녹스 선생님에게로 달려왔다.

"저 사람들은 듣질 않아요!"

소피는 힐데와 황금 십자가 목걸이 꿈이 생각났다.

"우린 대가를 치러야 해, 소피야. 우리가 책에서 빠져나오면서 지은이와 똑같은 위치를 기대할 수는 없지. 하지만 우린 정말 여기에 있어. 이제부터 철학 가든파티에서보다 더 나이를 먹지는 않을 거야."

"그리고 가까이 있는 사람들과 절대 접촉할 수 없고요?"

"진정한 철학자는 '절대'라는 말을 쓰지 않아. 지금이 몇 시지?"

"8시예요."

"우리가 가든파티를 떠난 지 얼마나 됐지?"

"오늘 힐데의 아빠가 레바논에서 돌아와요."

"그럼 서둘러야 해."

"왜요?"

"소령이 비에르켈리로 돌아올 때 무슨 일이 일어날지 걱정되지 않니?"

"물론 그렇지만……."

"그럼 출발!"

두 사람은 시내 쪽으로 걸어 내려갔다. 여러 사람들이 두 사람과 마주쳤지만 그 사람들에게 소피와 크녹스 선생님은 그저 공기처럼 보였다.

길가에는 자동차가 줄지어 서 있었다. 선생님은 갑자기 지붕 없는 빨간 스포츠카 앞에 멈춰 섰다.

"이건 탈 수 있겠어. 이게 '우리 차'라고 확실히 믿어야 해."

"이해가 안 돼요."

"설명해줄게. 우린 지금 이 도시에 살고 있는 사람들의 평범한 자동차는 쉽게 탈 수 없어. 사람들이 운전자 없이 달리는 자동차를 발견하면 무슨 일이 일어나겠니? 게다가 우리는 자동차에 시동을 걸지도 못할 거야."

"그럼 이 차를 어떻게 움직이죠?"

"옛날 영화에서 본 적이 있어."

"죄송하지만, 이런 비밀스러운 암시들에 점점 화가 나기 시작해요."

"소피야, 이건 환상의 차야. 우리처럼 말이지. 이 도시 사람들에게는 텅 빈 주차장만 보일 거야. 출발하기 전에 그걸 확실하게 시험해봐야 해."

두 사람은 서서 기다렸다. 잠시 후에 어떤 젊은이가 자전거를 타고 빨간 차를 통과해서 지나갔다.

"봤지! 이건 우리 차야!"

크녹스 선생님이 조수석의 문을 열었다.

"타시지요."

선생님은 운전석에 앉았다. 크녹스 선생님이 꽂혀 있는 자동차 열쇠를 돌리자 시동이 걸렸다.

키르케베이엔을 지나서 곧 드라멘스베이엔에 도착했다. 그들은 리사커와 잔비카를 지났다. 드라멘스베이엔을 막 지났을 때부터 점점 성 세례 요한 축일 첫날의 모닥불이 보이기 시작했다.

"한여름 밤이구나, 소피야! 놀랍지 않니?"

"바람이 상쾌해요. 정말 아무도 우리를 못 볼까요?"

"우리에게 속한 사람들은 보여. 그 사람들을 만나게 될지도 몰라. 지금 몇 시니?"

"8시 반이에요."

"시간을 단축해야겠어. 어쨌든 계속 천천히 저 화물차 뒤만 따라갈 수는 없으니까."

선생님은 넓은 옥수수 밭 안으로 핸들을 꺾었다. 소피는 몸을 돌려 옥수수 대가 차 바퀴에 납작하게 깔려 생기는 큰 무늬를 보았다.

"내일 사람들이 이걸 보면 바람이 밭을 저렇게 만들었다고 하겠지."

크녹스 선생님이 말했다.

알베르트 크나그 소령은 코펜하겐에 도착했다. 6월 23일 토요일 오후

4시 30분이었다. 이제 긴 하루를 남겨놓고 있었다. 로마발 코펜하겐행 비행기는 소령의 여행 중 마지막에서 두 번째 단계였다.

그는 늘 자랑스러워하는 유엔 군복을 입고 출국 심사를 거쳤다. 유엔 군복은 자신뿐 아니라 전 지구를 총괄하는 100년 동안의 전통인 국제 법질서를 대표하는 것이다.

그는 작은 가방을 멨다. 나머지 짐은 로마에서 부쳤다. 그는 빨간 여권을 흔들기만 하면 된다.

'세관 신고 없음.'

알베르트 크나그 소령은 거의 3시간 동안 코펜하겐에 체류하고 나서야 크리스티안산행 비행기를 탔다. 그는 가족을 위해서 몇 가지 작은 선물을 더 사야 했다. 힐데에겐 커다란 생일 선물을 이미 2주 전에 보냈다. 힐데가 생일날 눈을 뜨면 발견하도록 아내 마리트가 침실 탁자 위에 올려두었다. 생일에 통화한 이후로 소령은 힐데와 이야기를 하지 못했다.

노르웨이 신문 몇 개를 사고 공항 바에 앉아서 커피를 마셨다. 먼저 신문 헤드라인을 훑어보고 있을 때 안내 방송이 들렸다.

"알베르트 크나그 씨에게 중요한 소식입니다. 크나그 씨는 스칸디나비아 항공사 안내소로 와주시기 바랍니다."

이게 무슨 소리지? 얼음처럼 차가운 것이 등줄기를 타고 내려가는 기분이었다. 레바논에서 귀환 명령이 떨어진 것은 아니겠지? 아니면 집에서 무슨 소식이 온 걸까?

소령은 안내 창구로 갔다.

"제가 알베르트 크나그입니다."

"어서 오세요. 급한 일이라는군요."

건네받은 편지봉투를 뜯어보니 그 안에 '알베르트 크나그 소령, 스칸디나비아 항공사 안내소 내, 코펜하겐 카스트루프 공항'이라고 적힌 작은 봉투가 들어 있었다.

긴장한 소령이 봉투를 열자 안에는 작은 메모지에 이렇게 써 있었다.

사랑하는 아빠! 집에 돌아오시는 걸 진심으로 환영해요. 레바논에서 돌아오신다니 기뻐요. 집에 오실 때까지 기다릴 수 없어서 아빠를 스피커로 부르게 된 사정을 이해해주세요. 이게 가장 쉬운 방법이었어요.

추신 1: 잉에브릭트센 씨는 유감스럽게도 벤츠 도난 사고에 대해 손해 배상을 청구했어요.

추신 2: 아빠가 집으로 오실 때, 아마 저는 정원에 앉아 있을 거예요. 하지만 그 전에 제 소식을 들으실 수 있을 거예요.

추신 3: 갑자기 제가 정원에 너무 오래 있게 될까 봐 조금 걱정이 돼요. 그런 곳에서는 땅 밑으로 꺼져버리기 쉽잖아요.

— 아빠의 귀국을 환영하기 위해 많은 시간을 들이고 있는 힐데가

알베르트 크나그 소령은 웃을 수밖에 없었다. 그러나 조종당했다는 생각은 전혀 들지 않았다. 자신은 언제나 뒤에서 조종하기를 좋아했다. 그런데 지금은 이 버릇없고 깜찍한 딸이 릴레산에 있는 집에 앉아서 자기를 공항에서 이리저리 쫓고 있는 것이다! 그 아이가 어떻게 이런 일을 했지? 소령은 봉투를 가슴에 있는 주머니에 넣고 많은 상점들을 돌아다녔다. 그는 식료품 가게에 들어서면서 진열장에 끼워져 있는 작은 편지봉투를 발견했다. 그 봉투에는 굵은 사인펜으로 '크나그 소령'이라고 쓰

여 있었다.

알베르트 크나그 소령에게 중요한 전갈 (덴마크 식품점 내, 코펜하겐 카스트루프 공항)
사랑하는 아빠! 커다란 덴마크 살라미 2킬로그램을 사다주세요. 코냑 소시지를 사시면 엄마가 좋아하실 거예요.
추신: 림 피오르산 캐비어도 잊으시면 안 돼요.
— 힐데가

알베르트 크나그 소령은 주위를 둘러보았다. 힐데가 이 근처에 있는 건 아니겠지? 나를 마중하게 하려고 마리트가 힐데에게 코펜하겐행 비행기표를 사준 건 아닐 거야. 이건 분명히 힐데 글씨인데……. 갑자기 유엔 감시 단원인 자신이 감시당하는 느낌이 들었다. 누군가 자기가 하는 모든 행동을 무선 조종하는 것 같았다.

소령은 가게 안으로 들어가서 살라미 2킬로그램, 코냑 소시지 하나와 림 피오르산 캐비어 세 통을 샀다. 그러고 나서 그는 힐데의 생일 선물을 더 사기 위해 상점들을 계속 둘러보았다. 휴대용 계산기가 필요하려나? 아니면 작은 여행용 라디오? 그래, 그게 좋겠다.

전자 제품 가게에 들어갔을 때 거기서도 창가에 걸린 편지봉투를 발견했다. 봉투에는 '알베르트 크나그 소령, 공항 전체에서 가장 흥미를 끄는 가게'라고 적혀 있었다.

사랑하는 아빠! 저는 소피의 안부와 함께 그 애가 아주 자상한 자기 아빠에게 생일 선물로 받은 라디오 겸용 미니 텔레비전에 대한 감사 인사도 대신 전해 드릴게요. 그건 정말 좋았지만 한편으로는 역시 사소한 것일 뿐이었어요. 물론 저도 그런 사소한 것에 대해 관심을 가지긴 했지만요.

추신 1: 아빠가 아직 들르지 않으셨을까 봐 하는 말이지만, 식료품 가게와 와인과 담배를 파는 큰 면세점에 아빠에게 보내는 메모가 걸려 있을 거예요.
추신 2: 저는 생일에 받은 용돈으로 미니 텔레비전을 살 350크로네를 모았어요.
　　　　— 벌써 칠면조 속을 다 채우고 월도프 샐러드를 버무려놓은 힐데가

미니 텔레비전은 985크로네다. 그건 사소하다고 할 수 있겠지만 알베르트 크나그 소령이 자기 딸에게 이런 이상한 조종을 당하는 건 전혀 사소하지 않다. 그 애는 지금 여기에 있는 걸까, 없는 걸까?

소령은 발걸음을 뗄 때마다 주위를 둘러보면서 자기가 어떤 사람의 스파이거나 조종을 당하는 태엽 인형 같다는 생각이 들었다. 여기서 그는 걸음걸음마다 자신의 인간적인 자유를 빼앗기고 있는 것일까?

그래도 소령은 면세점으로 걸음을 옮겼다. 면세점에서 소령은 자기 이름이 적혀 있는 흰 편지봉투를 발견했다. 공항이라는 컴퓨터 게임에서 자신이 마우스 커서 역할을 하는 것 같았다. 메모에는 다음과 같이 적혀 있었다.

크나그 소령, 공항 면세점 내. 제가 여기에서 원하는 건 와인 젤리 한 봉지하고 안톤 베르크의 아몬드 과자 두 상자예요. 노르웨이에서 사려면 아주 비싸

다는 걸 잊지 마세요! 제가 알기로 엄마는 캄파리를 즐겨 마셔요.

추신: 어떤 중요한 소식도 놓치지 않으려면 집에 돌아오시는 동안 정신을 바짝 차리고 계셔야 할 거예요.

— 아빠의 영리한 딸 힐데가

알베르트 크나그 소령은 체념하고 한숨을 푹 내쉬었지만, 상점으로 가서 힐데가 주문한 것을 샀다. 그는 이제 플라스틱 봉투 세 개와 작은 가방을 가지고 이륙을 기다리기 위해 28번 출구로 갔다. 메모가 더 있더라도 이젠 그냥 공항에 남겨두고 가야 할 것이다.

그러나 28번 출구의 기둥에도 흰 봉투가 있었다. '크나그 소령에게, 28번 출구, 코펜하겐 카스트루프 공항.' 이것도 힐데의 글씨였지만 출구 번호는 다른 사람의 글씨 같기도 했다. 소령은 판단을 내리기가 어려웠다.

소령은 벽에 붙어 있는 의자에 앉았다. 그는 봉투를 무릎 위에 올려놓았다. 이 거만한 소령은 거기에 앉아서 처음 혼자 여행을 떠나는 어린 소년처럼 앞을 노려보았다. 그 애가 여기 있다 해도, 나를 먼저 발견할 수는 없을 거야. 소령은 모든 행인들을 불안하게 올려다보았다. 잠시 자기가 엄격하게 감시당하는 적군 같다는 생각을 했다. 탑승 방송이 들리자 그는 안심하며 숨을 내쉬었다. 그는 제일 마지막으로 탑승했다. 표를 내면서 개찰구에 붙어 있는 편지봉투를 재빨리 떼어냈다.

소피와 크녹스 선생님은 브레비크스 다리를 건너 크라게레가 시작되는 곳을 지나갔다.

"시속 180킬로로 달리고 있어요."

"9시가 거의 다 됐어. 곧 소령이 셰비크 비행장에 착륙할 거야. 교통 통제가 우릴 막지 못해서 다행이야."

"하지만 사람하고 충돌하면 어쩌죠?"

"그게 우리 중에 누구라면 문제지만 보통 자동차는 상관없어."

"네?"

"조심해야 해. 우리가 허비(1963년형 폭스바겐 비틀-옮긴이)를 지나친 걸 못 봤니?"

"못 봤어요!"

"저런. 그건 베스트폴 어딘가에 주차됐을 거야."

"저 앞에 오는 관광버스는 그렇게 쉽게 지나칠 수 없을 거예요. 여긴 사방이 빽빽한 숲이잖아요."

"문제없어. 잘 보렴."

선생님은 숲으로 차를 돌려 나무들이 가장 빽빽이 들어선 숲의 한가운데로 들어갔다.

소피는 안도의 숨을 쉬었다.

"놀랍네요."

"우리가 강철 벽을 통과해도 넌 아무렇지 않을 거야."

"우리가 공기 같은 영혼들이란 뜻인가요?"

"아니, 머리가 혼란스러운 모양이구나. 우리를 둘러싼 현실이 공기 같은 허구란다."

"더 자세히 설명해주세요."

"잘 들어봐. 영혼이 수증기보다도 더 '흐릿하다'는 건 대단한 오해야.

사실 영혼은 얼음보다도 단단하지."

"그런 건 한 번도 생각해본 적이 없어요."

"이야기를 하나 해줄게. 옛날에 어떤 사람이 천사가 없다고 믿고 있었는데 어느 날 숲에 나가 일하고 있을 때 그에게 천사가 내려온 거야."

"그래서요?"

"그 사람은 천사와 함께 조금 걸었어. 그러고는 천사에게 말했지. '그렇소, 이제 나는 천사가 존재한다고 인정해야 하겠군요. 하지만 당신은 나처럼 진정한 존재는 아니오.' 그러자 천사가 '그게 무슨 말인가요?' 하고 물었지. 그 남자가 '우리가 바위를 지날 때, 나는 돌아서 왔지만 당신은 그 속을 통과했소. 그리고 길을 가로질러 넘어진 나무가 있을 때, 나는 그 위로 기어 올라갔지만 당신은 그냥 통과했소.' 하고 답하자, 천사는 깜짝 놀라 '우리가 늪지대를 가로질러 왔던 것이 생각나지 않으세요? 그때 우린 둘 다 안개 속을 통과할 수 있었어요. 우린 안개보다 훨씬 더 조밀하게 응집되어 있기 때문이죠.' 하고 말했어."

"아아……."

"이건 우리와도 관계 있는 얘기야. 영혼은 강철 문도 통과할 수 있어. 탱크도 폭탄도 영혼을 파괴할 수는 없는 거야."

"독특한 생각이에요!"

"우린 곧 리쇠르를 지나갈 거야. 출발한 지 한 시간밖에 안 됐구나. 커피가 그리워지네."

쉰데레와 이웃한 피아네에 도착했을 때 두 사람은 왼쪽 길가에서 휴게소를 발견했다. 휴게소의 이름은 '신데렐라'였다. 선생님이 핸들을 꺾어 잔디밭에 차를 세웠다.

소피는 카페에서 냉장 선반에 있는 콜라병을 집으려고 했지만 병을 움직일 수 없었다. 그 콜라병은 바닥에 딱 붙은 것 같았다. 크녹스 선생님은 차 안에서 발견한 종이컵에 커피를 받으려고 했다. 버튼을 누르기만 하면 되는데 아무리 애를 써도 소용이 없었다.

선생님은 아주 화가 나서 손님들에게 도움을 청했지만 아무도 반응을 보이지 않자 소피가 귀를 막아야 할 정도로 크게 소리를 질렀다.

"커피를 마시고 싶다고!"

그러나 선생님은 곧 숨이 가빠져 그다지 무섭게 화를 내지는 못했다.

"저 사람들은 우리 말을 들을 수가 없어. 물론 우리도 그들의 커피를 뺏을 수 없고."

두 사람이 돌아서서 휴게소를 떠나려고 할 때, 한 할머니가 의자에서 일어나 다가왔다. 빨간 치마에 새파란 스웨터를 입고, 머리에는 하얀 두건을 쓰고 있었다. 휴게소 안에 있는 사람들과는 어딘지 모르지만 분명히 달라 보였다.

할머니는 선생님에게 다가와 말했다.

"자네가 소리를 질렀지, 젊은이."

"죄송합니다."

"커피를 마시고 싶다고 했나?"

"네, 그런데⋯⋯."

"우리가 바로 이 뒤에서 작은 가게를 하고 있어."

그들은 할머니와 함께 휴게소 뒤편에 있는 오솔길로 들어섰다. 도중에 할머니가 물었다.

"자네들은 여기 처음 왔지?"

"그렇습니다."

선생님이 대답했다.

"그래, 그래. 영원한 세계에 온 것을 환영하네!"

"그럼 할머니도?"

"나는 그림 형제의 동화에서 나왔어. 그 동화가 쓰여진 지는 150년도 훨씬 더 지났지. 그런데 자네들은 어디서 왔나?"

"저희는 철학책에서 나왔습니다. 저는 철학 선생이고 이 애는 제 제자인 소피입니다."

"하…… 하하……. 그래, 그거 참 새롭구먼."

그들은 곧 숲 속의 빈 터에 이르렀다. 거기에는 아담한 갈색 집 몇 채가 있었는데, 집들 사이의 어떤 곳에는 커다란 성 세례 요한 축일의 모닥불이 타고 있었고, 불 주위에는 표정이 밝은 사람들이 춤을 추고 있었다. 소피에게 낯익은 얼굴들이 많았다. 백설공주와 난쟁이들, 운 좋은 한스와 셜록 홈스, 그리고 빨간 모자와 신데렐라도 보였다. 또 이름이 기억나지 않지만 친근한 캐릭터들이 많이 모여 있었다. 요괴와 요정, 사티로스와 마녀, 천사와 악마……. 소피는 심지어 트롤도 보았다.

"여기 곰이 달아난다!"

크녹스 선생님이 외쳤다.

"결국 또 한여름 밤이군. 우린 발푸르기스의 밤에 마지막으로 만났었지. 그때 우린 독일에서 축제를 열었어. 나는 여기 잠깐 다니러 온 것뿐이야. 아, 커피를 마시고 싶다고 했지?"

"네, 부탁드려요."

소피는 이제야 그 집들이 다 과자와 캐러멜, 설탕 등으로 만들어졌다는 것을 깨달았다. 몇몇 캐릭터들이 그 집을 갉아먹으면 빵 굽는 여자가 바로 빙 돌면서 없어진 부분을 채워놓았다. 소피도 한 귀퉁이를 조금 떼서 먹어보았다. 달콤했고 지금까지 먹어본 것 중에서 가장 맛있었다.

할머니가 곧 커피 한 잔을 들고 왔다.

"정말 고맙습니다."

선생님이 말했다.

"그래, 자네들은 커피 값으로 뭘 줄 건가?"

"커피 값요?"

"여기서는 대개 이야기로 지불하지. 커피 값으로 짧은 이야기 하나면 충분해."

"놀라운 인류의 역사에 대해 얘기할 수 있을 것 같은데 저희는 시간이 없어요. 다음에 다시 와서 드려도 될까요?"

"물론이지. 그런데 왜 그렇게 바쁜가?"

선생님이 계획한 것을 설명하자 할머니가 말했다.

"과연, 자네들은 정말 새롭구먼. 하지만 육체적인 근원과 연결된 탯줄은 잘라버려야 해. 우린 살과 그리스도의 피에 매이지 않은 '보이지 않는 민족'이니까."

선생님과 소피는 서둘러 신데렐라 휴게소 앞 스포츠카가 있는 곳으로 돌아왔다. 자동차 바로 옆에서는 한 엄마가 어린 아들이 소변보는 것을 봐주고 있었다.

그들은 빠른 속도로 달려서 곧 릴레산에 도착했다.

코펜하겐발 SX 876기는 저녁 9시 35분에 착륙했다. 비행기가 코펜하겐에서 활주로를 달리는 사이에 소령은 출국장에서 발견한 편지봉투를 열었다. 그 안에는 이렇게 적혀 있었다.

방금 비행기표를 낸 크나그 소령님, 1990년 성 세례 요한 축일의 밤.

사랑하는 아빠! 아마 제가 코펜하겐에 나타날 거라고 생각하셨겠죠? 하지만 아빠가 하시는 일에 대한 제 지배력은 훨씬 더 좋아서 어디서나 아빠를 볼 수 있어요. 전 옛날에 증조할머니에게 요술 거울을 판 집시 가족을 찾아냈고 수정 구슬도 샀어요. 아빠가 방금 비행기에 앉으신 모습이 보여요. 안전벨트 표시등이 꺼질 때까지 안전벨트를 꼭 매고 등받이를 수직으로 놓는 것을 잊지 마세요. 그리고 비행기가 높이 뜨면 등받이를 뒤로 젖히고 편히 쉬세요. 그래야 아빠가 집에 도착했을 때 피곤하지 않을 테니까요. 릴레산은 날씨가 참 좋아요. 레바논보다 몇 도쯤 더 서늘할 거예요. 편안히 오세요.

— 거울 여왕, 고단수 역설가, 아빠의 딸 마녀 힐데

알베르트 크나그 소령은 자신이 화가 난 건지 피곤한 건지 지친 건지 알 수 없었지만 갑자기 웃음을 터뜨렸다. 너무 크게 웃어서 다른 승객들이 쳐다보았다. 곧 비행기가 이륙했다.

소령은 단지 자신이 처방했던 약을 받은 것뿐이었다. 그러나 거기엔 중요한 차이가 있었다. 소피와 크녹스 선생님만 그 약의 희생자들이었다. 하지만 그들은 단지 환영일 뿐이다.

입국 심사를 거쳐 공항 로비로 나왔을 때 소령은 한 무리의 사람들이 자신을 환영하러 나온 것을 보고 깜짝 놀랐다. 대충 힐데 나이쯤 되어 보이는 8명 정도의 소녀들이 '집에 오신 걸 환영해요, 아빠!', '힐데는 정원

에서 기다리고 있어요!', '반어를 계속하라!' 라고 쓴 플래카드를 들고
있었다.

나쁜 소식은 소령이 바로 택시를 탈 수 없었다는 것이다. 그는 자신의
짐을 기다려야 했다. 그리고 그사이에 힐데의 학교 친구들이 주변을 어
지럽게 돌아서 몇 번이고 플래카드를 다시 읽어야 했다. 어떤 소녀가 장
미 꽃다발을 가지고 왔을 때에야 그는 비로소 빙긋 웃었다. 소령은 플라
스틱 봉투에서 아몬드 과자를 꺼내 소녀들에게 나누어주었다. 이제 힐
데 몫으로는 겨우 두 개만 남았다. 짐이 도착했을 때, 한 젊은 남자가 그
에게 말을 걸었고 소령님을 비에르켈리로 모셔 오라는 거울 여왕의 명
령을 받았다고 설명했다. 소녀들은 군중 속으로 사라졌다.

그들은 18번 고속도로를 달렸다. 다리와 터널마다 플래카드와 복사
한 종이가 걸려 있었다. '집에 오신 걸 환영해요!', '칠면조가 준비되어
있어요!', '저는 아빠를 보고 있어요!' 라는 글귀가 적혀 있었다.

알베르트 크나그 소령은 비에르켈리 정원 문 앞에 내려서야 안도의
한숨을 쉬었다. 운전수에게 100크로네와 칼스버그 맥주 세 캔으로 고마
움을 전했다.

아내가 집 앞에서 기다리고 있었다. 긴 포옹 후에 물었다.

"힐데는 어디 있지?"

"선창에 있어요."

크녹스 선생님과 소피는 릴레산 광장에 있는 노르게 호텔 앞에 빨간
스포츠카를 세웠다. 9시 45분이었다. 밖에는 커다란 성 세례 요한 축일
의 모닥불이 보였다.

"어떻게 비에르켈리를 찾죠?"

소피가 물었다.

"오두막에 있던 그림 생각나지? 그걸 지금 찾아야 해."

"서둘러야 해요. 저는 소령보다 먼저 가 있고 싶어요."

그들은 울퉁불퉁한 작은 언덕과 바위 사이의 작은 길로 갔다. 중요한 단서는 비에르켈리가 바닷가에 있다는 것이다.

갑자기 소피가 외쳤다.

"저기! 저거예요!"

"그런 것 같구나. 그런데 그렇게 소리를 크게 내면 안 돼."

"아, 왜요. 여기선 아무도 못 듣잖아요."

"소피야 철학 수업을 그렇게 오래 했는데도 아직 성급하게 결론을 내리다니. 실망스럽구나."

"그래도……."

"이 지역에 요정과 트롤, 숲의 정령과 착한 요정이 없다고 믿는 건 아니겠지?"

"아, 죄송해요."

두 사람은 집 앞 자갈길을 넘어서 그네 옆 잔디밭에 차를 멈추었다. 조금 떨어진 곳에 세 사람을 위한 식탁이 차려져 있었다.

"힐데가 보여요! 제 꿈에서처럼 정확히 선창에 앉아 있어요."

소피가 속삭였다.

"정원이 클뢰베르베이엔에 있는 너희 정원과 굉장히 비슷하지?"

"네, 그네부터 거의 대부분이 그래요. 힐데한테 가봐도 될까요?"

"물론, 나는 차에 있을게……."

소피는 선창으로 달려 내려갔다. 하마터면 힐데에게 부딪혀 넘어질 뻔했다. 그렇지만 소피는 얌전하게 힐데 옆에 앉았다.

힐데는 조각배를 묶어놓은 선창의 밧줄을 손가락으로 만지작거리고 있었다. 왼손에는 작은 메모지를 들고 있었다. 누구를 기다리고 있는 게 분명했다. 몇 번이고 시계를 들여다보았다.

소피는 힐데가 아주 예쁘다는 것을 알았다. 힐데는 밝은 금발 곱슬머리에 눈동자는 진한 초록색이었다. 게다가 노란 여름 원피스를 입고 있었다. 요룬과 조금 닮은 것 같다.

소피는 쓸데없다는 걸 알면서도 힐데에게 말을 걸었다.

"힐데야! 나 여기 있어! 나야 나, 소피라고!"

힐데는 전혀 반응이 없었다.

소피는 힐데 옆에 무릎을 꿇고 앉아 귀에 대고 소리쳤다.

"내 말 들리니? 너 장님에 귀머거리야?"

힐데가 눈을 약간 크게 떴다. 희미하게나마 무슨 소리를 들은 걸까?

그러고 나서 힐데는 주위를 돌아봤다. 갑자기 머리를 오른쪽으로 돌리더니 소피의 눈을 똑바로 쳐다봤다. 그러나 시선의 초점이 소피에게 맞춰져 있지는 않았다. 힐데는 마치 소피를 완전히 꿰뚫어 보는 것 같았다.

"너무 큰 소리를 내지 마, 소피야!"

스포츠카에 앉아 있던 크누스 선생님이 말했다.

"난 정원을 온통 물의 요정으로 채우고 싶지 않아!"

소피는 이제 말없이 앉아 있었다. 단지 그렇게 힐데 곁에 가까이 있는 것으로도 기분이 좋았다.

그때 소피는 "힐데!"라고 부르는 묵직한 남자 목소리를 들었다.

군복을 입고 파란 베레모를 쓴 소령이었다. 그는 정원 끄트머리에 서 있었다.

힐데는 벌떡 일어나 소령에게 달려갔다. 소령과 소피는 그네와 빨간 스포츠카 사이에서 만났다. 소령은 힐데를 높이 안아 올려서 빙빙 돌렸다.

힐데는 아빠를 기다리면서 선창에 앉아 있었다. 소령이 코펜하겐에 도착한 이후로 힐데는 15분마다 아빠가 지금 어디에 계실까, 어떤 일을 겪었을까, 그리고 그 일을 어떻게 생각하고 계실까 등을 상상했다. 힐데는 내내 쪽지에 메모했고, 그걸 온종일 손에 쥐고 있었다.

아빠가 화나시지는 않았을까? 하지만 아빠가 그 신비한 책을 쉽게 쓴 건 아닐 것이다. 그럼 모든 것이 전과 같아질까?

힐데는 다시 시계를 봤다. 10시 15분이다. 아빠가 곧 오실 것이다. 그런데 그건 뭐였을까? 힐데는 소피에 관한 꿈에서처럼 미약한 숨소리를 들었다.

힐데는 주위를 살폈지만 그 숨결이 뭔지 알 수가 없었다. 그럼 뭐지? 그저 여름날 저녁에 일어날 수 있는 일인 걸까?

힐데는 잠깐 동안 투시력을 갖게 되는 건 아닌가 하는 불안을 느꼈다.

"힐데야!"

힐데는 고개를 돌렸다. 아빠가 정원 끄트머리에 서 있었다.

힐데는 벌떡 일어나 아빠에게 달려갔다. 소령과 힐데는 그네 근처에서 만났다. 소령은 힐데를 높이 안아 올려서 빙글빙글 돌렸다.

힐데는 눈물을 흘렸고 소령도 애써 눈물을 참았다.

"다 컸구나, 힐데!"

"아빠 진짜 작가가 되셨고요!"

힐데는 노란 원피스 소매로 눈물을 닦았다.

"이제 서로 빚진 게 없는 거죠?"

"그래, 그렇구나."

두 사람은 식탁에 마주 앉았다. 힐데는 우선 코펜하겐에서 릴레산으로 오는 도중에 무슨 일이 일어났는지 아주 정확하게 알고 싶었다. 그들은 계속 웃음을 터뜨렸다.

"카페에서는 편지봉투를 못 보셨어요?"

"앉아서 뭘 먹을 시간이 전혀 없었어, 이 말썽꾸러기. 너무 배가 고프구나."

"가엾은 아빠."

"칠면조 얘기는 농담이었지?"

"정말이에요! 제가 다 준비했어요. 지금 엄마가 차리고 계세요."

그러고 나서 힐데는 바인더 공책과 소피 그리고 크녹스 선생님에 대해 자세히 얘기했다. 엄마가 칠면조, 샐러드, 로제 와인과 힐데가 직접 만든 빵을 내왔다.

아빠가 플라톤에 대해 이야기하려고 하자 힐데가 갑자기 가로막았다.

"쉿!"

"왜 그러니?"

"못 들으셨어요? 찍찍거리는 소리가 났는데."

"못 들었는데."

"뭔가 있는 게 분명해요. 아마 쥐인가 봐요."

엄마가 와인을 더 가져오는 사이, 아빠가 말했다.

"하지만 철학 수업은 아직 끝나지 않았어."

"그게 무슨 말씀이세요?"

"오늘 밤 우주에 관해 얘기해줄게."

식사를 시작하기 전에 아빠가 말했다.

"이제 힐데가 너무 커서 무릎에 못 앉히겠어. 하지만 당신은 앉힐 수 있지."

그러고는 엄마를 무릎 위에 앉혔다. 엄마는 뭔가 먹고 싶어질 때까지 그대로 앉아 있었다.

"당신도 곧 마흔이 되는군……."

힐데와 소령이 서로 껴안고 있는 동안에 소피는 눈물을 흘렸다.

소피는 절대 힐데에게 다가갈 수 없었다.

소피는 힐데가 살과 피로 된 진짜 사람이라는 사실이 몹시 부러웠다.

힐데와 소령이 식사를 하려고 식탁에 앉았을 때 크녹스 선생님이 경적을 울렸다.

소피는 위를 올려다봤다. 저 소리도 힐데에게는 들리지 않겠지?

소피는 크녹스 선생님에게 달려가서 옆자리에 앉았다.

"우리 조금 더 지켜볼까?"

소피는 고개를 끄덕였다.

"울었니?"

소피는 다시 고개를 끄덕였다.

"왜 그러니?"

"그 앤 운이 좋아요. 진짜 사람이잖아요……. 곧 커서 진짜 여자가 될 거예요. 건강한 아이도 낳고……."

"그리고 손자도 보겠지. 하지만 모든 일에는 두 가지 면이 있어. 우리가 처음 철학 수업을 시작할 때 얘기했었지."

"무슨 말씀이세요?"

"나도 힐데가 운이 좋다고 생각해. 하지만 삶의 운명을 따르는 사람은 죽음의 운명에도 따라야 하지. 삶의 운명이 곧 죽음이니까."

"그래도 삶을 살아보는 게 더 좋잖아요."

"우린 힐데처럼…… 그래, 소령처럼 살 수는 없어. 하지만 공평하게 우린 절대 죽지 않아. 숲 속의 할머니가 얘기한 게 무슨 뜻인지 모르겠니? 우리는 '보이지 않는 민족'이야. 그분은 150살도 넘었다고 하셨지. 나는 성 세례 요한 축제에서 심지어 3,000살이 넘은 사람도 만났단다."

"그래도 제가 가장 부러운 건…… 가족이에요."

"너에게도 가족이 있잖니. 고양이, 앵무새 두 마리 그리고 거북이도 있고……."

"하지만 우린 이렇게 현실을 떠나 있잖아요."

"전혀 그렇지 않아. 떠난 사람은 소령이야. 소령이 그의 책 마지막 결론을 쓴 거란다. 그는 이제 다시는 우리를 찾아내지 못할 거야."

"우리가 돌아갈 수 있을까요?"

"우리가 원하면 언제든지. 하지만 우리는 '신데렐라' 카페 뒤에 있는 숲에서도 새로운 친구들을 만날 수 있어."

이제 소령 가족은 식사를 하고 있다. 잠시 소피는 이런 식사가 클뢰베르베이엔의 철학 가든파티에서와 같은 변화를 가져올까 봐 겁이 났다. 소령은 아내 마리트를 뜨겁게 사랑하는 것처럼 보였다. 그러나 그는 그저 아내를 무릎 위로 끌어당겼을 뿐이었다.

스포츠카는 식탁에서 상당히 멀리 떨어져 있었다. 소피와 크녹스 선생님은 거기서 하는 이야기를 간간이 들을 수 있었다. 그들은 정원을 응시했고 불행하게 끝이 난 가든파티를 다시 조목조목 오랫동안 회상했다.

한밤중이 되어서야 소령 가족은 식탁에서 일어났다. 힐데와 소령은 그네에 앉아 집 안으로 들어가는 엄마에게 손을 흔들었다.

"먼저 주무세요, 엄마. 우린 할 애기가 있어서요."

빅뱅

······ 우리도 별들의 먼지에 지나지 않는다 ······

힐데는 아빠의 옆 그네에 편안하게 앉았다. 12시가 다 되었다. 두 사람은 만을 바라보았다. 하늘에는 이제 막 별들이 떠올라 창백하게 빛나고 있었다. 잔잔한 파도가 선창 아래서 돌에 부딪쳐 철썩였다.

이윽고 아빠가 입을 열었다.

"우리가 우주 어딘가에 있는 작은 행성 위에 살고 있다는 건 정말 이상한 일이지."

"맞아요······."

"우리 지구는 태양 주위를 돌고 있는 여러 행성들 중 하나일 뿐이야. 하지만 이 행성은 유일하게 살아 있는 별이지."

"아마 전 우주에서 유일하게 살아 있는 별이겠죠?"

"그럴지도 모르지. 그러나 이 우주 안에 다른 생명이 있을 수도 있어. 우주는 생각할 수도 없을 만큼 거대하니까. 별들 사이의 거리가 엄청나게 멀기 때문에 우리는 그 단위를 광분(光分)과 광년(光年)으로 측정한단다."

"그게 무슨 뜻이에요?"

"1광분은 빛이 1분 동안에 나아가는 거리야. 대단히 먼 거리지. 빛이 공간 속에서 1초에 30만 킬로미터를 가니까 1광분은 30만 킬로미터의 60배, 즉 1,800만 킬로미터야. 1광년은 대략 9조 5,000억 킬로미터고."

"지구에서 태양까지는 거리가 얼마나 되나요?"

"8광분이 조금 넘어. 유월 한낮에 우리 뺨을 데워주는 태양 광선은 태양 표면을 떠나서 8분 동안 우주 공간을 날아와 우리에게 도착하는 거야."

"더 설명해주세요."

"태양계에서 가장 바깥에 있는 행성인 명왕성(2006년 8월 명왕성은 국제 천문연맹이 행성의 분류법을 바꾸면서 행성의 지위를 잃고 왜소행성으로 분류되었다.-옮긴이)은 지구로부터 5광시(光時) 거리에 있어. 망원경으로 명왕성을 관찰하는 천문학자는 그 순간에, 실제로는 그 별의 다섯 시간 전 모습을 보고 있는 거야. 다시 말하면 명왕성의 모습이 우리에게 와 닿는 데는 다섯 시간이 걸리는 거지."

"상상하기 쉽지 않지만 이해할 수 있을 것 같아요."

"좋아. 하지만 이제 겨우 시작이야, 알겠지? 태양은 우리가 '은하수'라고 부르는 은하계에 있는 4,000억 개의 별 가운데 하나야. 이 은하계는 수많은 나선형 팔을 가진 커다란 원반처럼 생겼는데, 우리 태양계는 이런 팔들 중 하나에 자리 잡고 있지. 맑은 겨울밤에 하늘을 쳐다보면 별들이 넓은 띠 모양을 한 것을 볼 수 있는데, 그건 우리가 은하계의 중심 쪽을 보고 있기 때문이야."

"그래서 은하수를 스웨덴 말로 '겨울 꽃밭'이라고 하는군요."

"은하수 안에서 우리에게 가장 가까이 있는 별도 지구에서 4광년 거리에 있어. 어쩌면 그게 저기 보이는 작은 섬 위에 떠 있는 저 별일 수도 있겠지. 지금 이 순간, 저 별에서 어떤 별 관찰자가 정밀한 망원경으로 이곳 비에르켈리를 바라보고 있다면 그 사람은 4년 전의 비에르켈리를 보고 있는 거야. 그는 그네에 앉아 두 다리를 흔들고 있는 열한 살짜리 소녀를 볼 수 있겠지."

"믿어지지 않아요."

"그래도 그게 우리와 가장 가까운 이웃 별이란다. 전체 은하계, 다른 말로 전체 성운은 폭이 9만 광년이야. 그러니까 은하계의 한쪽 끝에서 다른 쪽 끝까지 그 정도의 세월이 걸린다는 거지. 우리 지구에서 5만 광년 떨어진 은하계의 어떤 별을 관찰하면 우리는 5만 년 전의 과거를 보는 거야."

"너무 엄청나서 제 작은 머리로는 상상도 못 하겠어요."

"우리가 우주를 바라볼 때는 과거를 보고 있는 거야. 우리는 이 우주가 현재 어떤 모습을 하고 있는지 절대 알 수 없어. 우리가 수천 광년 떨어진 별 하나를 올려다볼 때, 우리는 우주의 역사에서 사실 수천 년 전으로 돌아가 여행하는 거니까."

"어렵네요."

"우리가 보는 모든 것은 광파의 형태로 우리 눈과 만나. 이런 파장은 공간을 통해 여행할 시간이 필요하지. 천둥이 칠 때를 생각해보자. 항상 번개가 치고 나서 조금 뒤에 천둥 소리가 들리지. 그건 음파가 광파보다 더 천천히 움직이기 때문이야. 천둥 소리가 들리면 방금 전에 어떤 것이 폭발한 소리를 듣는 거지. 별도 마찬가지야. 수천 광년 떨어진 별을 볼 때, 우리는 수천 년 전에 있었던 한 사건의 '천둥'을 보고 있는 셈이야."

"알겠어요."

"지금까지는 우리 은하계에 대해서만 얘기했지. 천문학자들은 우주 안에 약 천억 개의 은하계가 있다고 추정했고, 또 이런 은하계 하나하나에는 별들이 약 천억 개씩이나 있어. 우리 은하계와 가장 가까이에 있는 은하계는 안드로메다 성운이야. 안드로메다 성운은 우리 은하계에서 200만 광년이나 떨어져 있지. 아까 말했듯이 그 은하계의 빛이 우리에게 도달하는 데에 200만 년이 걸린다는 뜻이야. 다시 말해 우리가 저 하늘 높은 곳에 있는 안드로메다 성운을 바라보면 우리는 200만 년 전의 과거를 보는 거지. 우리는 그 성운 안에서 망원경을 지구로 향하고 있는 작은 개구쟁이를 볼 수가 없단다. 운이 좋으면 작은 뇌를 가진 200만 년 전의 원시인 정도는 볼 수 있겠지."

"충격적이에요."

"오늘날 우리에게서 가장 멀리 떨어진 것으로 알려진 은하계는 대략 100억 광년 거리에 있단다. 그러니까 우리가 이 은하계에서 보낸 신호를 지금 받으면 우주의 역사 속에서 100억 년 전의 과거를 보는 거야. 그건 우리 태양계 역사의 거의 두 배나 되지."

"현기증 나요."

"그렇게 멀리 떨어진 과거를 보는 게 무슨 뜻인지를 파악하기란 정말 어려운 일이야. 그러나 과학자들은 우리의 세계관에 영향을 줄 수 있는 훨씬 중요한 의미를 발견했어."

"설명해주세요!"

"우주 안에 있는 어떤 은하계도 정지해 있지 않아. 우주의 모든 은하계는 엄청난 속력으로 움직이며 서로에게서 멀어지고 있어. 게다가 우리한테서 멀리 떨어져 있을수록 더 빨리 움직이지. 그래서 은하계들 사이의 거리는 점점 더 멀어지는 거야."

"어렵지만 상상해볼게요."

"네가 풍선 표면에 검은 점을 많이 찍고 바람을 세게 불어 넣으면 점들 사이의 거리가 점점 멀어지겠지? 우주 안의 은하계에도 그런 일이 생기는 거야. 그런 현상을 우주가 팽창한다고 하지."

"어떻게 그런 일이 일어나죠?"

"천문학자들은 대부분 우주의 팽창을 한 가지로만 설명할 수 있다고 생각해. 약 150억 년 전 언젠가 우주의 모든 원소가 아주 작은 한 공간에 모였어. 그 물질은 밀도가 아주 높았고, 중력과 열도 우리가 상상할 수 없을 정도로 엄청났지. 결국 한순간에 모든 것이 폭발했어. 이 폭발을 대폭발, 영어로 '빅뱅(Bing Bang)'이라고 해."

"생각만 해도 소름 끼쳐요."

"대폭발은 모든 물질을 우주의 사방에 흩어놓았고, 그때 그 물질들이 식으면서 별이 되고 은하계와 달, 행성이 되었는데……."

"그런데 우주가 계속 팽창한다고 하셨잖아요?"

"그건 수십억 년 전에 있었던 대폭발 때문이지. 우리는 시간이라는 변수를 무시하고 우주를 지도 위에 그려 넣을 수는 없단다. 은하계들은 언제나 우주 안에서 엄청난 속력으로 서로에게서 점점 멀어지고 있어."

"그건 앞으로도 영원히 계속될까요?"

"그럴 수도 있어. 하지만 다른 가능성도 있지. 크녹스 선생님이 소피에게 행성들이 태양 주위에서 자신의 궤도를 계속 유지할 수 있게 하는 두 가지 힘에 대해 설명했지?"

"중력과 관성요?"

"은하계에도 그런 힘이 작용해. 우주는 계속 팽창하지만 중력은 그 반대 방향으로 작용하기 때문이야. 수십억 년 뒤 어느 날 대폭발의 힘이 약해지면 중력이 작용해서 이 천체가 다시 응집될 거야. 그래서 역폭발, 이른바 '폭발적 수축'이 일어날 수도 있어. 풍선에서 공기를 갑자기 뺐을 때와 비슷하겠지. 그럼 모든 것은 대폭발 이전의 상태로 오랫동안 지속될 거야."

"결국 모든 은하계는 작디작은 한 공간으로 압축되겠군요?"

"그래, 이해했구나. 그다음에는 어떤 일이 일어날까?"

"그다음엔 새로운 폭발이 있고 우주는 다시 팽창하겠죠. 동일한 자연 법칙이 적용되니까요. 그러고는 다시 새로운 별과 은하계가 생길 거예요."

"맞아. 그러니까 천문학자들은 우주의 미래에 대해서 두 가지 가능성을 보고 있는 거야. 즉 우주가 영원히 팽창해서 은하계들이 서로에게서 점점 멀어지든지, 아니면 우주가 다시 수축하든지, 둘 중 하나인 거야. 그건 우주가 얼마나 큰 질량을 가지고 있는지가 결정하게 되겠지. 그런데 천문학자들은 그걸 아직 정확히 파악하지 못했어."

"그런데 혹시 우주가 어느 날 수축하게 될 만한 질량을 가지고 있다면 예전에도 자주 팽창하고 또 수축했겠죠?"

"그건 명백한 결론이야. 하지만 우주의 팽창은 이번 한 번뿐일 가능성도 있어. 영원히 계속 팽창한다면 이 모든 것이 어떻게 시작되었는가 하는 것이 더욱 어려운 문제로 남게 되겠지."

"갑작스러운 폭발이 어떻게 일어났을까요?"

"기독교인들은 대폭발을 창조의 순간에 실제로 일어난 일이라고 생각해. 성서에는 하느님이 '빛이 있으라!'라고 하셨다고 적혀 있지. 크녹스 선생이 기독교의 직선적인 역사관에 대해 언급했지? 우주가 계속 팽창한다는 생각은 창조에 대한 기독교의 믿음에 가장 적합한 것일 수도 있어."

"그래요?"

"동양에서는 순환적인 역사관을 갖고 있었어. 즉 그들은 역사가 영원히 되풀이된다고 생각했지. 예를 들면 고대 인도에서는 세계가 계속 팽창했다가 다시 수축한다는 오랜 믿음이 있었어. 그래서 인도 사람들이 '브라만의 낮'과 '브라만의 밤'이라고 부르는 것이 서로 바뀌게 돼. 이런 생각은 우주가 팽창하고 수축하며 다시 팽창한다는, 그래서 영원한 순환 과정에 놓여 있다는 관념과 잘 어울리지. 지금 두근거리는 커다란 우주의 심장이 머릿속에 그려지는구나……."

"재미는 있지만 두 이론 모두 이해하기 어려워요."

"그 이론들은 소피가 정원에서 곰곰이 생각하던 영원성에 대한 중요한 역설과 비교할 수 있어. 우주가 항상 존재했던 것인지 아니면 그 언젠가 무에서 생겨난 것인지에 대한 문제 말이야."

"아야!"

힐데가 갑자기 이마를 감싸쥐었다.

"왜 그러니?"

"모기가 물었나 봐요."

"틀림없이 소크라테스가 너를 정신 차리게 하려고 한 일일 거야."

크녹스 선생님은 소피와 함께 빨간 스포츠카에 앉아서 소령이 힐데에게 우주에 대해 이야기해주는 것에 귀를 기울이고 있었다.

"우리 역할이 바뀐 것 같지 않니?"

크녹스 선생님이 물었다.

"무슨 말씀이세요?"

"전에는 저 사람들이 우리 말에 귀를 기울였고 우리는 저들을 볼 수 없었지. 그런데 이제는 우리가 저 사람들 얘기를 듣고 있고 저들은 우리를 볼 수 없잖아."

"그게 다가 아니에요."

"무슨 뜻이니?"

"처음에 우리는 힐데와 소령이 사는 세계가 존재한다는 걸 믿지 못했는데 지금 저들은 우리의 현실을 모르고 있어요."

"복수는 달콤한 것이지."

"그래도 소령은 우리 세계로 들어올 수 있었어요……."

"우리 세계도 소령에게는 그저 큰 개입일 뿐이었어."

"저는 우리도 저들의 세계에 개입할 수 있다는 희망을 포기하지 않겠어요."

"하지만 그건 불가능해. 너도 알잖아? 전에 신데렐라 휴게소에서 일어난 일 기억하지? 네가 콜라를 집으려고 하던 모습이 눈에 선하구나."

소피는 침묵했다. 소령이 대폭발에 대해 이야기하는 동안 소피는 정원을 바라보았다. 대폭발이라는 말에 소피에게 생각이 하나 떠올랐다.

소피는 차 안을 샅샅이 뒤지기 시작했다.

"뭐하니?"

크녹스 선생님이 물었다.

"아무것도 아니에요."

소피는 공구함을 열어 스패너를 꺼내 들고 차 밖으로 뛰어나갔다. 그리고 그네로 다가가서 힐데와 소령 앞에 섰다. 먼저 힐데의 시선을 끌어 보려고 했지만 반응이 없자 스패너를 공중에 높이 들어 힐데의 이마를 때렸다.

힐데가 "아야!" 하고 소리쳤다.

다음에 소피는 스패너로 소령의 머리를 때렸지만 소령은 아무런 반응이 없었다. 소령이 힐데에게 물었다.

"왜 그러니?"

"모기가 물었나 봐요."

"틀림없이 소크라테스가 너를 정신 차리게 하려고 한 일일 거야."

소피는 풀밭에 누워서 그네를 흔들어봤지만 꼼짝도 하지 않았다. 소피가 그네를 아주 조금이라도 움직일 수 있을까?

"갑자기 다리에 서늘한 바람이 스치는 것 같아요."

힐데가 말했다.

"아니야, 날씨가 이렇게 따뜻한데."

"아니에요. 여기에 뭔가 있나 봐요."

"여기엔 우리 둘뿐이고, 기분 좋은 여름밤이야."

"아니에요, 뭔가가 있어요."

"도대체 뭐가 있다는 거니?"

"크녹스 선생님의 비밀 계획을 기억해보세요."

"그래, 그런데 그게 어쨌다는 거야?"

"그 사람들은 가든파티에서 땅속으로 꺼진 것처럼 감쪽같이 사라졌어요."

"하지만······."

"······땅속으로 꺼진 것처럼······."

"어차피 그 이야기는 언젠가는 끝나야 했어."

"그건 그래요. 하지만 그 후에 일어날 일이 문제예요. 그 사람들이 지금 여기에 있다고 생각해보세요······."

"그렇게 믿고 있니?"

"네, 아빠. 느껴져요."

소피는 차가 있는 곳으로 다시 뛰어왔다.

소피가 스패너를 들고 차에 탔을 때 크녹스 선생님은 "멋지군!" 하고 인정하지 않을 수 없었다.

"네가 가진 아주 특별한 능력을 곧 보게 되겠구나."

소령은 힐데의 어깨에 팔을 얹었다.

"저 파도의 멋진 노래가 들리니?"

"네."

"내일은 배를 타자."

"바람 소리가 이상한 속삭임으로 들리지 않으세요? 백양나무 잎이 어떻게 떨고 있는지 보이세요?"

"그게 살아 있는 행성이지."

"아빠 가끔 '행간'에 숨어 있는 것에 대해 쓰셨죠."

"그래서?"

"아마 이 정원에도 '행간'에 숨어 있는 무언가가 있을 거예요."

"자연은 수수께끼로 가득 차 있어. 지금 우리는 그중에서 하늘의 별에 관해 이야기하고 있지."

"물 위에도 곧 별이 뜰 거예요."

"그래, 네가 아기였을 때 달빛을 보고도 그렇게 말했어. 그리고 어떻게 보면 네 말도 맞아. 달빛과 다른 모든 유기체들은 한때는 서로 한데 뭉쳐 별이 되었던 원소들로 이루어져 있으니까."

"우리도요?"

"그래, 우리도 별들의 먼지에 지나지 않아."

"좋은 말씀이에요."

"망원경이 수십억 광년 떨어진 은하계에서 오는 빛을 잡아내면 그 빛은 우리에게 태초에 우주가 어땠는지를 보여줄 거야. 사람이 하늘에서 볼 수 있는 모든 것은 원래 수천, 수백만 년 된 우주의 화석이야. 점성술사가 할 수 있는 것은 오로지 '과거'를 예언하는 것뿐이지."

"별자리의 별빛이 우리에게 도착하기도 전에 서로 멀어지기 때문인가요?"

"2,000년 전에 별자리들은 오늘날과는 아주 다르게 보였어."

"전 몰랐어요."

"밤하늘이 맑으면 우리는 수백만 년 전, 아니 수십억 년 전의 우주를 볼 수 있어. 말하자면 그렇게 우리는 우리의 고향을 올려다보게 되는 셈이지."

"좀 더 자세히 설명해주세요."

"너와 나도 대폭발로 존재하기 시작했어. 우주의 모든 물질은 유기적인 통일체이기 때문이야. 태초의 어느 순간에 모든 물질은 한 덩어리로 뭉쳐 있었어. 그리고 그건 질량이 엄청났지. 아주 작은 크기지만 무게가 수십억 톤이나 됐어. 이 '최초의 물질'이 엄청난 중력 때문에 폭발했고 모두 산산조각 났지. 우리가 하늘을 쳐다보는 건 우리 자신에게로 가는 길을 찾는 거란다."

"이상한 표현 방식이군요."

"우주의 모든 별과 은하계는 똑같은 원소로 되어 있어. 그중에서 어떤 것은 우리가 있는 지금 여기에서 뭉쳐졌지. 한 은하계는 다른 은하계와 수십억 광년 떨어져 있을 수도 있지만 모든 은하계는 기원이 같단다. 즉 모든 별들과 행성들은 한 가족에 속한다고 할 수 있어."

"알겠어요."

"이 세계를 이루고 있는 원소는 뭘까? 수십억 년 전에 뭐가 폭발한 걸까? 그것은 어디에서 생겨났을까?"

"그건 커다란 수수께끼예요."

"하지만 그건 우리와 깊은 연관이 있어. 우리 자신이 그런 원소로 되어 있기 때문이지. 우리는 수십억 년 전에 피워진 거대한 불의 불꽃이야."

"멋진 말이에요!"

"그래도 이 거대한 숫자의 의미를 과장해서는 안 되겠지. 한 개의 돌멩이를 손에 쥐는 것만으로도 충분해. 우주가 단지 귤 크기만 한 돌멩이로 이루어져 있어도 그게 이해하기 어렵기는 마찬가지일 거야. 이 돌멩이가 어디에서 생겨났는지에 대한 질문은 같을 테니까."

소피는 갑자기 차에서 일어나 만을 가리키며 외쳤다.

"배를 저어보고 싶어요."

"그건 단단히 묶여 있고 게다가 우린 노를 들어 올릴 수도 없단다."

"한번 해보지 않으실래요? 아직 한여름 밤이잖아요."

"물가로 갈 수는 있겠지."

두 사람은 차에서 내려 정원을 가로질러 갔다.

선창에서 강철 고리에 묶여 있는 닻줄을 풀려고 했다. 그러나 닻줄을 들어 올릴 수도 없었다.

"못으로 박아놓은 것 같구나."

크녹스 선생님이 말했다.

"우리에게 시간은 많아요!"

"진정한 철학자는 절대 포기해서는 안 돼. ……우리가 여기 이걸 풀 수만 있다면…….″

"이제 하늘에 별이 더 많이 보여요."

힐데가 말했다.

"그래, 지금은 한여름 밤에서도 가장 어두울 때지."

"하지만 별은 겨울밤에 더 빛나요. 아빠가 레바논에 가시기 전날 밤 생각나세요? 새해였어요!"

"그때 너에게 철학책을 써줘야겠다고 결심했지. 크리스티안산의 큰 서점에도 가보고 도서관에도 가봤지만 청소년에게 줄 만한 적당한 철학책이 없었어."

"마치 흰 토끼 가죽의 가느다란 털 속에 앉아 있는 것 같아요."

"이 밝은 밤에 누가 밖에 있나?"

"조각배가 저절로 풀어졌어요!"

"그래, 정말이네……."

"이상하네요. 아빠가 오시기 전에 제가 배를 꼭 묶어뒀거든요."

"정말?"

"소피가 크녹스 선생님의 배를 어떻게 빌렸는지 생각이 나요. 배가 어떻게 호숫가에서 멀어졌는지 기억나세요?"

"너는 소피가 또 어떤 일을 해냈는지 알게 됐구나."

소령이 말했다.

"아빠는 농담만 하시는군요. 저는 저녁 내내 여기에 뭔가가 있다는 걸 느꼈다니까요."

"누가 헤엄쳐 가서 조각배를 끌어와야 할 것 같구나."

"같이 가요, 아빠."

옮긴이의 말

『소피의 세계(Sofies verden)』(노르웨이어본, 1991)의 독일어 번역본(1993)을 처음 읽는 순간, 이 소설은 나에겐 강한 끌림과 커다란 놀라움 그 자체였다. 1994년 봄, 소설이 주는 흥미와 소설 속 여주인공 소피처럼 탐정이 된 듯 호기심에 사로잡혀 사흘 동안 이 작품을 손에서 내려놓지 못했다. 국내 독자에게 꼭 소개해야 할 좋은 책이라고 현암사 출판부에 힘주어 추천했던 그때가 지금도 생생히 기억난다. 그 무렵 독일에서는 『소피의 세계』가 독일어로 번역되어 출간되자마자 순식간에 베스트셀러로 떠올라 평범한 철학 교사였던 요슈타인 가아더는 하루아침에 유명 작가가 되었고, 1994년 '독일 청소년문학상'이 이 작품에 돌아갔다. 우리나라에서도 번역 중이었던 이 작품에 대한 관심은 점점 높아졌고, 1994년 12월 드디어 한국의 독자와 첫 만남이 이루어졌다.

이 작품에 대한 놀라움은 '소설로 읽는 철학'이라는 부제가 말해주듯, 3,000년에 걸쳐 생각의 마디마디를 이어온, 방대한 서양 철학을 이해하기 쉽게 설명하고 있다는 사실에서 비롯된다. 그리고 장편의 '(청소년)소설'이 지닌 그 문학성이 더욱 놀랍다. 소설의 구성과 내용 전개에서 매우 독창적인 등장인물들과 다층적인 이야기 구조를 선보임으로써 이제 이 작품은 세계문학 가운데 현대 고전으로서의 위치를 갖게 되었다.

『소피의 세계』가 우리 독자에게 처음 알려진 이후 어느덧 20여 년의 세월이 흘렀다. 그동안 독자들의 많은 사랑에 힘입어 열다섯 살의 '소피'는 서른다섯 살의 '소피'가 되었다. 그러나 마법의 시간은 세속의 세월을 비껴갔다. 열다섯 살의 소녀 소피를 '그대로의 모습'으로 2015년 12월 우리 독자에게 소개할 수 있게 되었기 때문이다. 이는 독자의 꾸준한 사랑의 덕택이며 그 사랑에 번역자로서 감사의 마음을 전한다. 이러한 사랑이 『소피의 세계』를 좀 더 완전한 작품으로 만들고 싶다는 의지에 원동력이 되었으며, 현암사 편집부와 함께 부단한 노력과 수고를 마다 않고 이 개정판을 선보이는 계기가 되었다. 그동안의 사랑에 대한 작은 보은이 되길 바라는 마음이다.

개정판을 준비하고 이 작품이 출판의 빛을 보기까지 여러 과정이 있었다. 이 책은 가브리엘레 해프스(Gabriele Haefs)가 1993년 번역한, 카를 한저(Carl Hanser)출판사의 독일어본 (『Sofies Welt - Roman über die Geschichte der Philosopie』)을 토대로 번역되었다. 따라서 초판본(1994)의 번역에서는 이름의 번역을 독일어의 음역을 기준으로 삼았다. 개정판 (2015)에서는 좀 더 원작에 다가가기 위해 『소피의 세계』의 출발어인 노르웨이어의 음역을 독자에게 알리고자 모든 인물과 지명을 노르웨이어의 음역으로 변환했다. 개정판에서 '소피 아문센', '알베르트 크나그'라고 인물명이 바뀐 이유이기도 하다. 작가의 이름 '요슈타인 가아더'도

노르웨이어의 음역으로는 '요스테인 고르데르'이지만, 작가의 이름을 바꿀 경우 개정판이 아니라 새로운 책으로 오인될 수 있어 '요슈타인 가아더'라는 독일어 음역을 그대로 채택했다. 그리고 중세 이후의 서양 철학사를 설명하는 단락에서 기독교의 '신(der Gott)'이라는 단어는 번역자의 시각에 따라서 유일신의 개념을 강조하는 '하나님'이라고 옮기기도 하고 가톨릭에서 '하느님'으로 표현하기도 하는 것을 참작하여 일반적인 용어인 '하느님'으로 통일했다.

전체 작품의 문체를 고려했을 때, 철학적 지식과 내용 전달이 강조된 '~다.'의 어투와 문어체의 글을 개정판에서는 문답식 대화에 어울리도록 '구어체'로 바꾸었다. 그리고 시대의 변화(2006년에 발표된 명왕성에 대한 표기 등등)를 수용하여 꼭 필요한 어휘 풀이에서는 옮긴이 주를 병기하였다. 그리고 '열다섯 살의 소피'가 21세기 현대사회에서 SNS에 익숙한 우리 젊은 스마트폰 세대들과 지속적으로 소통하기 위해서는 20여 년의 세속적 세월을 뛰어넘어야 했다. 그래서 현재 우리 청소년층에서 사용하는 어휘들과 어법도 개정판 번역에서 반영해야 할 중요한 요소였다. 독자의 빠른 이해를 돕기 위해 간추려졌던 중복된 내용을 개정판에서는 원작의 원문 그대로 되살려내려고 노력했다. 원작의 단락 구분을 그대로 수용하여 편집했다.

『소피의 세계』는 '철학 입문서'인 동시에 '철학 정신에 관한 역사적 배경을 그린 소설'이다. 작가 가아더는 소설 『소피의 세계』를 통해서 "너는 누구니?"라는 화두를 던지며 현대를 사는 우리에게 삶의 근원적 문제들을 깊이 생각하게 하고, 인간 삶의 참된 변화의 원동력이 바로

'생각의 힘'이라는 것을 강조하고 있다. 무엇보다도 작가가 자신의 출신지인 노르웨이를 중심으로 서양 정신세계, 서양 철학의 역사, 그리고 기독교적 세계관을(인도 철학을 포함하여) 이야기로 풀어냈다는 사실도 간과해선 안 될 것이다. 그렇다면 가아더는 '왜 철학 이야기를 들려주는 것인가?'라는 의문도 생겨난다. 소설에서는 '힐데'라는 소녀의 다가오는 열다섯 살 생일을 맞아 생일 선물을 준비하는 아빠가 등장한다. 그는 레바논 평화유지군으로 파병된 유엔군 소속 소령이다. 액자식 구성을 통해서 이 힐데의 아빠는 바로 '소피의 세계'라는 철학책을 창작하고 있는 작가로 소개된다. 그는 평화 유지를 위해서 가족과 떨어져 먼 레바논에 유엔군으로 주둔하고 있고, 외롭게 엄마와 단 둘이 살고 있는 딸 힐데에게 같은 이름의 이 철학책을 선물하려는 것이다. 특히 눈에 띄는 것은 이 소설의 작가인 요슈타인 가아더가 딸을 위해 철학책을 집필하는 소령의 입을 통해서 바로 '철학 강의가 전쟁과 폭력에 저항하는 가장 좋은 방법'이라고 딸 힐데에게 힘주어 말하고 있는 장면이다.

"사랑하는 힐데야, 나는 가끔 사람들이 조금만 더 현명하게 생각한다면 전쟁과 폭력을 충분히 피할 수 있지 않을까 스스로 묻곤 한단다. 어쩌면 전쟁과 폭력에 저항하는 가장 좋은 방법이 이 작은 철학 강의일지도 몰라."

소설의 첫머리에 등장하는 소피와 철학 선생님은 이야기가 진행되는 동안 자신들이 소령이 창작한 '소피의 세계'라는 철학책의 등장인물이라는 것을 깨닫고, 자신들의 운명을 주도적으로 바꾸어 창조주인 소령의 영향권에서 벗어나려고 노력한다. 그러한 등장인물들의 동선을 함께 주목하게 되는 이 소설의 실제 독자들은, 결국 힐데와 소령도 『소피의 세계』라는 작품에서 작가 가아더가 창조해낸 인물이라는 사실을 깨달을 수밖에 없다. 그리고 현재 지금 이곳에 깃들여 살고 있는 모든 존재들이 바로 유한한 피조물임을 말이다. 그러나 이런 제한된 세계 속에서도 변함없는 인간의 사랑과 다음 세대의 성장을 돕는 기성세대의 부단한 노력과 수고가 강조된다. 에덴동산에서 비롯된 이야기는 소설의 말미에서 '지금 이곳'에서 가든파티를 벌이는 젊은이들의 사랑 이야기로 부단히 이어지고 있는 것이다. 그리고 다층적 소설 구조와 등장인물들을 통해서 서로 다른 관점에서 사물과 현실을 인지할 수 있는 가능성이 드러난다. 특히 문답을 통해 대화하는 과정에서 서로 다른 관점의 차이를 깨닫게 되는 것이다. 그리고 이 소설은 '열다섯 살의 소녀'를 주인공으로 하는 소설이다. 주인공 소녀의 '사회화' 과정이 묘사되는 가운데, 오랫동안 가부장제의 남성 중심적 사고가 지배하던 서양 사회의 변화를 염원하는 가아더의 페미니즘적 시각이 강조되고 있다. 이후 발표된 많은 작품들을 통해서도 가아더는 현 사회의 문제를 놓고 침묵하지 않고 전쟁과 폭력에 저항하기 위한 그의 붓끝을 활발히 움직이고 있다. 우리가 살고 있는 지구촌 곳곳의 분쟁과 갈등을 목도하면서 '생각의 힘'을 강조하는 가아더의 문학이 소중하게 여겨지는 까닭도 여기에 있다.

21세기 다매체 시대를 맞이하여 20여 년 전에 발표된 소설 『소피의 세계』에서 활용되는 다양한 매체들을 보면서 다매체 시대를 예견한 작가 가아더의 안목에 감탄하지 않을 수 없다. 그의 철학 강의는 소설책, 편지, 비디오, 컴퓨터 등의 다양한 매체를 활용한 이야기들이어서, 자칫 지루하기 쉬운 철학 강의에 현장감과 생동감을 주어 공감각적 즐거움을 선사한다. 이를 반영하듯 이 소설은 다른 매체로 제작되어 활발하게 수용되고 있다. 노르웨이 감독 에리크 구스타브손(Erik Gustavson)은 소설『소피의 세계』를 1999년 영화화했고 2000년대 초 우리나라 EBS에서도 이 텔레비전 영화가 수입되어 방영된 적 있다. 이 작품은 현재까지 60개국의 언어로 번역되었고(2011년 기준), CD, 뮤지컬 등의 다양한 형태로 글로벌 시대의 세계인들에게 선보이고 있다.

끝으로 이『소피의 세계』의 개정판 출간은 현암사 조미현 사장님의 지원과 편집부의 큰 노력과 정성으로 가능할 수 있었다. 조미현 사장님, 김현림 주간님과 편집부 박인애 님께 진심으로 감사드린다.

2015년 12월 청파언덕에서
장영은

감수자의 말

1

플라톤이 대화라는 예술적 형식을 빌려 자신의 철학적 생각을 형상화한 이래 철학과 문학의 결합이란 철학자들에겐 하나의 영원한 화두였다. 그러나 플라톤의 모범을 본받아 많은 사람들이 철학적 진리에 문학적 아름다움의 옷을 입히려는 시도를 해왔음에도 불구하고, 이 일에서 성공을 거둔 사람은 거의 없었다. 아마도 그것은 칸트가 지적했듯이, 학문적 재능과 예술적 천재라는 것이 본질적으로 그 성격을 달리하는 것인지라 한 사람의 정신 속에서 조화롭게 통일을 이루는 것이 쉽지 않기 때문일 것이다. 철학은 본시 개념을 통해 말하는 반면 문학은 이미지를 통해 말하는데, 한 사람이 이 두 가지 능력을 같이 갖기란 흔히 있을 수 있는 일이 아니다. 비록 드물게 문학적 천재와 철학적 재능을 같이 가진 사람들이 없지는 않았으나, 그런 사람들의 경우에도 대개의 경우 한 번은 시인으로서 문학 작품을 쓰고 한 번은 철학자로서 철학 논문을 쓰기는 쉬워도 플라톤의 『잔치(Symposium)』처럼 철학적 사변과 예술적 형식이 완벽히 조화된 작품을 쓰는 것은 플라톤 같은 천재에게만 허락된 예외적인 행운이었다.

2

요슈타인 가아더를 감히 신적인 플라톤에 비견된다고 말한다면 물론 하나의 웃음거리에 지나지 않을 것이다. 그러나 방금 말했듯이 철학과 문학의 결합이 얼마나 어렵고 드문 일인가를 고려한다면, 요슈타인 가아더가 철학적 사변을 가장 대중적인 문학 형식인 소설을 통해 성공적으로 형상화한 것은 실로 경탄할 만한 일이라 하지 않을 수 없다. 그러나 작가의 성공이 단지 철학을 이해하기 쉽게 풀어쓴 데 있는 것은 아니다. 요사이 우리 독서계에는 철학을 쉽게 풀어썼다는 책들이 유행처럼 쏟아져 나오고 있다. 하지만 철학이 말하는 지혜는 주머니 속의 동전처럼 그렇게 쉽게 소유될 수 있는 것이 아니다. 철학이란 모든 것을 몇 푼의 돈을 통해 손쉽게 얻으려는 속물들이 가까이하기에는 너무도 진지한 학문이기 때문이다. 도리어 이 소설의 성취는 바로 그 철학적인 진지함과 엄밀함이 매혹적인 아름다움의 옷을 입고 형상화되었다는 데 있다. 다시 말해 작가는 철학적인 사색의 길이 비록 고통스러운 정신의 노동과 인내를 요구하는 것이라 하더라도 거기에는 다른 곳에서는 결코 얻을 수 없는 아름다움과 기쁨이 있다는 것을 생생히 보여줌으로써 읽는 이의 마음속에 철학적 삶과 태도에 대한 자연스러운 동경을 불러일으킨다. 바로 이것이 이 소설을 사이비 통속 철학과 구별되게 하는 결정적 차이이다. 사람들은 철학을 대중에게 쉽게 이해시키기 위해 철학을 통속화시킨다. 그러나 요슈타인 가아더는 다만 철학에 아름다움의 옷을 입혔을 뿐이다.

3

이 소설이 우리에게 주는 감동은 그것이 가진 예술적 아름다움에만 있는 것은 아니다. 철학적인 내용 자체에서도 이 소설이 보여주는 생각의 깊이는 놀랄 만큼 깊다. 피상적으로만 본다면 『소피의 세계』는 탈레스로부터 현대 철학에 이르기까지 온갖 철학자들의 여러 주장들을 잡다하게 나열하고 있는 것처럼 보인다. 그러나 철학적 관심의 이러한 표면적 다양성에도 불구하고 이 소설은 몇 가지 서로 연관된 근본 물음과 궁극적 관심에 의해 관통되고 있다. 그것은 '나는 누구인가?', '나는 어디서 왔는가?', 그리고 '세계는 어디에서 생겼는가?' 하는 철학의 영원한 물음이다. 이런 물음은 너무도 쉽고 단순해서 도리어 따라가기 힘든 철학의 근본 물음이다. 이런 물음은 잘못 던지면 터무니없는 억지 물음이 되거나, 상투적인 물음이 되기 십상이다. 그런데 요슈타인 가아더는 나와 세계의 존재에 대한 근본 물음을 의미 있는 물음으로 제기하는 데 성공했다. 이것은 작가가 나와 세계의 존재를 바로 나 자신에게 낯선 것으로 만드는 데 성공했다는 것을 뜻한다. 처음에 생생한 현실로서 그려지던 소피의 세계는 이 소설이 진행되면서 어떤 중년 소령이 자기 딸에게 생일 선물로 주기 위해 창작한 소설 속의 현실임이 밝혀진다. 이것은 독자를 당혹하게 한다. 왜냐하면 우리가 이 소설을 처음 읽기 시작했을 때 우리는 소피의 삶과 세계를 자명하고도 확실한 현실적 세계로서 받아들였기 때문이다. 우리는 그 자명하고도 확실한 존재의 기반이 흔들리는 것을 심정적으로 받아들이지 못하고 저항한다. 그리고 소설이 완전히 끝나는 순간까지 소피의 세계가 한갓 허구가 아닌 자명하고 확고한 현실이기를 기대한다. 그러나 작가는 그런 우리의 기대를 채워주지 않는다.

그러나 우리는 도대체 무엇을 가리켜 허구와 비현실이라 하고, 무엇을 가리켜 확실하고 자명한 존재라고 말하는가? 우리가 처음에 그토록 자명한 것으로 받아들였던 소피의 세계는 소령의 의식이 만들어낸 관념적 현실이었다. 그러나 이런 사정은 소령의 경우에도 마찬가지다. 그는 다시 요슈타인 가아더의 『소피의 세계』 속에서만 존재하는 관념적 존재에 지나지 않는다. 그렇다면 확실하고 자명한 존재란 무엇인가? 『소피의 세계』를 읽는 우리들 자신은 이 소설 속의 존재들보다 더 나은가? 나 자신과 내가 속한 이 세계의 존재는 소피의 세계와는 달리 자명하고 확고한 것인가? 작가는 독자인 우리를 이 물음 속으로 피할 수 없이 밀어 넣는다. 그리고 우리로 하여금 스스로 되묻게 한다. 소피의 세계가 자신의 존재 근거를 자기 자신 속에 갖고 있지 않았듯, 우리의 세계 역시 실은 그것의 존재 근거를 자기 속에서 명증적으로 드러내 보이지 않는다. 그렇다면 마치 마술사가 우리가 이해할 수 없는 과정을 통해 그의 검은 모자에서 느닷없이 흰 토끼를 끄집어내듯, 우리의 세계 역시 우리가 끝내 헤아릴 수 없는 방식으로 어떤 다른 원천, 어떤 무한한 정신에 의해 생겨나 지탱되고 있는 것은 아닌가? 그리고 그 세계 속의 우리 자신 역시 무한한 우주의 역사 속에서 어디에서 와 어디로 가는지 알지 못한 채 왔다가 사라져가는 한 줌 별의 먼지에 지나지 않는 것은 아닌가? 어떤 의미에서 우리의 존재는 소피의 존재에 비해 더 확고하고 자명한가? 어떤 의미에서 우리의 세계는 소피의 세계에 비해 더 굳건하단 말인가?

일상성 속에 빠져 있는 의식을 일깨워 자기에게 가장 익숙하고 자명한 듯이 보이던 것, 바로 자기 자신과 주변 세계의 존재를 도리어 끝없이 낯설고 불가사의한 것으로 체험하게 하는 것이야말로 철학이 이룰 수 있는 가장 근원적인 성취의 하나이다. 그런 점에서 『소피의 세계』는 한갓 철학의 소개를 위한 교양 소설이 아니라, 이미 그 자체로서 하나의 의미 있는 철학적 성취인 것이다.

4

이 책이 탁월한 문학적 구성을 바탕으로 철학 이야기를 풀어나가는 매우 독특한 형식을 취하고 있기 때문에 그간의 감수 작업이 결코 쉽게 진행되지는 않았다. 그래서 이 소설이 가지는 문학적인 아름다움을 우리말로 재현하고 동시에 철학적인 서술들을 가능한 한 정확하고 명료하게 표현해내기 위해서 세심한 원문 대조 과정을 바탕으로 적지 않은 노력을 기울였다. 오랜만에 좋은 책을 대하고 있다는 기쁨과 보람으로 이 책의 감수를 끝까지 마칠 수 있었다. 그럼에도 불구하고 여전히 있을 수 있는 오류와 불완전함에 대해서는 앞으로도 계속 수정해나갈 것을 약속드린다. 지금의 형태로 책이 나오기까지 현암사 편집부의 조미순, 김지영, 이혁원 님의 수고가 적지 않았다. 그분들의 도움과 노고에도 감사의 뜻을 전한다.

1994년 12월

김상봉

찾아보기